公正：何谓正当之为？

（全新修订版）

[美] 迈克尔・桑德尔
（Michael Sandel）著

朱慧玲 译

中信出版集团 | 北京

图书在版编目（CIP）数据

公正：何谓正当之为？：全新修订版 /（美）迈克尔·桑德尔著；朱慧玲译 . -- 3 版 . -- 北京：中信出版社，2022.2（2024.11重印）

书名原文：Justice: What's The Right Thing To Do?

ISBN 978-7-5217-3780-6

Ⅰ . ①公… Ⅱ . ①迈… ②朱… Ⅲ . ①公正－研究 Ⅳ . ① D081

中国版本图书馆 CIP 数据核字（2021）第 250826 号

公正——何谓正当之为？（全新修订版）
著者：　［美］迈克尔·桑德尔
译者：　朱慧玲
出版发行：中信出版集团股份有限公司
（北京市朝阳区东三环北路27号嘉铭中心　邮编　100020）
承印者：　北京通州皇家印刷厂

开本：787mm×1092mm 1/16　　印张：23.75　　字数：260 千字
版次：2022 年 2 月第 3 版　　印次：2024 年11月第 9 次印刷
京权图字：01–2010–3541　　书号：ISBN 978–7–5217–3780–6
定价：75.00 元

致琦库，带着我无尽的爱意……

目　录　CONTENTS

推荐序一 哲学不应该只是哲学家的事情

刘擎 华东师范大学政治学系教授

我在《刘擎西方现代思想讲义》一书中讲过哲学家迈克尔·桑德尔的故事，他的作品《公正》《金钱不能买什么》中文版首次出版于10年前。桑德尔在中国的成名源自他主讲的“哈佛大学公开课”《正义》（也译为《公正》），这门课在哈佛已经开展了30多年，深受学生喜爱。2007年，我在美国访学，去现场观摩了桑德尔的教学，亲眼见证了他如何通过生动的例子，启发性地阐明深奥的哲学理论，如何游刃有余地与如此众多的学生展开现场交流互动，而且能掌控节奏，保持教学进度。他的教学技艺让人叹为观止。

桑德尔在学术界的“成名之作”和罗尔斯有关。罗尔斯被誉为20世纪最伟大的政治哲学家，而桑德尔在牛津大学的博士论文对罗尔斯的理论提出了尖锐的批评。论文修改成书，在1982年出版，书名是《自由主义与正义的局限》，引起了热烈的反响与讨论。桑德尔也在这场辩论中脱颖而出，成为共同体主义向自由主义发起挑战的标志性人物，那一年他才29岁。

从牛津大学毕业后，桑德尔回到美国，到哈佛大学哲学系任教，而罗尔斯恰恰也在这里工作。你可以想象，面对一位比自己年长 32 岁的大哲学家，又是自己批评挑战的对象，桑德尔肯定是“压力山大”啊。我就很好奇，桑德尔和罗尔斯第一次见面会是怎样的情景呢？

桑德尔告诉我，那简直是一个传奇。刚到哈佛不久，桑德尔就接到一通电话，对方说，“我是约翰·罗尔斯”，接着就开始拼读自己的姓氏“R-A-W-L-S……Rawls”。桑德尔当时就晕了，他说这种感觉，“就像是上帝亲自打电话邀请我共进午餐，还特意拼了一遍他自己的名字，生怕我不知道他是谁”。桑德尔被罗尔斯的谦逊深深打动。虽然他始终没有放弃对罗尔斯理论的批评意见，但他对罗尔斯本人抱有最深的敬意。

桑德尔认为，道德个人主义是错误的理论，因为它对“何为个人”的理解有误，或者说，它所依据的“个人主义”观念是错误的。这是桑德尔对（包括罗尔斯理论在内的）自由主义的批判要点之一。

现代社会的一个特征是，我们生活在一个较大且体现异质性的共同体之中，在道德观念和“良善生活”（good life）的观念方面，存在深刻的多元性和差异性。有这样一种论点：对于道德、价值、善，以及生活的意义等问题，我们谈论得越多，就越可能发生分歧，哪怕我们都是理性的人。用查尔斯·拉莫尔（Charles Larmore）的术语来说，就是“合理的分歧”（reasonable disagreement）。在现代社会中，似乎存在着多种不同但同样正当、同样合理的善的观念，这构成了现代性的特征性条件，也常常被用来证成（justify）政治自由主义。如果“合理的分歧”是一个事实，那么共和主义复兴所面对的挑战可能会比我们预想的更为深刻，或者说在哲学上更为困难。问题不在于我们存在分歧（分歧本身是任何民主社会的特征），而在于它可能会威胁“自治”（self-government）这一理念（这是共和主义对自由的理解）。如果我们不能形成那个基于“共善”的“集体自我”，而只有形形色色不同的自我，那么我们究竟在谈论谁的“自”治？如果我们的公民德性（诸如道德推论和商议）以及积极参与无法建构那个集体的“大我”，如果我们能有的只是许许多多彼此竞争的“小我”，那么，任何一个基于实质性价值立场的政治决定，是否必定意味着，要在各种竞争性的善的观念中有所抉择、有所褒贬，或者说“区别对待”？我在和桑德尔的一次对谈中向他提出了这样的问题。

桑德尔回答说：的确，现代社会的公民对于良善生活的意义常常发生分歧。我们生活在多元的社会中，人们有不同的道德信念与宗教信仰。而民主的公共话语必须尊重这些差异与分歧。但问题在于，如果对各种良善生活的观念完全没有厚此薄彼的臧否，是否还有可能制定正义的法律、界定人的权利，或者贯彻实施公共政策？在许多情况下，这是不可能的。另外，试图将公共政策和法律与道德理想隔离，可能会导致用一种技术官僚式的、经营管理式的方式来对待公共生活，这种方式剥夺了公民对那些体现在政策和法律中的价值予以批判性反省的机会。对于道德和公民理想展开公共商议并不要求意见相同，也不能保证会达成一致。强劲的公共讨论与争辩——甚至是关于深信不疑的道德理想的辩论——并不一定是虚弱与不和谐的征兆，实际上反而可能是民主社会的力量源泉。

桑德尔现在已经成为国际“学术明星”，也曾多次到中国访问讲学，获得了热烈反响。可是，他后来出版的多部著作都较为通俗，似乎从未达到他博士论文的学术深度，这会令人遗憾吗？在观摩了他现场授课之后，我含蓄地提及了这个问题。桑德尔说，哲学不应该只是少数哲学家的事情，应该成为公民教育的活动。所以，他后来的写作与第一本书不同，尽可能用现实中的具体事例来引发问题，再展开哲学的讨论，这样就能做到深入浅出。

桑德尔的公共哲学写作与演讲获得了巨大的成功，在我看来，这是意义重大而值得尊敬的成就，也是绝大多数学者难以企及的。

（部分文字来自《刘擎西方现代思想讲义》一书关于桑德尔的一节。）

推荐序二 哲学是一个动词

周濂 中国人民大学哲学院教授

萧伯纳曾经讥讽“有教养的英国人”：除了掌握“对”与“错”的差别，对这个世界一无所知。后来，一个有教养的英国哲学家自嘲说，这个批评用在道德哲学家身上其实更合适——这些在大学讲台上侃侃而谈的家伙常把自己对于世界的无知当美德。

谢天谢地，自从有了迈克尔·桑德尔，言语乏味且五谷不分的道德哲学家们，终于等到了“拨乱反正”的这一天。在哈佛大学著名的桑德斯剧场里，这位衣着得体、风度翩翩的哲学家开讲《正义》课程超过三十年，每年都有成百上千的学生前来听课。

从受什么样的伤应该得到五角大楼的紫心勋章，到克林顿在性丑闻中到底有没有说谎，从德国罗滕堡的食人者，到美国黑水国际公司保安在巴格达广场的开枪事件……你能看出桑德尔对这个变动不居的世界有多了解。更妙的是，桑德尔还能上通下达，把亚里士多德、康德、边沁、罗尔斯这些让人望而生畏的经典哲学家从积满灰尘的书架上拉下来，洗洗刷刷，使其成了最积极亲民的公共论题参与者。

20 世纪 70 年代，牛津大学的男生和女生被分在不同的学院。圣安妮女子学院中有一些年长的教员基于传统道德反对异性留宿，但因为时代在变，不能直接用“伤风败俗”来支持她们的观点，于是她们就想出了下面这个理由：“如果男子留宿，学院的开支就会因此增加。”因为“他们要洗澡，因而会使用更多热水”，“我们将不得不更加频繁地更换床单”。一来二去，改革者和保守者最终达成协议：每名女子每周最多可以有三个晚上留宿访客，而每名访客每晚需要向学院支付 50 便士的费用。次日，《卫报》的头条写道：“圣安妮的女生，每晚 50 便士。”

如此无厘头的饭后谈资，在桑德尔这里，轻巧地和最乏味的哲学道理挂上了钩：保守主义老太太们之所以灰头土脸，是因为“德性的语言没有很好地被转变为效益的语言”。

在桑德斯剧场里，桑德尔的角色就像是雅典城邦公民广场上的苏格拉底，他和那些欢快的、热情的年轻人一起去经历、去看、去听、去怀疑、去希望、去梦想。

雅斯贝尔斯说，哲学是一个动词而不是一个名词，哲学的本质不在于掌握真理而在于寻找真理。就此而言，桑德尔不过是复原了哲学思考的原生态。他把哲学从天上拉回人间，带领读者和听众从那些或大或小、或琐碎或古怪的公共话题一路谈到效益、自由、德性和正义这些超级大概念。

桑德尔认为，评判一个社会是否正义，“就要看它如何分配我们所看重的东西——收入与财富、义务与权利、权力与机会、公共职务与荣誉等”。但是问题在于，不仅不同的人看重不同的东西，分配的标准也是言人人殊。以效益、自由及德性作为三个关键词，分别对应着三种不同的正义观：效益主义、自由主义及共同体主义。作为一个共同体主义者，桑德尔坚信政治的目的是培养公民的德性和推理共同善，为此，思考正义就必须要思考何谓“良善生活”。

效益主义者也思考良善生活，但他们希望把“良善生活”“幸福”这些语焉不详的大词还原成可以被公度的量化标准，比如“效益”。他们认为，一个社会是否正义，要看它的政策和法律是否能使效益或者福利最大化。如此科学又美妙的想法，在桑德尔看来，却有着致命的缺陷。

第一，它使正义和权利成为一种算计，而非原则。这种做法不但贬低了道德价值本身，还会导致荒诞的后果，“圣安妮的女生，每晚50便士”就是一个好例子。

第二，它试图用一个单一的、整齐划一的价值衡量标准去等量齐观所有的人类善，而没有考虑它们之间质的区别。20世纪30年代，有心理学家做过一项调查：付多少钱，你才会接受各种不幸的经历？结论是，徒手掐死一只流浪猫的价格是1万美元，生吞一条蚯蚓的价格是10万美元，在堪萨斯一个远离任何城镇10英里[①]的农场度过余生的价格是30万美元。桑德尔反问道：“这些经历是如此不同，我们可以做出有意义的比较吗？”

从某种意义上说，当代共同体主义是伴随着与自由主义的争论成长起来的。自由主义者认为正义意味着尊重人们“选择的自由”——不管这种自由是在自由市场中做出的实际选择，还是在平等

① 1英里约为1.6千米。——编者注

的原初状态下做出的假想选择。

关于自由主义与共同体主义这场旷日持久的争论，流传最广的一个说法是，自由主义强调“个体权利”，共同体主义主张“共同体价值”，两种价值相互竞争、非此即彼。桑德尔认为这是一个过时且无趣的误读，真正有价值也更有生命力的争论点在于：“如果不预设任何特定的良善生活的观念，定义或者辩护权利是可能的吗？”

罗尔斯式的自由主义者认为应该且可能，理由是在一个合理多元的政治社会中，人们关于何为良善生活持有相互冲突的观念，任何把道德语言和宗教语言引入政治和公共讨论的做法，都会阻碍公共理由的运用，并对他人造成一种“压制的事实”。

对此，桑德尔反驳道：第一，在裁决正义与权利的问题时，我们并不总是能够不去解决实质性的道德问题；第二，即使这是可能的，它也是不值得欲求的。当伦理政治生活中充斥着“don’t be judgmental”（不要轻易下结论）、“don’t lecture me”（别教训我）之类的陈词滥调时，它不仅会让人产生审美疲劳，更为重要的是，这种免于一切道德干涉和评判的自由主义话语会导致公共话语的贫瘠化，以及公民德性的极度萎缩。

桑德尔推崇亚里士多德，坚信政治关乎某种更高的存在，关乎如何去过一种良善的生活。政治的全部目的在于：“使人们能够发展各自独特的人类能力和德性——能够慎议共同善，能够获得实际的判断，能够共享自治，能够关心作为整体的共同体的命运。”

索尔·贝娄说：“当胆怯的智慧还在犹豫的时候，勇敢的无知已经行动了！”这句话的隐含之意是，思考和阅读也许可以让我们明白一些最为基本的事理和道理，但不能直接提升我们的气节和勇气，更无法直接激发行动。我猜想桑德尔会同意索尔·贝娄的这个判断，所以他才会特别强调参与公民生活的重要性，这或许是把“胆怯的智慧”打造成“行动的智慧”的必由之路。就像没人能够不去健身房举哑铃就成为有胸肌的健美先生，也没有人可以仅仅通过背诵“八荣八耻”就成为有德之人，各种德性和优良的品格都必须外化成具体的行为，并且通过习惯予以固定。也正因为此，桑德尔说：“公共讨论不仅是民主社会解决问题的一种途径，它还是一种公民教育的形式。”

哲学辩论中最常见的策略之一是“归谬法”。在《公正》一书中，桑德尔将这一策略运用得炉火纯青，让我们一再看见各派思想的死穴所在：效益主义的效益最大化原则，可以允许我们容忍那个设想中的“欧麦拉城市”——为了所有市民都拥有幸福和快乐，把一个无辜的小孩藏在地下室里使其度过孤独痛苦的一生是值得的；自由至上主义者所坚持的“自我所有权”原则，可以允许两个成年人基于相互同意而同类相食；即使是以严谨著称的康德，也无法逃脱类似的道德困境——康德坚决反对撒谎，可是当一个杀人犯上门寻找藏匿在你家的好人时，你难道真的要说实话吗？

桑德尔这位“现代苏格拉底”一路吹着魔笛，带领我们穿越一片又一片哲学密林，告诉我们哪里有玫瑰、哪里有沼泽，最后，他站在了“以培养德性和推理共同善”为宗旨的正义观面前，说：既然其他方向都写着“此路不通”，那么这就是我们唯一的选择。

且慢，不是说哲学是一个动词而不是一个名词吗？不是说哲学的本质不在于掌握真理而在于寻找真理吗？莫非桑德尔真能给“正义”这个主题点穴，让它就此石化成“共同体主义的正义观”？

一个不争的事实是，在论及“一种新型的共同善的政治会是什么样的”之时，桑德尔并没有给我们提供一张清晰的蓝图，只是开列了若干可能的主题，比如“公民身份、牺牲与服务”，“市场的道德局限”，“不平等、团结与公民德性”，以及“一种道德参与的政治”。可问题是，桑德尔在这些主题上并没有充分展开他的道德说理，而是草草结束了他的“正义”之旅，让人难免有“读啊读，往下读，读到下面，原来……下面没有了”的失落感。

而在我看来，更为致命的问题在于，如果桑德尔听说过孔子，拥有“反躬自省”以及“吾道一以贯之”的德性，那就该将归谬法进行到底。如此一来，他心仪的共同体主义正义观就必须面对两个根本性的质疑：一是它具有排斥性，二是它具有强制性。举一个极端的例子，因“国民幸福指数”而享誉全球的不丹王国，就曾经为了维护族群和文化的整体性，剥夺了 10 万不丹人的公民资格，将他们驱逐出境。

当然，这么批评桑德尔或许并不公平，毕竟在美国的政治语境里，共同体主义和自由主义的争论更像是家族内部的争论。以政治哲学家金里卡的观点来看，这两派在美国社会所面临的 95% 的实际问题上都能达成一致，所争论不休的其实只是那剩下的 5% 的不同意见。

桑德尔主讲的《正义》课程属于哈佛大学的通识教育，这类教育有一个本质性的特征，那就是：“当你接受了教育，又把当初学到的内容忘记后，最后剩下的东西。”这最后剩下的东西是什么？我想应该就是陈寅恪先生所说的“独立之精神，自由之思想”。形成自由思想的旅途漫长而曲折。我们和桑德尔一样，都有权利指着其中任何一片风景说：这就是我的立场！但是桑德尔告诉我们，在说完这句话后，我们还有责任说出这个立场背后的道理与理由。

没准哪一天我们会重新启程，因为哲学不是名词，而是动词。

第一章

做正当之事

2004年夏，飓风“查理”从墨西哥湾咆哮而出，横扫佛罗里达，直至大西洋。此次飓风夺去了22条生命，并造成了110亿美元的经济损失[1]；同时，它引发了一场关于价格欺诈的争论。

在奥兰多市内的一个加油站，原本2美元的冰袋卖到了10美元。当时正值8月中旬，因为停电不能使用冰箱和空调，人们别无选择，只能购买高价冰块。飓风刮倒了很多大树，使得链锯的需求量猛增；很多住宅的屋顶急需修葺。然而，从屋顶上清理倒下的两棵树竟然要付给施工方2.3万美元。平时在商店里卖250美元的小型家用发电机此时却涨到了2 000美元。一个77岁老妪和她年迈的丈夫以及残疾的女儿在飓风中逃出家门，住进一家汽车旅馆，但此时每个房间的单日住宿价格已从40美元飙升到了160美元。[2]

佛罗里达州的居民被飙升的物价激怒了。《今日美国》(*USA Today*)的一则头条报道如此命名：“刚送走飓风，又迎来秃鹫。”当一个居民得知他需要花费10 500美元才能移开一棵压在屋顶上的大树时说：“企图利用别人的困难和痛苦发财是不对的。”佛罗里达州总检察长查理·克里斯特（一名共和党人，后来被选为佛罗里达州州长）同意此种说法："有些人的灵魂是如此贪婪，竟然想在别人遭受飓风灾害时趁机发财。"[3]

佛罗里达州有一项反价格欺诈法。在此次飓风之后，总检察长办公室收到两千多起投诉，并且有人通过诉讼获得了赔偿。西棕榈滩的一家戴斯酒店由于索价过高，被处以 7 万美元的罚款，以赔偿消费者的损失。[4]

然而，当克里斯特着手执行反价格欺诈法时，有些经济学家却认为，该法律不适用于这种情况，并且人们的愤怒是误解所致。在中世纪，哲学家和神学家认为，物品交换应当基于"正当的价格"，它由传统或物品的内在价值决定。在当下的市场社会中，价格应该由供求关系决定，"正当的价格"在商品交换中已不复存在。

托马斯·索维尔是一位拥护自由市场的经济学家，他认为"价格欺诈"的说法能够"有效地煽动人们的情绪，但在经济学中却站不住脚。这是个非常混乱的概念，以致大多数经济学家干脆不予理会"。索维尔在《坦帕论坛报》① 上撰文，试图解释"'价格欺诈'是如何让佛罗里达居民受惠的"。索维尔写道："当价格明显高于人们习以为常的价位时，人们就会指责这是价格欺诈。然而，人们恰好习以为常的价格水平，在道德上并非绝对正确。这些价格水平与在市场条件变化（比如遭遇飓风）时所产生的价格相比，并没有特殊性，也并非更加公平。"[5]

---

① 《坦帕论坛报》（*Tampa Tribune*）发行于美国佛罗里达州坦帕市，是坦帕湾地区发行量最大的两大主流报纸之一。——译者注

索维尔认为，冰块、桶装水、屋顶修理、发电机及汽车旅馆的涨价有利于限制消费者使用这些物品，也有利于刺激别处的供应商给飓风受灾地区提供最急需的物品和服务。当佛罗里达居民在炎热的 8 月遭遇停电的时候，如果冰块卖到 10 美元一袋，冰块制造商们就会发现这值得它们生产和运输更多冰块。索维尔解释道，这些价格并没有什么不公平之处，它们只是反映了购买者和销售者在他们交换的物品上所给定的价值。[6]

杰夫·雅各比是《波士顿环球报》的一位支持自由市场的评论家，他以类似的理由反对反价格欺诈法："根据市场产生的索价并不是欺诈，也不是贪婪或无耻之举，它只是物品和服务在自由社会中获得分配的方式。"雅各比也承认："价格暴涨确实令人恼怒，尤其是对那些刚刚被致命的飓风严重扰乱生活的人而言。"然而公众的愤怒并不能成为干涉自由市场的正当理由。那看起来过分的价格能够刺激供应商生产更多的必需品，"它所带来的好处要远远超过它的危害"。由此，他的结论是："把商贩们看作魔鬼并不能加快佛罗里达重建的脚步，让他们自由地开展业务却可以。"[7]

总检察长克里斯特在《坦帕论坛报》上发表专栏文章维护反价格欺诈法："在危急关头，如果人们在逃命或者在飓风后为家人寻求基本日用品时被索要过高价格，政府不能袖手旁观。"[8] 克里斯特反对这样一种观点，即认为这些"过高的"价格反映了真实的自由交换：

> 这并不是一个正常的自由市场的情形。在正常的自由市场情形中，有意愿的购买者自行选择进入市场，并遇到有意愿的

销售者，此时的价格依据供求关系而定。而在紧急状况中，购买者没有自由，他们是被迫购买安全居所之类的必需品的。[9]

“查理”飓风之后关于价格欺诈的争论引发了一些与道德和法律相关的棘手问题：物品和服务的销售商利用自然灾害根据市场需求随意定价，是不是不正当？如果不正当，那么法律应当做些什么呢？政府是否应当禁止价格欺诈——即使这样做干涉了购买者和销售者的交易自由？

福利、自由与德性

这些问题不仅涉及个人如何对待他人，还涉及应当如何制定法律，以及我们应当如何组织一个社会。这些都是关于正义①的问题。要想解答它们，我们就必须探索正义的含义。实际上，我们已经开始这样做了。如果你仔细观察有关价格欺诈的争论，你就会发现那些维护和反对价格欺诈的论证都围绕着三种观念展开：福利最大化、尊重自由和促进德性。其中的每一种观念都引向了一种不同的思考正义的方式。

维护自由市场的基本理由基于两种主张：一种关乎福利，另一种关乎自由。首先，市场通过刺激人们努力工作以供应他人所需要的物品，提升了社会的整体福利水平。（一般来说，我们经常把福利等同于经济繁荣，尽管福利是一个更加宽泛的概念，它还包括社会福利非

① 在这本书的前两版中，justice 一词被译为“公正”，本次修订按照学者和译者的专业意见，改译为“正义”，详细说明请见译后记第 354 页。——编者注

经济的方面。）其次，市场尊重个人自由：它让人们自己选择给他们所交换的物品定价，而不是把一个特定的价格强加于商品和服务。

丝毫不令人惊讶的是，反价格欺诈法的反对者们恰恰借助这两种为人们所熟知的理由为自由市场辩护。那么，反价格欺诈法的支持者们如何回应呢？首先，他们认为，在困难时期索要过高价格，并不能真正实现社会整体福利。即使高价能够促进人们供应更多的商品，这一益处也会由于高价给那些无法负担的人带来了负担而被抵消。对富人而言，在暴风雨中为一加仑[①]汽油或一个汽车旅馆的房间支付过高价格，可能只是一件讨厌的事情；对那些收入微薄的人来说，这样的价格却造成了实实在在的困难，这可能导致他们滞留于危险地带而不能逃离到安全的地方。反价格欺诈法的支持者们认为，任何关于总体福利的估量，都必须考虑到那些在紧急状况中可能由于价格过高而买不起基本必需品的人所遭受的痛苦与磨难。

其次，反价格欺诈法的支持者坚持认为，在某些情况下，自由市场并不是真正的自由。正如克里斯特所指出的："处于被迫情况下的购买者并没有自由。他们是被迫购买安全居所之类的必需品的。"如果你与家人正在逃离一场飓风，那么你为汽油或居所支付过高的价格，就不是一种真正的自由交换，它接近于敲诈。因此，为了判断反价格欺诈法是否正当，我们需要评估这些有关福利和自由的不同说法。

然而我们也需要考虑另一种更深入的论点。很多对反价格欺诈法的公开支持都源自一种直觉上的反应，并没有真正考虑到福利或自由。

---

① 美制 1 加仑为 3.785 升。——编者注

人们对那些乘人之危的人感到愤怒，并希望他们受到惩罚，而不是得到大笔横财。这种情绪经常被看作一种原始的、不应当干涉公共政策或法律的感情而被摒弃。正如雅各比所言：“把商贩们看作魔鬼并不能加快佛罗里达重建的脚步。”[10]

然而，反价格欺诈者的愤慨不只是一种欠考虑的怒气，它表明了一种值得我们认真考虑的道德论证。愤慨是当你认为人们得到他们并不应得的东西时，你所感受到的一种特殊的愤怒。这种愤慨是对不正义的愤怒。

当克里斯特描述“有些人在灵魂深处是如此贪婪，竟然想利用别人在飓风中所遭受的灾难而发财”时，他触及了这种愤慨背后的道德判断。他并没有明确地将这一观察与反价格欺诈法联系起来，然而他的评论却暗含着以下一些论证——我们可以称之为德性论证。

贪婪是一种恶，是一种不道德的存在方式，尤其是当它使人们忽视别人的痛苦时。它不仅仅是一种个人的恶，还与公民德性冲突。在困难时期，一个好的社会会凝聚，人们相互关照，而不是榨取最大利益。如果一个社会中的人在危急关头剥削自己的邻居以获取经济利益，那么这个社会就不是一个好的社会。因此，过分的贪婪是一种恶，一个好的社会若有可能就应当反对这种恶。反价格欺诈法无法禁止贪婪，但它至少能够限制其最露骨的表现，并表明社会对它的反对。社会通过惩罚而非奖励贪婪的行为，肯定了那种为了共同善而牺牲的公民美德。

承认德性论证所具有的道德力量，并非认为它必须总是高于其他考量。在某些情况下，你可能会得出结论，一个受到飓风袭击的社区应当做一场魔鬼交易，甚至付出认可贪婪的道德代价——允许价格欺诈，以从别的地方吸引大量的屋顶建筑工人和承包商。先修补屋顶，稍后再补救社会结构。然而，我们要注意到，关于反价格欺诈法的争论并不仅仅与福利和自由相关，也与德性相关——它关乎培育一个良好社会所依赖的心态、性情和品质。

有些人（包括那些支持反价格欺诈法的人）发现基于德性的论证令人感到尴尬，原因是：它似乎比那些诉诸福利与自由的论证更倾向于主观批判。质疑一项政策是否会加速经济恢复或刺激经济增长，并不涉及对人们的喜好加以评判。它假设人人都喜欢更多的收入，而且不对人们如何消费加以评判。同样，质疑人们在被迫的情况下能否真正地自由选择，也不需要对他们的选择加以评价。问题在于人们是否自由，或在多大程度上是自由的，而不是被迫的。

相比之下，有关德性的论证基于这样一种判断，即贪婪是一种国家应当反对的恶。然而，应当由谁来判断什么是善、什么是恶呢？难道多元社会中的公民不是在这些事情上存在分歧吗？难道将关于德性的评判引入法律不会有危险吗？在面临这些担忧的时候，很多人都认为，政府应当在善恶之争中持中立态度，不应试图培养良好心态，或修正不良品性。

因此，当我们探究自己对价格欺诈的想法时，我们就会发现一些自相矛盾之处。当有人得到他们并不应得的东西时，我们会感到愤慨；我们认为，在人类痛苦时贪婪掠夺的行为应当受到惩罚而非奖赏。但与此同时，当关于德性的评判进入法律程序时，我们又会感到担忧。

这一困境引出了政治哲学中的一个重要问题：一个正义的社会应

当努力提升公民的德性吗？或者，法律是否应当在各种有关德性的观念之间保持中立，让公民能够自由选择最佳的生活方式？

传统观点认为，对这一问题的不同解答区分出古代的和现代的两种政治思考。这在某种意义上是正确的。亚里士多德教导我们，正义意味着给予人们应得的东西。为了决定谁应得什么，我们不得不决定哪些德性值得尊敬和奖赏。亚里士多德坚持认为，如果不首先反思哪种生活方式是人们最想要的，我们就不能弄明白什么是正义的宪法。对他而言，法律不可能中立于有关良善生活的各种问题。

与此相对，现代政治哲学家——从 18 世纪的伊曼努尔·康德到 20 世纪的约翰·罗尔斯——认为，界定我们各种权利的正义原则，应当不依赖于任何特殊的德性观念或有关最佳生活方式的观念。相反，一个正义的社会应当尊重每个人选择自己的良善生活观念的自由。

因此你可能会说，古代的正义理论始于德性，而现代的理论始于自由。在接下来的几章中，我们将要探讨这两者各自的优缺点。然而，值得我们注意的是，这种对比在一开始就具有误导性。

如果我们把注意力转向当代政治中（在普通人当中，而非哲学家之间）关于正义的争论，那么我们就会发现一种更加复杂的景象。的确，我们的大多数争论都与促进繁荣和尊重个人自由有关——至少在表面上如此。然而，与之冲突的是，在这些争论背后，我们经常能看到另外一套信念，它们涉及什么样的德性值得我们尊重和奖赏，以及什么样的生活方式是一个良好的社会应当推行的。虽然我们致力于推进繁荣和自由，但我们不能全然摆脱关于正义的道德评判。那种认为正义涉及德性和选择的信念深深扎根在人们的心中。关于正义的考量似乎不可避免地使我们思考最佳的生活方式。

受什么样的伤才配得上紫心勋章①？

在某些事情上，有关德性与荣誉的问题非常明显，以至于我们无法加以否认。让我们来考虑一下关于谁有资格获得紫心勋章的争论。1932年以来，美国军队一直将这一奖章授予那些在战争中受伤或牺牲的士兵。除了能带来荣誉，这枚奖章还能使获得者在退役军人医院享有诸多特权。

伊拉克战争和阿富汗战争打响以来，越来越多的老兵被诊断出患有创伤后应激障碍并接受治疗。创伤后应激障碍的症状包括连续做噩梦、极度抑郁及有自杀趋向。据报道，美国至少有30万名老兵受到创伤后应激障碍或严重的抑郁症的折磨。这些老兵的支持者认为，老兵同样有资格获得紫心勋章。既然心理上的创伤至少与身体上的创伤一样使人衰弱，那么忍受这种伤痛的老兵就应当获得这一勋章。[11]

五角大楼的顾问团在研究了这一问题之后，于2009年宣布，紫心勋章只授予那些身体上受到伤害的士兵。那些精神失调或心理上受到伤害的老兵，即使有资格获得由政府资助的医学治疗和残疾补助，也没有资格获得紫心勋章。五角大楼的这一决定基于以下两个理

---

① 紫心勋章（Purple Heart）是美国以总统的名义颁发的一种勋章，最初用于表彰那些在1917年4月5日或其后在军队服役中受伤或牺牲的士兵。它最初是以紫色的布料制成的心形勋章，是美国军队中至今仍在颁发的历史最为悠久的勋章。——译者注

由：创伤后应激障碍并不是敌人有意造成的，而且它很难得到客观的诊断。[12]

五角大楼顾问团的决定是正确的吗？如果我们只是看这些理由，那么它们并不具有说服力。在伊拉克战争中，一种最普通的、紫心勋章所认可的创伤就是近距离爆炸所造成的鼓膜穿孔。[13] 与子弹和炸弹有所不同，这类爆炸并不是敌方战术故意造成的伤害和牺牲。它们（与创伤后应激障碍一样）是战争行为所产生的损伤性的副作用。创伤后应激障碍可能比断肢更难以诊断，然而它们所造成的伤害却可能更加严重和持久。

正如关于紫心勋章的广泛争论所揭示的，这里真正的问题在于这枚奖章的意义及其所尊重的德性。那么，与此相关的德性是什么呢？与其他部队奖章不同，紫心勋章尊敬牺牲，而非勇敢。它不要求有英雄的行为，只需要有敌人造成的伤害，但问题在于什么样的伤害应当被奖励。

一个叫作“紫心勋章骑士团”的老兵俱乐部反对由于心理上的创伤而颁发这一奖章，他们认为这样做会“贬低”这份荣誉。该团体的发言人声明：流血应当是一项必要条件。[14] 他并没有解释为什么不流血的创伤就不算数。然而，支持将心理创伤算在紫心勋章奖励范围之内的前海军上校泰勒·布德罗，为这一争论提出了一种令人信服的解析。他将这里的反对之声归咎于军队中一种根深蒂固的观念，即认为创伤后应激障碍是一种软弱的表现。“那种强调坚强意志的文化，同样会导致人们对‘战争暴力能够伤害最健康的心灵’这一说法持怀疑态度……令人悲哀的是，只要我们的军事文化对战争所造成的心理创伤哪怕暗中还存有一种蔑视，那些（受到心理创伤的）老兵就不可能得到紫心勋章。”[15]

因此，关于紫心勋章的争论不只是一种如何界定伤害之真实性的医学或临床上的争论。该争论的核心在于各种不同的关于道德品格和士兵勇气的观念。那些认定只有流血的创伤才应当算数的人认为，创伤后应激障碍反映了一种不值得尊敬的性格上的软弱；那些认为心理创伤也应当算数的人则反驳说，那些受到长期性心理创伤和严重抑郁症的折磨的老兵，与那些失去一只胳膊的老兵为他们的国家做出的牺牲同样确凿无疑、同样光荣。

关于紫心勋章的争论阐明了亚里士多德正义理论的伦理逻辑。如果我们不询问一枚军队奖章尊敬的德性到底是什么，我们就不能决定谁应当获得这一奖章。为了回答这一问题，我们还必须评价不同的有关性格和牺牲的观念。

人们很可能认为军队奖章是一个特殊事例，它能追溯到有关荣誉和德性的古代伦理。而如今，我们大多数的争论都是关于如何分配经济繁荣时的成果、分担困难时期的重负，以及界定公民的基本权利。在这些领域中，关于福利和自由的考虑占据统治地位。然而，有关经济安排的对与错的争论，经常会将我们带回亚里士多德关于人们在道德上应得什么以及为何如此的讨论。

对政府救助的愤慨

公众对2008—2009年的经济危机感到愤怒，就是一个恰当的案例。

近些年来，股票和房地产价格节节攀升，当房地产泡沫破裂之后，秋后算账的时刻也来临了。华尔街各大银行和金融机构通过由抵押贷款支撑的综合投资赚了几十亿美元，而此时这些抵押贷款的价值急速下跌。曾经不可一世的华尔街的公司跌到了崩溃的边缘。股票市场崩盘之后，受到毁灭性打击的不仅仅是那些大的投资者，也有普通的美国百姓，他们退休账户中的钱大大缩水。2008 年，美国家庭损失的财富总额达到 110 000 亿美元，相当于德国、日本和英国年产值的总和。[16]

2008 年 10 月，乔治 · W. 布什总统请求国会用 7 000 亿美元金融救助计划基金作为政府救助措施，来拯救国内大型银行和金融公司。华尔街在形势大好的时候获取了丰厚利润，在形势不好的时候，就让纳税人来为其买单，这似乎很不公平。但好像没有别的办法。这些银行和金融公司已经发展成庞然大物，与经济的各个方面纠缠在一起，以至于它们的崩溃会拖垮整个金融系统。它们“太大了，因而不能倒闭”。

没有人认为这些银行和投资机构应得这些钱——是它们草率的赌注（不完备的政府法规使之成为可能）导致了这场危机。然而，这里的情形是：经济总体的福利似乎要超过对公平的考量。国会很不情愿地下拨了救助款项。

接下来就出现了奖金事件。在救助款项开始流通后不久，新闻报道披露，有些领取了公众救济金的公司将数百万美元作为奖金发放给它们的高层管理人员。其中最臭名昭著的例子涉及美国国际集团（AIG），这是一家保险业巨头，它被旗下金融产品的高风险投资拖垮。尽管它因为政府注入了大量资金才得以获救（总数高达 1 730

亿美元），它却将 1.65 亿美元作为奖金支付给那些部门经理，73 名员工获得了超过 100 万美元的奖金，而正是这些部门使得经济危机陡然加重。[17]

有关奖金的新闻点燃了公众抗议的怒火。这一次的愤怒并不是由于 10 美元一袋的冰块，也不是由于价格过高的汽车旅馆房间，而是由于用纳税人的钱大手大脚地奖励那些应该为全球金融危机负责的机构的成员。这一定有些不对头。尽管美国政府拥有该公司 80% 的股份，但是财政部部长在请求由政府任命的美国国际集团首席执行官取消奖金的发放时，却无功而返。该首席执行官回答道："如果员工们认为他们的补贴受控于美国财政部持续的、任意的管制，那么我们就不能吸引和留住最好的、最聪明的人才。"他认为，为了纳税人的利益——毕竟纳税人拥有大半个公司——他们需要高水平的员工来摆脱这些不良资产的负担。[18]

公众盛怒。《纽约邮报》以头版头条表达了多数人的心声："贪婪的浑蛋们，不要如此心急。"[19] 美国众议院试图通过一项法律，向那些获得政府救助款项的公司发放给员工的奖金加征 90% 的税，以收回这笔钱。[20] 在纽约总检察长安德鲁 · 科莫施加的压力之下，美国国际集团奖金获得者前 20 名中的 15 人同意返还奖金，总计收回约 5 000 万美元。[21] 这一行为稍稍缓解了公众的愤怒，参议院对惩罚性征税方式的支持力度也逐渐减弱。[22] 然而，整件事却使得公众不再愿意支付更多的钱来收拾金融业的烂摊子。

人们对奖金事件感到愤怒的核心是一种不正义感。即使在奖金事件爆发之前，公众对政府救助的支持也是犹豫不决且矛盾的。经济的崩溃将会殃及每一个人，因此有必要阻止它的发生。同时，美国人认为，给那些失败的银行和投资公司注入大量的资金，从根本上来说是不公平的。在这两者之间，美国人民难以抉择。为了避免经济大灾难，国会和公众都做出了让步。然而，从道德层面看，这始终像是一种勒索。

在对政府救助感到愤怒的背后，是一种有关道德应得的观念：那些获得奖金的高层管理者（以及那些获得经济援助的公司）不配得到这些。然而，为什么他们不配呢？这里的原因可能并不是那么显而易见的。让我们来考虑两种可能的回答：一种与贪婪有关，另一种则与失败有关。

公众愤怒的根源之一在于那些奖金似乎是在奖励贪婪，正如报纸头条不留情面地指出的那样。公众认为这在道德上是不可接受的。不仅仅是这些奖金，整个政府救助似乎都是在不合情理地奖励贪婪的行为，而不是惩罚。为了追求更大利益，那些金融衍生产品的交易者进行鲁莽轻率的投资，使他们的公司和整个国家都陷入岌岌可危的经济困境。在经济状况好的时候，他们将利益收入囊中，甚至在自己的投资破产之后，仍然不觉得获得数百万美元的奖金有不妥之处。[23]

对贪婪的批判不仅体现于新闻报纸头条，同时也（以更得体的方式）体现于国家官员的言论之中。参议员夏洛德·布朗（一名俄亥俄州的民主党人）认为美国国际集团的行为意味着贪婪、狂妄自大，甚至更加恶劣的品性。[24]奥巴马总统认为：“由于鲁莽和贪婪，美国国际集团使自身陷入经济困境。”[25]

这种关于贪婪的批判的问题在于，它没有把这次经济崩溃后从救助款项中拿到的奖励，与在经济繁荣时期从市场获得的奖励区分开来。贪婪是一种恶，是一种不好的心态，是一种对利益的过分且专注的欲求。因此，我们能够理解为什么人们不愿意奖励贪婪。然而，我们是否有理由认为，这次政府救助奖金的这些领受者比多年前更加贪婪——而在多年前，他们非常成功并获得了更高的奖金？

华尔街的那些交易员、银行家及对冲基金的管理者，都是一帮要价不菲的家伙。对经济收益的追求是他们维持生计的方式。无论他们的职业是否在腐蚀他们的品性，他们的德性都不会随着股市涨跌而上下起伏。因此，如果说用巨额的援助资金来奖励贪婪是一种错，难道市场对其慷慨回馈就没有错吗？2008 年，华尔街的各大公司（有些是纳税人资助的人寿保险公司）发放了 160 亿美元的奖金，这引起了公众的愤怒。然而这一数字却不到 2006 年（340 亿美元）和 2007 年（330 亿美元）所发放奖金的一半。[26] 如果我们现在说，他们不应该得到这些钱的原因是我们不应该奖励贪婪，我们又怎么能够说在前几年他们应得那些钱呢？

一个明显的区别在于，政府救助的奖金来自纳税人，而经济强健时期的奖金来自公司的盈利。如果公众愤怒是因为他们认为这些奖金并不应发放，那么奖金的出处就不应该影响这一判断。然而，它却提供了一条线索：这些奖金之所以来自纳税人，是因为那些公司失败了。这将我们引入了此次民怨的核心：美国公众反对发放奖金和政府救助金的真正原因并不在于那些公司奖励贪婪，而在于它们奖励失败。

美国人对失败的态度比对贪婪更加苛刻。在市场占主导的社会，人们期望那些雄心勃勃的人积极地追求他们的利益，而且自我利益和贪婪之间的界限经常比较模糊。然而，成功与失败之间的界限却被人们鲜明地铭记于心。“人们应该得到成功赐予的奖励”这一信念，是“美国梦”的核心。

尽管奥巴马总统顺便提及了贪婪，但他明白，奖励失败是反对之声和愤怒的更深层原因。在宣布让接受救助款项的公司限制发放高层经理的工资时，奥巴马认识到了人们对政府救助感到愤怒的真正原因：

> 这就是美国。我们不轻视财富，我们也不因为任何人取得成功而抱怨，并且我们毫无疑问地相信：成功应当得到奖赏。然而，让人们感到沮丧，并且应当感到沮丧的是，那些高级管理者却因失败而得到奖励，尤其是奖金来自美国纳税人的钱。[27]

有关政府救助伦理的一个最不寻常的论述来自参议员查尔斯·格拉斯利，他是艾奥瓦州的一名共和党人，来自美国中部的财政保守派。在人们为奖金事件而极为愤慨的时候，格拉斯利在接受艾奥瓦州广播电台采访时说，最让他感到恼怒的是，这些公司的高级管理者拒绝为自己的失败接受任何谴责。“如果他们能像日本人那样来到美国人民的面前深深鞠个躬，说声‘对不起’，然后要么辞职，要么自杀，那么我对他们的感觉会好很多。”[28]

格拉斯利后来解释道，他并不是在号召那些管理者自杀，不过他确实希望他们能够为自己的失败承担责任、表示悔恨及向公众道歉。“我从来没有从那些高级管理者口中听到这些，这使得我那个辖区范围内的纳税人很难再往外扔钱。”[29]

格拉斯利的评论支持了我的直觉：人们之所以对政府救助感到愤怒，并不主要是由于其奖励了贪婪。最冒犯美国人正义感的是，他们上缴的税款竟然被用来奖励失败。

如果这一点是正确的，我们仍然要追问，这种关于政府救助的观点是否正当。大银行和投资公司的那些首席执行官和高层管理人员是否真的要因为这场金融危机而受到谴责？许多管理者并不这样认为。在调查此次金融危机的国会委员会面前做证时，他们坚称自己竭尽所能地利用了他们所掌握的信息。于 2008 年破产的一家华尔街投资公司——贝尔斯登（Bear Stearns）的前首席执行官说，他思考良久，想看看自己是否可以做出不同的事情。他总结说他已经做了所有他能做的事情："我实在想不出任何办法……能改变我们面临的现状。"[30]

其他失败的公司的首席执行官对此表示同意，并坚称他们是一场无法掌控的"金融海啸"的受害者。[31] 类似的心态蔓延至年轻的交易员，他们无法理解公众为什么对他们领受奖金感到愤怒。一名华尔街交易员告诉《名利场》杂志的记者："人们对我们没有任何同情，可是我们并非不努力。"[32]

"海啸"这一比喻成为政府救助的日常用语，尤其是在金融圈内。如果这些经理是对的，即可以将他们公司的失败归咎于更大的经济力量，而并非他们自己的决定，这就能够解释，为什么他们并没有表达参议员格拉斯利所期望听到的悔恨之情。然而，这同样引发了一个意义深远的有关失败、成功与正义的问题。

如果强大的、系统性的经济力量能够解释 2008—2009 年的灾难性损失，那么难道我们不能说，它们同样能够解释前些年那些令人眩晕的收入吗？如果我们因为年成不好而责备天气，那么那些有天赋、有智慧并努力工作的银行家、交易员及华尔街的高级经理，又怎么能够由于在艳阳高照时所获得的那些惊人回报而受禄呢？

在面对公众为给失败发放奖金而产生的愤怒时，那些首席执行官辩称，经济收益并不完全是他们自身行为的结果，而是他们不可掌控的力量的产物。他们可能是有一定道理的。然而，如果这是真的，我们就有很好的理由来质疑他们在经济良好时期对超额报酬的索求。冷战的结束、全球化的贸易、资本主义的市场、个人电脑和网络的兴起以及诸多其他因素，都肯定有助于解释20世纪90年代及21世纪初金融业的成功。

2007年，美国各大企业的首席执行官获得了高于普通工人343倍的工资。[33] 那么，这些首席执行官凭什么应该得到比他们的员工高这么多倍的工资呢？诚然，他们大多数都努力工作，并将自己的才能运用到了工作当中。然而，让我们来考虑这一点：1980年，首席执行官的工资仅仅是工人的42倍。[34] 难道1980年的那些首席执行官没有2007年的这些有才华，也没有他们工作努力？抑或是这些工资的差距所反映的偶然情况与天赋和技能无关？

再让我们来比较一下美国与其他国家的首席执行官的工资水平。美国顶尖公司的首席执行官每年的平均工资为1 330万美元（根据2004—2006年的数据），与之相对的是，欧洲公司首席执行官的年均工资是660万美元，而日本公司的首席执行官的年均工资为150万美元。[35] 美国的首席执行官就应得2倍于欧洲同行、9倍于日本同行的工资吗？抑或是这些差距所反映的因素同样与首席执行官付诸工作的努力和才能无关呢？

2009年年初，公众对政府救助的愤怒笼罩着美国，这表达了一种被广泛认可的观点：那些通过冒险性投资而摧毁自己公司的人，不应当得到百万美元的奖励。然而，关于奖金的争论却引发了另一些问题：当经济发展良好时，谁应当得到什么？那些成功人士应得市场所赋予他们的丰厚收入吗？这些丰厚收入是否取决于那些他们无法掌控的因素呢？在经济良好时期和经济低迷时期，公民之间的相互责任又意味着什么呢？经济危机是否会促进公众去讨论这些更为广泛的问题，我们拭目以待。

三种考量正义的进路

要看一个社会是否正义，就要看它如何分配我们所看重的东西——收入与财富、义务与权利、权力与机会、公共职务与荣誉等。一个正义的社会以正当的方式分配这些东西，它给予每个人所应得的部分。然而当我们追问什么样的人应得什么样的东西以及为何如此时，便产生了一些棘手的问题。

其实，我们已经着手解决这些问题了。当我们仔细考虑价格欺诈的对与错、关于紫心勋章的不同主张及政府救助时，我们已经鉴别了三种分配方式：福利、自由和德性。每一种理念都意味着一种不同的考量正义的方式。

我们当今的一些争论反映了我们在以下问题上的分歧：将福利最大化、尊重自由及培养德性意味着什么？而其他一些争论则涉及这样的分歧：当这些理念互相冲突时，我们该怎么办？政治哲学无法一劳永逸地解决这些问题。然而，它却能够清晰地概括我们目前的这些争论，并澄清我们作为民主社会的公民可能面对的各种观念背后的那些道德考量。

本书探索了这三种思考正义的方式各自的优缺点。我们将从福利最大化这一理念开始。对像我们这样的市场社会而言，它提供了一种自然的起点。许多当代政治争论都是关于如何促进经济繁荣，或如何提高我们的生活水平，以及如何刺激经济增长的。为什么我们要关心这些事情呢？最显而易见的答案就是，我们认为经济繁荣能够使我们过得更好，无论是作为个人还是作为社会整体。换言之，经济繁荣之所以重要，是因为它有益于我们的福利。为了探究这一理念，我们将转而讨论功利主义，它对我们应当如何使福利最大化，或（如功利主义者所说的）如何寻求最多人的最大幸福，以及为何如此等问题做了最有影响力的说明。

接着，我们将讨论一系列将正义与自由联系起来的理论。这类理论大都强调对个体权利的尊重，尽管它们自身在哪些权利最为重要这一问题上存有分歧。在当代政治语境中，正义意味着尊重自由和个体权利这一观念，与功利主义使福利最大化的观念同样为人们所熟知。例如，美国的《权利法案》设定了大多数人都不能侵犯的一些自由——包括言论自由和宗教自由。环顾世界，正义意味着尊重某些普遍人权的观念被越来越多的人接纳（如果不总是实践上的，那么至少也是理论上的）。

从自由的进路对正义进行考量是一种宽泛的理论。实际上，目前某些最激烈的政治争论就来自理论内部的两大阵营——追求放任主义的阵营和追求公平的阵营。坚守放任主义阵营的是一些拥护自由市场的自由至上主义者，他们认为，正义就在于尊重和维护达成一致意见的成人做出的自愿选择。讲究公平的阵营包括一些持平等主义态度的理论家，他们认为，不受约束的市场既不正当也不自由。在他们看来，要想达到正义，就需要政策来修正社会和经济的缺陷，并给予每个人通往成功之路的平等机会。

最后，我们将转向另外一些理论，它们认为正义与德性及良善生活密切相关。在当代政治领域，德性理论经常被看成文化保守主义和宗教右派。对自由社会中的许多公民来说，将道德法律化这一观念是令人厌恶的，因为它有陷入不宽容和压迫境地的危险。然而，以下这种观念，即正义社会认可某些德性及关于良善生活的观念，在意识形态领域引发了许多政治运动和争论。废奴主义者和马丁·路德·金也从道德和宗教理想中引申出了各自的正义理论。

在我们试图评价这些正义理论之前，有必要先询问哲学论证如何能够展开，尤其是在像道德和政治哲学这样争辩如此激烈的领域。它们经常开始于具体的情境。正如我们在有关价格欺诈、紫心勋章及政府救助的讨论中所看到的，道德和政治的观点体现于分歧之中。这些分歧通常产生于公共领域中的不同党派或倡导者的不同主张之中。有些时候，分歧存在于作为个体的我们的内心，存在于我们因为发现自己在面对一个棘手的道德问题而无所适从和自相矛盾的时候。

然而，我们怎么能从那些在具体情境里所做的判断中，精确地推理出我们认为应当适用于各种情境的正义原则呢？简而言之，道德推理以何种形式存在？

为了探讨道德推理是如何进行的，让我们转向两种情境：一个是哲学家们讨论较多的假想的故事，另一个是让人感到极其痛苦的、关于道德困境的真实故事。

让我们首先来考虑下面这个哲学家设想的故事。[36] 像所有类似的故事一样，它讲述了一种可能出现的局面，我们可以暂时不考虑现实的复杂性，只专注于有限的几个哲学议题。

失控的电车

假设你是一辆有轨电车的司机，电车以每小时 60 英里的速度沿着轨道疾驰而来。在前方，你看见五个工人手持工具站在轨道上。你试着停下来，可是你不能，因为刹车失灵了。你感到无比绝望，因为你知道，如果电车冲向这五个工人，那么他们将全部被撞死。（我们先假定你是知道这一点的。）

突然，你注意到右边有一条岔道，那条轨道上也有工人，不过只有一个。你意识到，你可以使有轨电车拐向那条岔道，撞死这个工人，而挽救那五个工人。

你应该怎么做呢？大多数人会说："拐！尽管撞死一个无辜的人是一个悲剧，可撞死五个人将会更糟糕。"牺牲一个人的生命以挽救五个人的生命，这看起来确实是正当的事情。

现在让我们来考虑另外一种与有轨电车有关的假设。这一次，你不是司机，而是一个旁观者，站在桥上俯视着轨道（这次旁边没有岔道)。轨道的那一头开来了一辆电车，而在轨道的这一头则有五个工人。这回刹车又失灵了，电车即将冲向那五个工人。你感到自己没有能力去避免这场灾难，可是突然你发现，你身旁站着一个身材魁梧的人——你可以将他推下桥，使他落入轨道，从而挡住疾驰而来的电车。他可能会被撞死，但是那五个工人却将获救。(你考虑过自己跳下轨道，可你意识到自己个子太小了，无法挡住电车。)

将那个魁梧大汉推落到轨道上是否为正当之举呢？大多数人会说："当然不是！将那个人推向轨道是极其严重的错误。"

将某个人推下桥致死看起来确实是一桩可怕的事情，即使这样做能挽救五条无辜的生命。然而这便产生了一个道德难题：为什么这一原则——牺牲一条生命以挽救五条生命——在第一种情况下看起来是正确的，而在第二种情况下看起来是错误的呢？

如果我们对第一种情形的反应所暗示的数量很重要——如果挽救五条生命比挽救一条生命更好，那么为什么我们不能将这一原则应用于第二种情形，去推那个人呢？即使我们有很好的理由，将一个人推向死亡看起来也非常残忍。然而，开着一辆有轨电车撞死一个人就不那么残忍吗？

将桥上的那个人推下去之所以不对，可能是因为这样做违背了他的意愿，利用了他。毕竟他并没有选择参与其中——他只是站在那里。

然而，我们可以对那个在岔道上工作的人说同样的话。他也没有选择参与其中，他只是在做自己的工作，在这起失控电车事件中，他并不自愿牺牲生命。人们可能会辩解说，铁路工人甘愿冒这样的危险，而旁观者则未必会如此。然而，让我们假设，在紧急情况下牺牲自己以挽救他人的生命并不在这份工作的职责范围之内，并且这个工人与桥上的那个旁观者一样，都不愿意放弃自己的生命。

也许这里的道德差别并不在于对受害者的影响——他们都会死亡——而在于做决定的那个人的意图。作为电车司机，你可能会为自己将电车驶向岔道的做法这样辩解：尽管你可以预见在岔道上那个工人的死亡，但是你并没有想要他死。如果运气足够好，那五个工人可以幸免于难，而这第六个人也能存活，这样，你的目的仍然能够达到。

然而，这一点在推人坠桥这一情形中仍然成立。你从桥上推下去的那个人的死亡，对你的目的而言并非不可或缺。他所要做的就是挡住电车，如果他能够既挡住电车又活下来，你将会非常高兴。

深入思考后，我们也许会发现，这两种情形应当依据同一原则来裁定。它们都涉及要故意选择牺牲一个无辜者的生命，以防止一个更严重的损失。你可能仅仅是因为胆小软弱（一种你应当克服的犹豫）而不情愿将那个人从桥上推落。用自己的双手将一个人推向死亡看起来确实比转动电车的方向盘更加残忍，然而，做正当的事情并不总是轻而易举的。

我们可以对这个假设稍做改变，来检验这一观念。假设作为旁观者的你可以不伸手推就能使身旁的大个子掉落轨道，假设他正站在一个活板门上，你可以通过一个方向盘打开这个活板门——不伸手推，便有同样的结果。这种情况是否使得这样做成为正当之举呢？或者，这在道德上是否仍然比作为司机的你拐向岔道更为恶劣呢？

要解释这些情形的道德差别并非易事：为什么使电车拐向岔道似乎是对的，而将人从桥上推下就是错的呢？不过，请注意我们在推理出两者之间令人信服的区别时所遇到的压力——如果我们推理不出来，那么就要重新考虑我们在每一种情形中对何谓正当之举所做出的判断。我们有时候将道德推理看作说服他人的一种途径，然而，它同时也是一种澄清我们自身的道德信念，了解自己相信什么以及为何如此的途径。

某些道德困境源于相互冲突的道德原则。例如，一种在失控电车故事中起作用的原则认为，我们应当尽可能多地挽救生命；另一种原则认为，即使有一个很好的理由，杀害一个无辜的人也是不对的。当我们面对一种情形——要挽救一些人的生命就必须杀害一个无辜的人——的时候，我们便遇到了道德困境。我们必须弄明白哪一种原则更有说服力，或者更适用于这种情形。

另一些道德困境则源于我们不确定事情将如何展开。像失控电车这样的虚构故事，排除了我们在现实生活中所遇到的选择的不确定性。它们假定我们确切地知道，如果我们不转动电车的方向盘，或不把那个大个子推下桥，有多少人会死去。这使得这类故事不能完美地指导现实行为，不过这也使得它们成为对道德分析有用的方法。通过悬置偶然性——“如果那些工人看到了那辆失控电车并及时地跳开了呢？”——那些假想的案例有助于我们提取重要的道德原则，并检验它们的力量。

阿富汗的牧羊人

现在让我们来考虑一个真实的道德困境，它在某些方面与那个假想的失控电车的故事有些类似，然而，事态将如何发展的不确定性使之变得更加复杂。

2005 年 6 月，一个由美国海军士官马库斯 · 勒特雷尔（Marcus Luttrell）和其他 3 名海豹突击队队员组成的特殊军事小组，在阿富汗境内靠近巴基斯坦边界的地方，执行一项秘密的前期侦察任务——寻找一名塔利班领导人，那是乌萨马 · 本 · 拉登的亲信之一。[37] 情报显示，这名领导人率领 140~150 名全副武装的战士正藏匿在崇山峻岭中的一个小村庄里。

这一特殊军事小组在山脊上占据了一个位置，俯瞰那个村庄。突然，两名阿富汗农民赶着约一百只咩咩叫着的羊，带着一个大约 14 岁的男孩，和他们撞了个对面。这几个阿富汗人没有武器，美国士兵用步枪对准他们，命令他们坐在地上，接着便开始讨论如何处置这几个人。一方面，这几个牧羊人是手无寸铁的平民；另一方面，如果放他们走，就会冒这样的危险——他们可能会告诉塔利班分子，有一帮美国士兵在这里。

当 4 名士兵仔细考虑他们的可选择余地时，他们意识到自己没有带绳子。因此，捆住这几个阿富汗人以争取时机找到另一个藏身之处的办法在此时并不可行。他们仅有的选择就是，要么杀了他们，要么放他们走。

勒特雷尔的一名战友认为要杀掉这些牧羊人："我们是在敌后执行任务的现役军人，受高级长官的委派来到这里。我们有权做任何事情来挽救我们自己的生命。如何做对军事行动有利是显而易见的，放走他们是不对的。"[38] 勒特雷尔难以抉择。他在回忆录里这样写道：

“在我的内心深处，我知道战友说得对，我们不能放走他们。可是问题在于，我还有另外一个灵魂——我的基督徒灵魂。它一直向我施压，有个东西在我的灵魂深处不停地告诉我，杀害这几个手无寸铁的人是不对的。”[39] 勒特雷尔没有说清楚他所说的基督徒灵魂是什么意思，总之在最后，他的良心不允许他杀害这几个牧羊人。他投了决定性的一票，放走了他们。（他的 3 个战友中有一个弃权了。）正是这一票，让他后来无比悔恨。

他们释放了那几个牧羊人。一个半小时以后，这 4 名士兵发现自己被 80~100 名手持 AK-47 自动步枪和火箭筒的塔利班分子包围。在接下来的那场惨烈的战斗中，勒特雷尔的 3 名战友都遇难了，塔利班分子还击落了一架试图解救该海豹突击队的直升机，机上 16 名士兵全部遇难。

勒特雷尔身受重伤，他跳下山坡并爬行了 7 英里，来到一个普什图人的村庄。那里的居民保护着他，不让他落入塔利班分子之手，直到他获救。

在回忆录中，勒特雷尔谴责自己所投的反对杀死那些牧羊人的一票。他在一本有关此次经历的书中写道：“这是我一生当中所做出的最愚蠢、最糊涂、最笨的决定。我当时一定是脑子出问题了。我投了这样一票，而我实际上知道这是签下我们的死亡执行令……至少，当我回顾这些的时候我是这样认为的……决定性的那一票是我投的，它会一直困扰着我，直到我栖息在东得克萨斯的一座坟墓里。”[40]

使这些士兵所处的困境如此艰难的部分原因在于一种不确定性，即他们不确定他们释放那些阿富汗人后将会发生什么。他们会仅仅走开而已吗？他们会不会通知塔利班分子呢？然而，假如勒特雷尔当时知道，放走那几个牧羊人会导致一场灾难性的战斗，造成惨重损失——19 名战友丧生、自己身负重伤以及军事行动的失败，他会做出不同的选择吗？

对勒特雷尔来说，当他回顾此事时，答案是显而易见的：他会杀了那几个牧羊人。考虑到接下来的灾难，人们对此难以表示反对。从数量的进路来看，勒特雷尔的选择类似于脱轨电车的情形。杀害这 3 名阿富汗人，将会挽救他的 3 个战友和试图解救他们的 16 名士兵的生命。然而，哪一个版本的脱轨电车情形与此类似呢？杀害这几个牧羊人更像转动电车的方向盘，还是更像将那个大汉从桥上推落呢？勒特雷尔预料到了危险，但仍然不杀害手无寸铁的平民，这一事实说明，它跟推人坠桥的情形更为接近。

然而，杀害牧羊人的理由似乎在某种程度上比推人坠桥的理由更有说服力。这可能是因为，我们根据结果怀疑他们并不是无辜的旁观者，而是塔利班分子的同情者。让我们来考虑一个类比：如果我们有理由相信，那个站在桥上的人有意使电车的刹车失灵，企图撞死那些在轨道上工作的工人（让我们假设他们是他的敌人），那么将他推向轨道的道德理由就会变得更加有力。我们可能仍然需要知道，他的这些敌人是什么人，以及他为什么想杀死他们。如果我们知道，轨道上的那些工人是法国抵抗运动的成员，而桥上的那个大个子是个纳粹分子，他企图使电车刹车失灵而撞死那些工人，那么将他从桥上推落以挽救工人们的理由，在道德上会更有说服力。

当然，很有可能那几个阿富汗牧羊人并非塔利班分子的同情者，而是这场冲突的中立者，甚至是塔利班分子的反对者，他们受到塔利班分子的胁迫而透露了美国士兵的藏身之地。假设勒特雷尔和他的同伴确切地知道这几个牧羊人对他们没有危害，但是会被塔利班分子折磨而供出他们的位置，他们仍可能会杀了这几个牧羊人，以掩护他们的军事行动和保护自己的生命。只是，与他们知道这几个牧羊人是支持塔利班分子的间谍相比，他们在做出杀害牧羊人的决定时，将会更加痛苦，在道德上也更站不住脚。

道德困境

我们很少有人会面临像山上的士兵或脱轨电车目击者所遇到的那样重大的选择。然而，我们力图通过解决他们的困境，来说明道德论证在我们的个人生活中以及在公共领域中的展开方式。

民主社会中的生活充斥着关于对与错、正义与不正义的争论。有些人拥护堕胎合法化，而另一些人则认为堕胎是一种谋杀；有些人认为需要向富人征税以帮助穷人，而另一些人则认为将人们通过自己的努力赚来的钱拿走是不公平的；有些人支持大学录取中的反歧视行动[1]，以纠正以往的错误，而另一些人则认为这对那些按成绩应被录取的人而言，是一种不公平的矫枉过正的歧视；有些人反对严刑逼供恐怖主义嫌疑分子，认为这是一种与自由社会不相称的道德上的恶，

① 反歧视行动指的是美国政府推动的一系列面向包括妇女、黑人和其他少数民族在内的政策和措施。这项政策通常要求雇主和教育机构设定指标，雇用和录取一定数量的先天弱势人员。——译者注

而另一些人则认为这是阻止恐怖主义袭击的迫不得已的手段。

在这些问题上的分歧，经常是某个人在竞选中获胜或失败的原因，所谓的文化战争也是由此而起的。考虑到我们在公共生活中讨论道德问题所怀有的激情及其热烈程度，我们可能会认为我们的道德信念已经通过教育或宗教信仰的灌输固定成形，非理性思考能加以改变。

然而，如果这是真的，那么道德劝导就是无法进行的，并且那些被我们看作关于正义和权利的公共争论，就不过是不同教条的相互攻击，或者是一种意识形态的争夺战。

在最糟糕的情形下，我们的政治会接近于这一情形，然而它本不该如此。有些时候，一场争论可以改变我们的思想。

那么，我们如何通过这些相互对立的关于正义和不正义、平等和不平等、个人权利和公共利益的争论，进行独立的思考呢？本书将试图解答这一问题。

我们可以从下面这个问题开始：当人们面对一个棘手的道德问题时，道德反思是如何自然地产生的？我们先对一件应该做的事——比如使电车拐向岔道——持有自己的观点或信念。然后，我们会开始思考那些支持自己信念的理由，并找出它们所依据的原则："牺牲一个人的生命而避免更多人死亡是更好的。"接着，当我们遇到一种能证明这种原则不对的情形时，我们便迷惑了。"我以前认为，尽可能多地挽救生命总是正确的，而现在将那个人从桥上推落（或杀害那些手无寸铁的牧羊人）似乎又是不对的。"我们感觉到源自这种困惑的压力，并想要把它弄明白。这便是导向哲学的本能。

当遇到这种张力时，我们可能会调整自己对何谓正当之为的判断，或重新思考我们最开始拥护的那个原则。当遇到新的情形时，我们在自己的各种判断和原则之间左思右想，用一个来修正另一个。这种在行动领域和理性王国之间来回思考时发生的思想上的转变，就是道德反思。

这种观念将道德争论看成我们对特定情形的判断和我们经过反思而信奉的原则之间的互动。它有着悠久的历史，可以追溯到苏格拉底的对话和亚里士多德的道德哲学。然而，尽管传统久远，它仍然受到以下挑战。

如果道德反思就是要在我们的判断和所认同的原则之间找到一个合宜点，这种反思又如何把我们带向正义和道德真理呢？即使我们终生都能成功地将我们的道德直觉和有原则的信念整合，我们又有多大的信心能说这种结果不过是一系列自圆其说的偏见呢？

答案在于，道德反思并不是个体的追求，而是公共的努力。它需要一个对话者，比如一个朋友、一个邻居、一个同志或一个同胞。当我们与自己争论时，这个对话者可以是想象的而非真实的。然而，我们不可能仅仅通过内省得出正义的意义及最佳的生活方式。

在柏拉图的《理想国》中，苏格拉底将普通公民比作一群被囚禁在洞穴里的犯人。他们见到的所有景象都是墙上的影子，是他们永远不能理解的事物的投影。在这里，只有哲学家能够从洞穴中走出，来到阳光之下，从而见到事物的真相。苏格拉底认为，在瞥见太阳之后，只有哲学家才适合统治那些穴居者，如果人们能够把哲学家再次诱骗至他们所生活的黑暗之中。

柏拉图的意思是：要想抓住正义的含义及良善生活的本质，我们就必须超越偏见和日常生活的惯例。我认为他是对的，可并非完全正确。穴居者们的要求应当得到满足。如果道德反思是一种对话——如果它需要在具体情境中的判断和影响这些判断的原则之间进行权衡——它就需要各种观点和信念作为基础和材料，无论它们多么片面和原始。一种与墙上影子毫不相关的哲学，只能催生一种贫瘠的乌托邦。

当道德反思转变成政治反思时，当它询问应当用什么样的法律来管理我们的集体生活时，它就需要参与城市的骚动，参与那些使公众心烦意乱的各种争论和事件。关于政府救助、价格欺诈、收入不平等、反歧视行动、服兵役及同性婚姻的讨论，都是政治哲学探讨的内容。它们促使我们不仅在家庭和朋友面前，也在美国那些要求较高的公民面前，阐述并维护我们的道德观和政治信念。

更为苛刻的还是政治哲学家，无论是在古代还是在现代，他们都以一些激进的、令人惊讶的方式来思考那些使公民生活富有生气的观念：正义与权利，义务与同意，荣誉与德性，道德与法律。亚里士多德、伊曼努尔·康德、约翰·斯图尔特·密尔和约翰·罗尔斯都是这样的人物。但在本书中，他们的出场却并不是按时间先后排序的。本书并非一部观念史，而是进行道德反思和政治反思的旅程，其目的并非在于向人们展示在政治思想史中谁影响了谁，而在于促使读者将自己关于正义的观念付诸批判性的检验，了解自己的真实想法，以及这些想法来自何处。

第二章

最大幸福原则/功利主义

1884年夏，四名英国海员被困在南大西洋的一只小救生艇上，远离陆地一千多英里。他们的轮船“米尼奈特号”在一场暴风雨中沉没了，他们几个人逃到救生艇上，仅剩两罐腌制的芜菁甘蓝当食物，而且没有淡水。托马斯·达德利是船长，埃德温·斯蒂芬斯是大副，埃德蒙·布鲁克斯是船员。据报纸报道，“这些人全都具有高尚的品德”。[1]

这组船员中的第四个成员是船舱男仆理查德·帕克，年仅17岁。他是个孤儿，这是他的第一次海上长途航行。他没有听取朋友们的建议，而是“怀揣年轻人的梦想”，认为这次旅途会使他成为一个男人。可悲的是，结果并非如此。

四名被困的船员在救生艇上凝望着地平线，希望能有一艘船经过并解救他们。在最初的三天里，他们按定量分食了部分甘蓝。第四天，他们抓住一只海龟，并以这只海龟和剩下的甘蓝维持了一些日子。然后，连续八天，他们什么都没吃。

当时，男仆帕克蜷缩在救生艇的小角落里。他不顾其他人的劝告喝了海水，并因此生了病，眼看要死了。在他们经受严峻考验的第19天，船长达德利建议用抓阄来决定让谁死，这样其他人也许能够活下去。但是布鲁克斯拒绝了，因此他们没有抓阄。

接下来的这一天，仍然不见别的船只。达德利分散了布鲁克斯的注意力，并向斯蒂芬斯示意，他们不得不杀掉帕克。达德利做了个祷告，告诉男孩他的大限到了，然后用一把袖珍小刀刺进他的喉部静脉，杀死了他。布鲁克斯摆脱了来自良心的谴责，分享了这可怕的施舍。三人以男仆的尸体和血为食，又支撑了四天。

救援终于来了！达德利用犹豫而委婉的口吻在日记里描述了他们的获救过程，“第24天，正当我们吃早饭的时候”，一艘船终于出现了，这三个人被救了上来。在回到英国之后，他们被捕并接受了审判。布鲁克斯成为污点证人，达德利和斯蒂芬斯则被送上了法庭。他们坦承自己杀害并吃掉了帕克，并声称自己这么做完全是出于生存必要。

假如你是法官，你会如何裁决呢？为了使事情简化，我们先把法律问题放在一边，先考虑如果由你来决定杀死船舱男仆在道德上是否可以容忍，你将如何处理这个问题。

对此最强有力的辩护是：考虑到当时那种可怕的情境，他们有必要杀死一个人以挽救其他三个人的生命。如果不杀死一个人并吃掉他，那么四个人可能都已经死了。帕克体弱又生了病，是当时符合逻辑的选择，因为他反正很快就会死掉。此外，他跟达德利和斯蒂芬斯不一样，他没有家属，他的死不会剥夺任何人的依靠，也不会留下悲痛的遗孀和子女。

这种论证至少会受到两种反驳：第一，人们会质疑，杀死男仆所获得的利益，从总体上来说，是否真的大于它所带来的损失。即使我们考虑到所挽救的生命的数量、幸存者及其家人的幸福，允许这种杀害也可能会对社会整体产生不良的后果——例如，这会削弱反对谋杀这一规范的权威性，或增加人们钻法律空子的可能性，抑或是会使船长们更难招募到船舱男仆。

第二，即使将所有的事情都考虑在内，杀死男仆确实利大于弊，难道我们就不会痛苦地感觉到，杀害并吃掉一个毫无反抗能力的男仆是错误的吗？这种错误原因凌驾于社会的得失算计之上。难道以这种方式利用一个人——利用他的脆弱，未经本人同意就剥夺了他的生命——是对的吗，即使这样做能使他人受益？

任何一个对达德利和斯蒂芬斯的行为感到震惊的人，都会觉得第一种反驳似乎只是一种温和的抱怨。它接受了功利主义的这一假设：道德就在于权衡得失，道德仅仅期望一种更完备的对社会后果的估算。

如果杀害这个船舱男仆值得引起人们道德上的愤怒，第二种反驳则更接近要点。它反驳这样一种观念：正当的行为仅仅是对结果——代价和受益——的一种算计。它暗示道德意味着更多的东西：某种与人类恰当地对待他人的方式相关的东西。

这两种思考救生艇案例的方式可以阐明两种不同的思考正义的进路。从第一种进路来看，一种行为是否道德仅仅取决于它所带来的后果，正当的行为就是人们经过综合考虑所做出的任何能够使事情达到最佳状态的行为。从第二种进路来看，在道德方面，结果并不是我们应当关注的全部。某些义务和权利应当受到我们的尊重，而这样做的原因并不取决于社会性的后果。

为了破解救生艇的案例和许多我们通常遇到的、没有这么极端的困境，我们需要探索一些更重大的道德和政治哲学问题：道德就是计算生命、权衡得失，还是有某些道德责任和人权是根本性的，以至于它们凌驾于这样的算计之上呢？如果某些权利在这方面是根本性的——假如它们是自然的、神圣的、不可剥夺的和无条件的——那我们该如何甄别它们呢？又是什么使得它们具有这样的根本性呢？

杰里米·边沁的功利主义

杰里米·边沁在这一问题上的立场非常明确。他多次嘲笑自然人权观念，称它们为“踩在高跷上的废话”。他开创的哲学思想体系影响深远。实际上，它至今对政策制定者、经济学家、商业经理及普通公民都有着强有力的影响。

边沁是英国道德哲学家和法律改革者，创立了功利主义学说。其主要观点很简单，并对人具有直觉上的吸引力：道德的最高原则就是使幸福最大化，使快乐在总体上超过痛苦。对边沁而言，正当的行为就是任何使功利最大化的行为。他所说的“功利”，意指任何能够产生快乐或幸福，并阻止痛苦或苦难的东西。

边沁通过下列推理得出了这一原则：我们都被痛苦和快乐的感觉控制着，它们是我们的“至高无上的主人”，在我们所做的任何事情中都主宰着我们，并决定着我们应当做什么事情。对与错的标准“与它们的王权紧密相连”。[2]

我们都喜欢快乐而厌恶痛苦。功利主义哲学意识到了这一点，并使得它成为道德和政治生活的基础。使功利最大化不仅仅是个人的原则，同时也是立法者的原则。政府在决定制定什么样的法律和政策时，应当要做任何能够使作为整体的共同体的幸福最大化的事情。那么，什么是共同体呢？边沁认为，它是一个“想象的集体”，由组成它的所有个体构成。因此，公民和立法者都应当扪心自问：如果我们将这项政策的所有收益相加，再减去所有的代价，它会比其他政策给人们带来更多的幸福吗？

边沁在对“我们应当使功利最大化”这一原则进行论证时，做出了大胆的断言：我们没有合适的理由来反驳它。他主张，任何道德论证都必须含蓄地利用使幸福最大化这一理念。人们可能会说他们相信某些绝对的、无条件的义务或权利，可是，除非他们相信，尊重这些义务和权利将使人类的幸福最大化——至少从长远来看是如此，否则他们就没有任何理由来维护这些义务和责任。

边沁写道：“当一个人想要反抗功利原则时，他所引用的理由恰恰来自这个原则本身，而他自己都意识不到这一点。”所有的道德争论如果被恰当地理解，就都是关于如何应用这个将快乐最大化、将痛苦最小化的功利原则的争论，而非关于该原则本身的争论。“一个人是否有可能移动地球呢？”边沁说道，“能，可是他必须先找到另一个地球以立足。”对边沁而言，这唯一的地球、唯一的前提、道德争论的唯一出发点，就是功利原则。[3]

边沁认为自己的功利原则提供了一种道德科学，它可以作为政治改革的基础。他提出了很多计划来使刑罚政策更有效、更人性化。其中一个就是环形监狱。在该监狱的中间有一座监视塔，这使得看管者可以监视囚犯，而囚犯却看不见他。边沁建议，可以将这个环形监狱交给一个私人的承包商（理想人选就是他自己）来运营，该承包商将管理监狱，以换取罪犯劳动所得的利润，这些囚犯将每天工作 16 个小时。尽管边沁的计划最终被否决了——它在当时过于超前了，可近些年在美国和英国，人们看到，将监狱承包给私人公司的观念却有所复兴。

管理乞丐

边沁的另一项计划，就是通过为穷人建立一所自主筹款的救济院而改进“乞丐管理”。这一试图减少街头乞丐的计划，鲜活地阐明了功利主义的逻辑。边沁论述道，在街上遇到乞丐会以两种方式降低行人的幸福感。对心肠较软的人们来说，他们看到乞丐会产生一种同情之苦；对心肠较硬的人们来说，他们看到乞丐会产生一种厌恶之苦。不管是哪一种方式，遇见乞丐都减少了普通大众的功利。因此，边沁建议将乞丐从街上赶走，并将他们关在救济院。[4]

有些人可能认为这样对乞丐而言不太公平，不过，边沁的确没有忽略他们的功利。他承认，某些乞丐会更乐于乞讨而不愿在救济院工作。但是他注意到，快乐而富足的乞丐远没有悲惨度日的乞丐多。他总结道，公众所忍受的痛苦的总量，超过了那些被赶到救济院的乞丐所感受到的不幸福。[5]

有些人可能担心，建造和运营救济院会给纳税人增加开支，减少他们的幸福并因此减少他们的功利。然而，边沁提出了一种方式，以使他的乞丐管理计划能够完全自主筹款：任何一个遇见乞丐的公民都有权将他带到最近的一所救济院。一旦被限制在救济院内，每一个乞丐就都不得不工作以支付自己的生活费用，而这些费用都会记在一个“自我解放账户”当中。这个账户将包括食物、衣服、床铺的花销以及医疗费用和一份人寿保险——以防这个乞丐在偿清该账单之前就死了。为了激励公民不怕麻烦，愿意抓住乞丐并将其送往救济院，边沁还提议，每抓住一个乞丐便奖励 20 先令——当然，这笔钱将加在该乞丐的账单上。[6]

边沁还将功利主义的逻辑应用于同一社区内的房屋分配，以尽量减少居民从他们的邻居那里所遭受的不适：“在每个可能产生某种不良影响的群体附近，安置对这种不良影响有免疫力的群体。”例如，“在胡言乱语的疯子或者说话不检点的人附近安置聋人和哑巴……在妓女和放荡的女人附近安置一些年长的女人”。至于那些严重畸形的人，边沁建议将他们安置在盲人的居所附近。[7]

尽管边沁的这一提议看起来似乎有些残酷，他的目标却并不苛刻。他仅仅想要通过解决那些减少社会功利的问题，来促进社会整体福利。他的乞丐管理方案从来没有被采纳过，但它所体现的这种功利主义精神存活至今。在考虑当代功利主义思维方式的事例之前，我们有必要质问，我们是否可以反驳边沁的哲学呢？如果可以，理由是什么？

反驳 1：个体权利

许多人认为，功利主义最明显的缺陷在于，它没有尊重个体权利。由于仅仅考虑满意度的总和，它可能恣意践踏个体公民。虽然对功利主义者而言，个体也重要，但只有将每个人的偏好与他人的偏好统计在一起的时候才是如此。然而，这意味着我们如果自始至终坚持功利主义的逻辑，就有可能纵容许多无视人类基本尊严的行为，正如以下这些案例所表明的。

将基督徒扔给狮子

古罗马时期有一种大众娱乐项目：将基督徒扔给竞技场中的狮子。让我们来想象一下，运用功利主义会如何看待这种娱乐：当狮子撕裂并吞食基督徒时，这名基督徒遭受了极大的痛苦，然而，那些围在竞技场边欢呼着的观众却感受到了狂喜。如果有足够多的罗马人从这一残暴的景象中得到足够多的快乐，那么，一个功利主义者又有什么理由来谴责它呢？

功利主义者可能会担忧，这样的游戏会使人们变得粗野，进而在罗马的街头引起更多暴力；会引起那些潜在受害者的恐惧和战栗，他们某一天也有可能被扔给狮子。如果这些后果足够坏，那么它们或许会超过这个游戏带来的快乐，并给功利主义者们禁止该游戏的理由。但是，如果这种考虑就是反对为了娱乐大众而残害基督徒的唯一理由，难道不是缺少了一些道德上的重要性吗？

严刑逼供是正当的吗？

在当代争论中有一个类似的问题：在审问恐怖分子嫌疑人时，使用严刑逼供是否正当？让我们来考虑一个关于定时炸弹的情形：假设你是美国中央情报局（CIA）分支机构的负责人，抓住了一名恐怖分子嫌疑人，你相信他肯定有一些关于一个核装置的情报，而这个核装置被设定于当天在曼哈顿爆炸。事实上，你有理由怀疑，就是他自己安装了这个炸弹。随着时针嘀嘀嗒嗒地转动，他还是拒绝承认他是恐怖分子，也不供出这个炸弹的位置。那么，我们能够正当地对他施行严刑拷打直至他供出炸弹在何处，以及如何拆除它吗？

赞成这么做的理由源于一种功利主义的算计。尽管严刑逼供使嫌疑人遭受痛苦，极大地减少了他的幸福和功利，可是炸弹一旦爆炸，就将伤害成千上万条无辜的生命。因此，你可能会基于功利主义的理由认为，如果使一个人遭受剧痛能阻止大范围的死亡和苦难，这样做在道德上就是正当的。美国前副总统理查德·切尼认为，对基地组织恐怖分子嫌疑人使用残酷的审讯手段，能帮助他们避免另一场针对美国的恐怖袭击。他的这一论证就是基于功利主义的逻辑。

这并不是说功利主义者就肯定支持严刑逼供，某些功利主义者基于实际的理由是对此持反对态度的。他们认为，严刑逼供很少起作用，因为逼迫之下所获取的情报经常不可靠。因此，我们是让他们受苦了，却并没有使共同体更加安全：集体的功利没有任何增加。或者他们担心，如果美国实施严刑逼供，那么一旦美国士兵被俘，他们就将面临更加严酷的对待。综合起来考虑，这种与使用严刑逼供相关的结果，可能在实际上减少了总体功利。

这些实际的考量也许正确，也许错误。不管怎样，作为反对使用严刑逼供的理由，它们与功利主义的思维方式完全一致。它们并没有断言严刑逼迫一个人在本质上就是错的，而只是担心使用严刑逼供会有不良后果，而这不良后果从总体来看弊大于利。

有些人从原则上反对严刑逼供，他们认为这侵犯了人权，也没有尊重人类的内在尊严。他们反对严刑逼供的理由并不依赖于功利主义的考量。他们认为人权和人类尊严拥有一个超越功利的道德基础。如果他们是对的，那么边沁的哲学就错了。

从表面上看，定时炸弹的情形似乎支持边沁的论证。数量似乎确实产生了道德上的差异。为了尊重一个无辜的船舱男仆的生命而接受救生艇上三个人可能死亡的事实是一回事，可如果是像定时炸弹的情形，有成千上万条无辜的生命处于危险之中呢？如果几十万条生命处境危险呢？功利主义者可能会辩称，在某些时刻，即使是最热心的人权倡导者也会很难坚持认为，让大量无辜的生命死去，比严刑拷打一个可能知道这个炸弹藏身之处的恐怖分子嫌疑人在道德上更加可取。

然而，作为对功利主义道德推理的一个考验，这个定时炸弹的例子具有误导性。它似乎证明了数量确实重要，因此，如果有足够多的生命处于危险之中，那么我们应当放下对尊严和权利的道德顾虑。如果这一点是真实的，那么，道德终究还是在于计算得失。

然而，严刑逼供的情形并没有表明，挽救许多条生命的这样一种前景能够证明使一个无辜之人遭受严酷痛苦是正当的。让我们回想一下，那个被严刑拷打以挽救无辜生命的人是一个恐怖分子嫌疑人，事实上我们相信这个人安装了那枚炸弹。那么，那种支持我们严刑拷打他的理由的道德力量在很大程度上便取决于这样一种假设：他以某种方式对我们现在所力图避免的危险负有责任，或者在他对这枚炸弹并没有任何责任的情况下，我们认为他实施了其他可怕的行为使他应得残酷的对待。在定时炸弹这一案例中起作用的道德直觉并不仅仅是关于得失的计算，同时也是一种非功利主义的观念，即恐怖主义者是坏人，他们应该受到惩罚。

如果我们将这个假设的情形稍做改动，排除任何假定的犯罪因素，我们会更加清楚地看明白这一点。假如诱使该恐怖分子嫌疑人开口的唯一方式，就是折磨他的年幼女儿（她对父亲穷凶极恶的行为毫不知情），这样做在道德上是允许的吗？我相信，即使是一个硬心肠的功利主义者也可能在这一想法面前退缩。然而，这一版关于严刑逼供的情形，却给功利主义原则带来了一次更加真实的考验。它悬置了这样一种直觉：恐怖分子无论如何都应当受到惩罚（不考虑我们所期望获取的重要情报），同时，它也促使我们评价功利主义的计算本身。

快乐之城

第二个版本（涉及那个无辜的女儿）的关于严刑拷打的情形，使我们想起厄休拉·勒古恩的一篇短篇小说：《离开欧麦拉城的人》。它讲述了一个叫欧麦拉的城市的故事。这是一个拥有幸福感和公民荣誉感的城市，没有国王和奴隶，没有广告和股票交易，也没有原子弹。为了不让我们觉得这个地方过于理想化而超出想象，作者告诉了我们有关这个地方的另外一件事情：“在欧麦拉的一栋漂亮的公共建筑的地下室里，或者说在一栋宽敞的私人住宅的地窖里，有一个房间，门是锁着的，没有窗户。”房间里坐着一个孩子，有些弱智，营养不良，并且被人们忽视。他在极度痛苦中勉强维生。

> 所有的欧麦拉人都知道，他就在那里……他们都知道，他得待在那里……他们明白，他们的幸福、他们美丽的城市、友谊及孩子们的健康……甚至粮食的大丰收和风调雨顺的天气，都完全取决于这个孩子所受的可怕的痛苦……如果人们把这个孩子带出那个污秽之地以见天日，如果人们把他清理干净并喂饱他、让他感到舒适，这确实是一件好事。可是，如果人们这样做，那么欧麦拉人所有的繁荣、美丽和喜悦，在那一刻都将衰退并被毁灭。这就是条件。[8]

这些条件在道德上是可接受的吗？对边沁功利主义的第一种反驳主张维护基本人权，认为它们在道德上不可接受，即使它们能带来整个城市的幸福。侵犯那个无辜孩子的权利是不对的，哪怕是为了多数人的幸福。

反驳 2：通用价值货币

功利主义声称能够提供一种基于衡量、合并和计算幸福的道德科学。它不加评判地衡量各种偏好，认为每个人的偏好都同等重要。这种不加评判的精神是其吸引力的主要源泉；同时，它许诺要将道德选择变成一门科学，这也影响了很多当代经济学的理论。然而，为了使各种偏好能够相加，我们有必要用同一个尺度来衡量它们。边沁的功利思想便提供了这样一种通用价值货币。

然而，我们是否可能将所有道德上的善都转变成一种单一的价值货币，而在此转变过程中却不丧失某些东西呢？第二种对功利主义的反驳对此表示怀疑。根据这种反驳，我们不能用同一种通用的价值货币来衡量所有价值。

为了探讨这种反驳，让我们来考虑一下功利主义逻辑在得失分析中的应用方式——这种得失分析是一种被政府和公司普遍采用的决策形式，它将所有的利益得失都纳入货币术语，然后进行比较，并试图通过这种方式为复杂的社会选择引入理性和精确性。

肺癌的益处

菲利普·莫里斯烟草公司在捷克的生意做得很大——在捷克，吸烟仍然很普遍，并且得到社会认可。由于担心吸烟使医疗费用不断攀升，捷克政府近来在考虑提高烟草的税额。为了避免税额的增加，菲利普·莫里斯烟草公司成立调查团，针对吸烟对捷克国民预算的影响做了一个得失分析。该研究发现，吸烟给捷克政府带来的收入要大于支出，其原因在于：尽管烟民在世时会在预算中花费更多的医疗费用，可是他们死得早，因此能够给政府在医疗、养老金及养老院等方面节省数额可观的费用。根据这一研究，如果将吸烟的“积极效果”——包括烟草税的财政收入及烟民早死而节省下来的钱——计算在内，国库每年的净收入将达到 1.47 亿美元。[9]

这份得失分析成为菲利普·莫里斯公司公关上的一场灾难。一名评论员写道：“烟草公司过去常常否认烟草能够杀人，可是现在它们却为此吹嘘。”[10] 一个反吸烟组织在报纸上刊登了一则广告，它展示了停尸房中一具尸体的脚，脚趾上贴着一枚标价 1 227 美元的标签，这代表着每一例与吸烟相关的死亡将给捷克政府节省的开支。面对公众的愤怒和奚落，菲利普·莫里斯公司的首席执行官为此公开道歉，他说，这一研究体现了“一种彻底的、不可接受的对人类基本价值的漠视”。[11]

有些人会说，菲利普·莫里斯公司的吸烟分析报告说明了这种得失计算及其背后的功利主义思维方式在道德上非常愚蠢。将肺癌所造成的死亡看作有利可图的东西，这确实显示了一种冷酷无情的对人类生命的漠视。任何一项在道德上站得住脚的关于吸烟的政策，都不仅要考虑对财政的影响，也要考虑给公共健康和人类幸福带来的后果。

然而，一个功利主义者并不否认这些深远后果（如痛苦与磨难、悲恸的家庭及生命的丧失）的重要性。边沁发明了功利这一概念，用同一个尺度精确地表述我们关心的各种迥然不同的事物，包括人类生命的价值。对边沁学说的信奉者而言，吸烟分析报告并没有使功利原则陷入尴尬境地，它只是错误地应用了这些原则。一份更详尽的得失分析将会在道德计算中加入一个量值，它代表了烟民的早死对自己及其家庭造成的损失，这份更详尽的得失分析还会将这些损失与烟民的早死给政府节省的开支做比较。

这就将我们带回这样一个问题：是否所有的价值都能被转换成货币术语？有些得失分析尝试着这样去做，甚至去给人类生命定价。接下来让我们考虑下面两种对得失分析的运用，它们引发了道德上的愤怒，这并不是因为它们没有考虑人类生命的价值，而恰恰是因为它们以功利主义的方式衡量了这一价值。

爆炸的油箱

20 世纪 70 年代，福特汽车公司的平托（Pinto）是美国销售量最高的超小车型之一。然而不幸的是，当遭遇追尾时，它的油箱容易爆炸。有 500 多人因为自己的平托汽车突然着火而丧生，有更多的人被严重烧伤。当其中一名烧伤受害者为这一设计缺陷状告福特汽车公司时，他发现福特的工程师们早就意识到了这种油箱的危险。然而，公司的经理们在做了一项得失分析后认为，修补这种油箱所获得的利益（包括挽救的生命和减少的伤害）并不值得他们在每辆车上花费 11 美元——这是给每辆车装上一个可以使油箱更加安全的装置所需要的费用。

为了计算出更安全的油箱带来的益处，福特公司先假定，如果不做改变，这种油箱会导致 180 人死亡和 180 人烧伤。然后，它给每一条丧失的生命和所遭受的伤害定价：一条生命为 20 万美元，一种伤害为 6.7 万美元。它将这些数字及可能着火的平托的价值相加，得出改进这一安全性的总收益将是 4 950 万美元。而给 1 250 万辆车逐一增加一个价值 11 美元的装置将会花费 1.375 亿美元。因此，该公司最后得出结论，维修油箱所用的花费远远高于一辆更安全的汽车所带来的收益，因而增加安全装置是不划算的。[12]

得知这一研究后，陪审团异常愤怒。它判给原告 250 万美元的损失赔偿和 1.25 亿美元的惩罚性赔偿（该数额后来减至 3 500 万美元）。[13] 可能陪审员认为公司给人类的生命定价是不对的，或者他们认为给一条命定价 20 万美元实在太低。但这一数额并不是福特公司自己定的，而是从美国一个政府机构那里得到的。20 世纪 70 年代早期，美国国家公路交通安全管理局计算过一起交通死亡事故的花费。把劳动力的丧失、医疗花费、葬礼的花费以及受害人的痛苦和伤害赔偿加在一起，该机构将每例死亡的赔偿定为 20 万美元。

如果陪审团的反对只是针对这一价格而非原则，那么功利主义者会表示赞同。没有人愿意为了 20 万美元而死于一起交通事故，大多数的人都喜欢活着。要衡量一起交通死亡事故对功利的全部影响，人们就不得不考虑这个受害者未来幸福的丧失，而不仅仅是收入的损失和葬礼的花费。那么，对人类生命价格更为真实的估算是怎样的呢？

老年人的折扣

当美国国家环境保护局（EPA）试图回答这一问题时，它也引起了道德愤怒，不过却是另外一种愤怒。2003 年，EPA 递交了一份关于新的空气污染标准的得失分析报告。该机构给人类生命定了一个比福特公司更慷慨的价格，但有一个根据年龄而调节的变量：因更加洁净的空气而获救的每条生命价值 370 万美元；年龄超过 70 岁的老人除外，他们的生命被定价为 230 万美元。在这不同的价格背后，是一种功利主义的观念：挽救一个老人的生命比挽救一个年轻人的生命所带来的功利少。（年轻人存活的时间更长，因此还能享受更多的幸福。）老年人的支持者们并不这样认为，他们抗议这种“老年人的折扣”，并认为政府不应当给年轻人的生命设定比老年人的生命更高的价格。由于受到这一抗议的冲击，EPA 很快取消了这一折扣并撤回了该分析报告。[14]

功利主义的批评者们用这些情形来证明，得失分析具有误导性，并且给人类生命定价这一行为在道德上是愚蠢的。得失分析的拥护者们对此并不同意。他们认为许多社会选择都暗含着用一定数量的生命来交换其他物品和便利设施的做法。他们坚持认为，无论我们承认与否，人类生命都有价格。

例如，汽车的普及必定会导致一定数量的人员伤亡——在美国，每年有超过 4 万人死于车祸。然而，这并没有导致美国社会放弃汽车。实际上，它甚至都没有促使美国设定一个更低的限速。在 1974 年的石油危机中，美国国会下达了每小时 55 英里的全国限速。尽管此目的在于节约能源，可是，更低限速的效果之一就是减少交通死亡事故。

到 20 世纪 80 年代，美国国会取消了这一限制，大多数州都将限速提高到每小时 65 英里。驾驶员们节省了时间，可是交通事故的死亡数量却增加了。在那个时候，没有人进行一项得失分析，以裁定高速驾驶所带来的利益是否高过丧失生命所产生的费用。然而，多年以后，两位经济学家做了这道算术题。他们设定，限速提高的好处之一就是更快地通勤，并计算了这节省下来的时间所产生的经济效益（以平均每小时 20 美元计算），用这一收益除以增加的死亡数量。他们发现，为了贪图快速开车的方便，美国人实际上给每条生命定价 154 万美元。这就是每小时多开 10 英里导致的每例死亡的经济效益。[15]

得失分析的倡导者们指出，借助于每小时开 65 英里而不是 55 英里，我们含蓄地将人类生命价格定为每条生命 154 万美元，这远远少于美国政府机构在设定污染标准和健康安全条例时通常使用的数字：每条生命 600 万美元。因此，为什么我们不明确这一点呢？他们认为，如果我们不可避免地要用某种程度的安全来交换某些利益和便利，那么我们应当睁大眼睛来进行此类交换，并应当尽可能系统地比较利益得失，即使这样做意味着要给人类生命贴上价格标签。

功利主义将我们在给人类生命设定货币价格时表现的退缩倾向看作一种我们应当克服的冲动，一种妨碍清醒思考和理性社会选择的非理性禁忌。然而，对功利主义的批评者们而言，我们的犹豫涉及一些道德上的重要性，即这样一种观念：我们不可能在一个尺度上衡量和比较所有的价值和物品。

有偿受苦

我们并不清楚该如何去解决这一争论。然而，某些信奉经验主义的社会科学家却尝试过。20 世纪 30 年代，社会心理学家爱德华·桑代克试图证明功利主义的这一假设：我们有可能将自己那些貌似迥然不同的欲望和厌恶，转化为与快乐和痛苦有关的通用货币。他对一些接受政府救济的年轻人进行了一项调查，询问如果让他们遭受各种不同的事情，需要付他们多少钱。“如果让你拔掉一颗上门牙，需要付给你多少钱？”“如果让你切掉一只脚的小脚趾呢？”“如果让你生吞一条 6 英寸[①] 长的蚯蚓呢？”“如果让你徒手掐死一只流浪猫呢？”“如果让你在堪萨斯的一个远离任何城镇 10 英里的农场度过余生呢？”[16]

你认为这些问题中的哪一条索价最高，哪一条索价最低呢？以下是他的研究所生成的价目表（按 1937 年的美元价值）：

---

① 1 英寸为 2.54 厘米。——编者注

牙齿：4 500 美元

脚趾：57 000 美元

蚯蚓：100 000 美元

猫：10 000 美元

堪萨斯：300 000 美元

桑代克认为他的发现支持了这样一种观点——所有的物品都能够在同一尺度上被衡量和比较。“任何需求或满足，都以一定数量而存在，因此就是可度量的。”他写道，“一只狗、一只猫或是一只小鸡的生命……主要由它们的自然欲求、渴望、欲望及满足构成，并取决于这些……人类的生命也是如此，尽管人类的自然欲求和欲望更多、更微妙、更复杂。”[17]

然而，桑代克的价目表所具有的荒谬特征却表明了这种比较的荒诞性。我们真的能据此得出结论说，那些答题者认为在堪萨斯农场的生活前景的讨厌程度是生吞一条蚯蚓的 3 倍吗？还是说这些经历是如此不同，以至于我们不能做出有意义的比较呢？桑代克承认，有 1/3 的答题者声明，再多的钱也不能诱使他们遭受其中某些痛苦，这表明他们认为那些痛苦“令人厌恶到无法衡量的地步”。[18]

圣安妮的女生

也许我们没有压倒性的论据来支持或反对这样一种主张——所有的道德上的善都能毫无损失地被纳入一种价值衡量。可是，还有一个案例让人质疑这一主张。

20世纪70年代，当我还是牛津大学的研究生时，男生和女生被分在不同的学院。女子学院不允许男性访客在女生宿舍过夜。这些规则很少能够得到执行，并且非常容易被打破，至少我听说是这样的。大多数学院院长都不再将坚守传统的性道德观念看作自己的责任。在持续的压力下，这一禁令是否应该放宽，成为圣安妮女子学院争论的主题。

学院教员中有些年长的妇女是传统主义者，她们基于传统道德反对留宿男性访客。她们认为，未婚女青年与男子过夜是不道德的。可是，时代改变了，这些传统主义者难以给出实际的理由以支持她们的观点。因此，她们将自己的论证转为功利主义的逻辑。她们认为："如果男子留宿，学院的开支就会因此增加。"会怎样增加呢？"他们要洗澡，因而会使用更多热水。"她们还进一步论证道："我们将不得不更加频繁地更换床单。"

改革者们通过以下这些妥协与那些传统主义者达成了一致：每名女子每周最多可以有三个晚上留宿访客，而每名访客每晚需要向学院支付50便士的费用。第二天，《卫报》的头条写道："圣安妮的女生，每晚50便士。"德性的逻辑转换成功利的逻辑并不容易。因此，不久之后，那些异性访问规定连同这个收费标准一起被撤销了。

约翰·斯图尔特·密尔

我们已经考察了两种对边沁"最大幸福"原则的反驳，一种认为它没有给予人类尊严和个体权利足够的重视，另一种认为它错误地将一切具有道德重要性的事物都用单一的快乐与痛苦的尺度加以衡量。这些反驳在多大程度上是令人信服的呢?

约翰·斯图尔特·密尔相信，这些问题可以解答。作为比边沁晚一辈的哲学家，他试图改进功利主义，使其更加人性化，算计的色彩更少。约翰·斯图尔特·密尔是詹姆斯·密尔之子，后者是边沁的朋友和追随者。詹姆斯·密尔在家里教育他的儿子，使小密尔成为一个神童。他 3 岁学希腊语，8 岁学拉丁语，13 岁写成了罗马法律史，20 岁精神崩溃，这使他消沉了几年。此后不久，他遇见了哈莉耶特·泰勒。她当时已经结婚了，并有两个孩子，她和密尔成了亲密的朋友。20 年后她丈夫去世，她跟密尔结婚了。密尔称赞泰勒是他在修正边沁学说过程中最有智慧的伴侣和合作者。

支持自由的理由

密尔的著作可以被看作一次调和个人权利和他从父亲那里继承、从边沁那里接受的功利主义哲学的艰难尝试。他的著作《论自由》是英语世界为个体自由所做的经典辩护，其中心原则是：只要不伤害他人，人们就可以自由地去做任何他们想做的事情。政府不能为了保护人们不受到伤害而干涉个体的自由，或将大多数人关于怎样最好地生活的观念强加于每个人。密尔认为，一个人要对社会负责的唯一行为，就是会影响他人的行为。只要我不伤害他人，我的“权利的独立性就是绝对的。个体是他自己、自己身体和思想的最高统治者”。[19]

这种对个体权利的毫不让步的声明，似乎需要某些比功利原则更有说服力的东西作为辩护。让我们来考虑一下：假如大多数人鄙视一个规模小的宗教，并希望它被禁止。禁止这种宗教难道不是有可能，甚至很可能给最大多数人带来最大幸福吗？是的，被禁止的少数人会遭受不幸和挫败，可是，如果大多数人的数量足够多并且对此异端的仇恨之情足够强烈，他们的幸福之和将会远远超过那少数人的痛苦。如果这一情形是可能的，功利原则似乎就不是宗教自由稳固而可靠的基础。密尔的自由原则似乎需要一个比边沁的功利原则更为坚固的道德基础。

密尔对此并不同意。他坚持认为，支持个人自由的理由完全建立在功利主义的考量之上："应该说，我放弃任何可能从抽象权利观念得出的、独立于功利的、对我的论证有利的东西。我将功利看作所有伦理问题的终极诉求，可是，这里所说的功利必须是最宽泛意义上的功利，建立在作为进取性存在的人的永恒利益之上。"[20]

密尔认为我们不应当就事论事地使功利最大化，而应当从长远进路考量。他认为，随着时间推移，尊重个体自由会导向最大的人类幸福。允许大多数人使持异议者保持沉默或抑制自由思考者，可能会使目前的功利最大化，可是从长远来看，这会使社会变得更糟——更加不幸福。

为什么我们应当假设维护个人的自由和表达异议的权利会在长远上促进社会福利呢？密尔提出了几个理由：反对性的意见可能是正确或部分正确的，因而能给正统的观点提供纠正。即使它不正确，使正统的观点接受一些观念的有力挑战也将能防止它变成硬性的教条和偏见。一个强迫其成员接受习俗和传统的社会很可能会陷入一种荒谬的一致性，从而剥夺了自身促进社会进步的能量和活力。

密尔对自由有益于社会的效果所做的思考非常合理，可是它们并没有给个人权利提供一种令人信服的道德基础，原因至少有以下两点。其一，如果为了促进社会进步而尊重个体权利，这就会使权利具有偶然性。假设我们进入一个社会，这个社会通过专横的手段达到一种长期的幸福，那么功利主义者不是就得承认，在这样一个社会，个人权利并非道德必需吗？其二，如果将权利建立在功利主义的考量之上，那就遗漏了这样一种意义：侵犯某人的权利就是对这一个体施加了某种错误，无论这能给总体福利带来什么样的后果。如果大多数人迫害一种不受欢迎的信仰的追随者，无论这种不宽容从长期来讲会给社会总体带来什么样的不良后果，难道这对作为个体的追随者们来说不是一种不正义吗？

密尔对这些质疑自有解答，但这也使他超越了功利主义伦理的边界。密尔解释道，强迫一个人根据习俗、传统或流行的观点去生活是错误的，因为这妨碍他达到人类生活的最高目的——充分而自由地发展其人类能力。在密尔看来，强制性顺从是最佳生活方式的敌人。

> 人类的认知、判断、有区别的感觉、精神活动，甚至道德偏好等能力，只有在做出选择时才得到运用。一个出于习俗做事的人，并没有做出任何选择。他也没有锻炼自己的辨别能力，没有追求最好的东西。心智和道德的力量与肌肉的力量一样，只有通过使用才能得到提高……一个让世界或他自己周围的环境为他选择生活计划的人，除了类人猿的模仿能力，并不

需要任何其他能力；一个为自己选择计划的人，才能运用他所有的能力。[21]

密尔承认，遵循传统可能会将一个人引入令人满意的生活状态，并使他远离伤害。“可是他作为一个人所具有的相对价值是什么呢？”他追问道，“人们做什么事情固然重要，而做这些事情的人是什么样的人也同样重要。”[22]

因此，行为和结果并不是仅有的重要的东西，品格也同样重要。对密尔来说，个体价值之所以重要，并非由于其中蕴含的幸福感，而是因为它折射出了人的品格。“一个人如果连欲望和冲动都不是自己的，那他就没有品格可言，就像一台蒸汽机没有品格一样。”[23]

密尔对个体性的有力赞颂是《论自由》一书最显著的贡献。然而，它也是一种“异端邪说”。它诉诸一些超越功利的道德理想——关于品格和人类繁荣的理想，实际上并不是对边沁原则的一种阐释，而是对它的一种放弃，尽管密尔声称自己的思想刚好与此相反。

更高级的快乐

第二种对功利主义的反驳认为，功利主义将所有的价值都纳入一个衡量尺度，密尔对此的回应同样依赖于那些独立于功利的道德理想。在《论自由》出版后不久，密尔又写了一篇很长的论文《功利主义》（1861），他在其中试图说明，功利主义者能够区分高级快乐和低级快乐。

对边沁而言，快乐就是快乐，痛苦就是痛苦。评判一种体验与其他相比是更好还是更坏的唯一基础，就是它所产生的快乐或痛苦的强度和持久度。所谓的更高级的快乐体验或更高贵的德性只是能产生更强烈、更持久的快乐罢了。边沁并没有认识到不同的快乐所具有的质的差别。“快乐的量是平等的，”他写道，“图钉游戏与诗歌一样好。”[24]（图钉游戏是一种小孩子玩的游戏。）

边沁的功利主义的部分吸引力正在于这种不加评判的精神。它如其所是地接受人们的各种偏好，而不对它们的道德价值做任何评判。所有的偏好都同等重要。边沁的观点是，如果认为某些快乐在本质上优于其他快乐，就是一种专横的想法。有些人喜欢莫扎特，有些人喜欢麦当娜；有些人喜欢芭蕾，有些人喜欢保龄球；有些人读柏拉图，有些人读《阁楼》[①]。边沁可能会质问道，有谁能说哪些快乐比其他的更高级、更有价值、更高尚呢？

这种拒绝区分高级快乐和低级快乐的行为，与边沁的以下观念紧密相连：对所有的价值都能在一个尺度上加以衡量和比较。如果我们各种体验之间的差别仅仅在于它们所产生的快乐或痛苦的量不同，那我们就能在同一个尺度上衡量它们。然而，有些人也正是在这一点上反对功利主义：他们相信，有些快乐真的比其他快乐“更高级”。他们认为，如果有些快乐是有价值的，而有些是卑劣的，那么为什么社会应当平等地衡量所有的偏好呢？更不用说要将这些偏好的总和看作最大善了。

让我们再来想想罗马人将基督徒扔给竞技场中的狮子的情景。反

① 《阁楼》（*Penthouse*）是一份由鲍勃·古奇奥尼创办的男性杂志，内容结合了城市生活资讯和轻度情色照片。——译者注

对这一血腥景象的理由之一就是，它侵犯了受害者的权利。而一个更深入的反对的理由是：它迎合了那种邪恶而非高尚的快乐。难道改变这些偏好不比满足它们更好吗？

有人说，清教徒们之所以禁止犬熊相斗戏（古时的一种游戏），并不是因为它给熊带来的痛苦，而是因为它给观众带来的快乐。犬熊相斗戏已经不再是一种流行的消遣，而斗狗和斗鸡却有一种持久的诱惑力，但也有某些司法机关禁止它们。拥护这种禁令的理由之一是防止残忍地对待动物。但这种法律可能同样反映了一种道德判断——从斗狗中获得快乐是令人憎恨的，是一个文明的社会应当阻止的事情，并非只有清教徒才同意这种判断。

边沁在决定法律应当如何判定的时候，会将所有的偏好都计算在内，而不考虑它们的价值。然而，如果更多的人宁愿观看斗狗而不愿看伦勃朗的油画，那么社会是否应当资助斗狗竞技场而不是艺术博物馆呢？如果某些快乐是卑劣可耻的，那为什么我们在决定应当采用什么法律时要将它们纳入考虑范围呢？

密尔试图挽救功利主义，使其免于这种非难。与边沁不同，密尔相信我们可以区分高级的和低级的快乐——评估我们欲望的质量，而不仅仅是评估其数量和强度。他还认为，除了功利本身，他可以不依赖于任何道德观念而做出这一区分。

密尔一开始就宣誓忠诚于功利主义的信条："当行为能够促进幸福时，它们就是对的；当它们促进幸福的对立面时，它们就是错的。幸福就是我们拥有快乐并摆脱痛苦，不幸福就是痛苦和缺乏快乐。"他也肯定了"这一道德理论所依赖的生活理论，即源于痛苦的快乐和自由是唯一值得追求的目标；所有值得追求的事物……都是因为其包含快乐，或者因为它能促进快乐，避免痛苦”。[25]

尽管密尔坚持认为快乐和痛苦同样重要，他也承认“有些快乐比其他的更加值得追求、更有价值”。我们怎么知道哪些快乐在质量上更高一些呢？密尔提出了一种简单的检验方法：“对两种快乐而言，如果所有或几乎所有体验过这两种快乐的人，都对其中某一种表现明确的偏好，而不顾及任何道德责任感去偏爱它，那么这种快乐就是更加值得追求的快乐。”[26]

这个检验方法有一个明显的优势：它并没有远离功利主义的这一观念——道德完全且仅仅依赖于我们实际的欲望。密尔写道：“事物值得人们拥有的唯一标准就是人们想要它。”[27]然而，作为一种能在不同的快乐之间做出质的区分的方式，他的检验似乎容易受到一种明显的反驳：难道没有这样一种情况吗，相比高级快乐，我们更喜欢低级快乐？我们不是经常更喜欢躺在沙发上看情景喜剧，而不去读柏拉图或去剧院吗？难道我们不可能更喜欢这些要求不高的体验，同时又不认为它们特别有价值吗？

莎士比亚和《辛普森一家》

当我与学生们讨论密尔对更高级的快乐的描述时，我尝试了他的一种检验方法。我给他们展示了三个流行的娱乐节目：世界摔角娱乐的一场比赛——场景闹哄哄的，其中那些所谓的摔跤手用折叠椅互相攻击；一场由莎士比亚戏剧表演者朗诵的《哈姆雷特》的著名独白；《辛普森一家》的一个片段。然后我问了两个问题：你们最喜欢其中哪个节目，即哪个节目最令人愉快？你们认为哪一个节目是最高级的或最值得的？

《辛普森一家》获得最多投票，被选为“最令人愉快的”节目，其次是莎士比亚。（一小部分勇敢的学生承认了自己对世界摔角娱乐的喜爱。）然而，当被问及哪一种体验在他们看来具有最高质量时，大多数学生都选择了莎士比亚。

这一实验的结果向密尔的检验方法提出了疑问。许多学生更喜欢看霍默·辛普森，却仍然认为一段《哈姆雷特》的对白能带来更高级的快乐。不可否认，可能有些人之所以说莎士比亚更好，是因为他们坐在一间教室里，并不希望自己被看成没有文化修养的人。也有些学生认为《辛普森一家》微妙地掺和了讽刺、幽默及社会评论，它确实可以与莎士比亚的艺术媲美。然而，如果大多数体验过这两者的人都更喜欢看《辛普森一家》，那么密尔可能就很难得出结论说莎士比亚的戏剧具有更高的价值。

可密尔并不想放弃这样一种观点，即某些生活方式比其他的更加高贵，即使以这种方式生活的人更不容易感到满足。“相比一个较低级的人，一个拥有更高级能力的人需要更多东西让自己感到高兴，他也可能会有更多痛苦……然而，尽管具有这些不利因素，他却怎么也不会真的希望沦落成一种他认为更低级的存在。”为什么我们不愿意用一种要求我们运用更高级能力的生活，去换取一种低级的、更容易让人感到满足的生活呢？密尔认为此处的原因与“对独立和个人独立性的热爱”有关，他还总结道：“它最恰当的称号就是一种尊严感，所有人都以这种或那种方式拥有这种尊严感。”[28]

密尔承认，“有时候在诱惑的影响下”，即使是我们当中最好的人，也会先选择低级快乐而推迟高级快乐。每个人偶尔都会抵挡不住成为电视迷的冲动。然而，这并不意味着我们不知道伦勃朗和那些重复播放的节目之间的区别。密尔在一段令人难忘的话中表明了这一点："做一个得不到满足的人好过做一头满足的猪，做不满足的苏格拉底好过做一个满足的蠢货。如果一个蠢货或一头猪持有不同观点，那也仅仅是因为他/它只坚持自己的偏见。”[29]

这种对诉诸人类更高级能力的信念的表达具有很强的说服力。然而，正是基于这一点，密尔偏离了功利主义的前提。欲求事实上不再是判断何谓高尚、何谓卑劣的唯一基础。现在，这个标准源于一种独立于我们的期望和欲求的有关人类尊严的理想。更高级的快乐并不是因为我们更喜欢它们而显得更加高级，我们之所以更喜欢它们是因为我们认识到它们更加高级。我们之所以将《哈姆雷特》看作伟大的艺术，并不是因为相比低级的娱乐，我们更喜欢它，而是因为它运用了我们的最高级的能力，并使我们成为更加完善的人。

与我们就个人权利所做的讨论一样，我们现在同样可以讨论更高级的快乐：密尔唯有通过援引一种脱离功利本身的有关人类尊严和人格的理想，才能使功利主义免于这样一种指控——它将所有的事物都纳入一种关于快乐和痛苦的生硬计算。

在这两位伟大的功利主义的倡导者中，密尔是一位更加人性化的哲学家，边沁则更为前后一致。边沁死于1832年，享年84岁。可是，如果你现在去伦敦，你仍可以看到他。他在遗嘱中写道，他的遗体要被保存、制成木乃伊并当作展品。因此，人们现在可以在伦敦大学学院找到他。在那里，他穿着他当时的衣服，忧郁地坐在一个玻璃容器之中。

在死前不久，边沁自问了一个与他的哲学一致的问题：一个死去的人对生者还有什么用处？他总结道：一个用途就是将自己的尸体贡献于解剖学。然而，对那些伟大的哲学家来说，最好还是保存他们的肉体以激励未来的思想家们。[30]边沁将自己归为第二类。

实际上，谦逊并不是边沁显著的性格特征之一。他不仅为自己遗体的保存和展示提出了严格的规定，还建议他的朋友和追随者们每年都要“为了纪念道德和立法领域中最大幸福的发现者”而聚会，并且当他们聚会时，他们应请边沁出席这一场合。[31]

他的仰慕者们答应了。20世纪80年代，他自己命名的“自我肖像”（auto icon）出现在国际边沁协会的创立大会上。据报道，边沁会被推出来参加伦敦大学学院的管理评议会，会议记录将他记载为“出席，但没有投票”。[32]

尽管边沁做了精心的准备，但他的木乃伊的头部还是腐坏了。因此人们后来用一颗蜡质的头代替了他真正的头，守护着他。他真正的头颅现在保存在地窖中，曾经一度被展示在一个盘子上，置于他的两脚之间。不过，有一次学生们偷走了这颗头，要求学校用一笔钱将其赎回，并将赎金捐给了一家慈善机构。[33]

即使死了，杰里米·边沁仍然在促进最大多数人的最大善。

第三章

我们拥有自身吗？/自由至上主义

每年秋天，《福布斯》杂志都会公布一份全美最富有的400人榜单。连续十多年，微软创始人比尔·盖茨都位居榜首，当他于2008年摘得桂冠时，《福布斯》估算他的净资产为570亿美元。跻身这个榜单的还有投资家沃伦·巴菲特（排名第二，净资产为500亿美元）、沃尔玛的拥有者、谷歌和亚马逊的创始人、石油大亨、对冲基金管理者、媒体大腕、房地产大亨、电视脱口秀节目主持人奥普拉·温弗瑞（名列第155位，净资产为27亿美元），以及纽约扬基队的所有者乔治·史坦布伦纳（名列最后一位，净资产为13亿美元）。[1]

美国经济上层的财富是如此庞大，以至于即使是在一个经济较弱的州，成为亿万富翁也不足以进入《福布斯》400强。实际上，美国最富有的1%的人口拥有整个国家1/3的财富，超过了底层90%的家庭所拥有的财富之和。那些收入位于前10%的美国家庭，吸纳了42%的国民总收入，并持有全部财富的71%。[2]

美国的贫富差距比其他民主国家的更大。有些人认为这种贫富差距是不公平的，并支持向富人征税以帮助穷人。另一些人则反对这一点。他们认为，假如贫富差距并不是强迫或欺骗导致的，而是形成于人们在市场经济中所做出的选择，它就并非不公平。

谁是正确的呢？如果你认为正义就意味着使幸福最大化，那么你可能会基于以下的理由支持再分配：假设我们从比尔·盖茨那里拿走100万美元，分发给100名贫困的领受者，每个人领1万美元，那么，总体的幸福会增加。盖茨几乎不会想起这笔钱，而每一个领受者会从这1万美元的意外之财中获得巨大的幸福，他们集体功利的增加会多于盖茨的功利的减少。

这种功利主义的逻辑能够被扩展至支持一种非常激进的、关于财富的再分配，它可能让我们把钱从富人那里转给穷人，直到我们从盖茨那里拿走的最后一美元对他所造成的伤害与跟它对领受者的帮助一样多。

这种罗宾汉[①]式的情形至少会遭到两种反驳：一种是来自功利主义内部的思考，另一种则来自功利主义之外。第一种认为高税率，尤其是针对收入的高税率，会降低人们工作和投资的热情，从而导致生产力的下降。如果经济大蛋糕缩水了，可再分配的财富就减少了，社会总体的功利水平也会下降。因此，在向比尔·盖茨和奥普拉·温弗瑞征收过重的税之前，功利主义者可能得先询问一下这样做是否会导致他们的工作量降低、收入减少，最终导致再分配给穷人的那部分金钱的数量也相应减少。

第二种反驳认为这些计算跑题了，它认为向富人征税以帮助穷人

① 罗宾汉是英国民间传说中侠盗式的英雄人物，相传他活跃在1160—1247年的英国，是一位劫富济贫、行侠仗义的绿林好汉。——译者注

是不正当的，因为这侵犯了一种根本性的权利。根据这一反驳，即使理由充分，未经盖茨和温弗瑞本人的同意而从他们那里拿钱也是一种强迫。这侵犯了他们用自己的钱做任何他们喜欢之事的自由。那些基于这些理由反对再分配的人经常被称为“自由至上主义者”。

自由至上主义者们并不是以经济效率的名义，而是以人类自由的名义，支持不受约束的市场，并反对政府管制的。他们的核心主张是：我们每一个人都拥有一种根本性的自由权——用自己拥有的事物去做任何事情的权利，只要我们同样尊重他人这样做的权利。

最小政府

如果自由至上主义者的权利理论是正确的，那么，现代政府的许多行为都是不合法的，并侵犯了自由权。只有最小政府（一个只监督合同得到履行、保护私人财产不被偷盗、维持和平的政府）才能与自由至上主义者的权利理论相容。任何一个做得更多的政府在道德上都是不正当的。

自由至上主义者反对三种类型的政策和法律，而这些政策和法律在现代国家中却是普遍存在的。

反对家长式作风。自由至上主义者们反对那些保护人们不伤害自己的法律。要求系安全带的法律就是一个很好的例子，另外一个例子是有关戴摩托车头盔的法律。即使骑摩托车时不戴头盔是鲁莽的，即使头盔法能挽救生命并防止致命性的伤害，自由至上主义者们也仍然认为这些法律侵犯了个体决定承担何种风险的权利。只要没有第三方受到伤害，只要那些骑摩托车的人为自己的医疗账单负责，政府就没有权利规定他们用自己的身体和生命冒什么样的风险。

反对道德立法。自由至上主义者们反对运用法律的强制力来推行各种德性观念，或表达大多数人的道德信念。许多人认为卖淫不道德，然而这并不能证明那些禁止具有自由意志的成年人从事这一行业的法律就是正当的。某些社会中的大多数人可能反对同性恋，可是这并不能证明剥夺男女同性恋者选择性伙伴的权利的法律就是正当的。

反对收入或财富的再分配。自由至上主义者的权利理论排除了任何要求一些人去帮助另一些人的法律，其中包括为了财富的再分配而征税。尽管富人通过资助较不幸者的医疗、住房或教育等方式帮助他们是可取的，可这样的帮助应当由个人主动承担，而不是由政府来命令。对自由至上主义者而言，通过税收进行财富再分配是一种压迫，甚至是偷盗。政府没有权利强迫富裕的纳税人为穷人买单，正如一个仁慈的小偷也没有权利从一个富人那里偷窃钱财分给流浪汉一样。

这种自由至上主义的哲学并没有应用在政治生活之中。支持自由放任主义经济政策的保守者们经常部分同意自由至上主义者们在文化议题上的观点，如校园祈祷、堕胎及是否应限制淫秽出版物等。许多福利制度的支持者在同性恋的权利、生育权利、言论自由及政教分离等问题上，也持有类似自由至上主义者的观点。

20 世纪 80 年代，自由至上主义的各种观点突出地体现于罗纳德·里根和玛格丽特·撒切尔的支持市场自由、反对政府干预的雄辩之中。但自由至上主义最早是以理论的形式出现的，这跟福利制度理论的形成过程恰好相反。在《自由宪章》一书中，出生于奥地利的经济学家兼哲学家弗里德里希·哈耶克认为，任何企图带来更大的经济平等的尝试都注定具有压迫性，并且对一个自由的社会是有害的。[3]在《资本主义与自由》一书中，美国经济学家米尔顿·弗里德曼认为许多被人们广泛接受的政府行为都是对个人自由的非法侵犯。社会保险或任何强制性的、国家运营的退休项目在他所列举的主要事例之中。他质问道："如果一个人有意选择为今天而活，为了当下的享乐而使用他的资产，故意选择一种穷困潦倒的老年生活，那么我们又有什么权利阻止他这么做呢？"我们可以呼吁这样的人为了退休后的生活而节省开支，"可是，我们是否有权利运用强迫手段阻止他去做那些他选择去做的事情呢"？[4]

弗里德曼基于同样的理由反对最低工资制度。政府无权阻止雇主给工人们支付他们乐意接受的任何工资——无论它有多低。政府在制定反雇佣歧视法时，也同样侵犯了个人权利。如果雇主希望基于种族、宗教或任何其他因素区别对待他人，那么政府无权来阻止。在弗里德曼看来，"这种立法明显干涉了个体与他人自愿达成协议的自由"。[5]

行业执照的要求也错误地干涉了选择的自由。如果一个未经过培训的理发师想要给公众提供不太专业的服务，并且有顾客愿意冒险尝试一次价格低廉的理发，政府就无权禁止这一交易。弗里德曼将这一逻辑拓展至职业医师。如果我想做一次医疗费低廉的阑尾切除手术，那我应当能够自由地雇用我选择的任何人，无论他是否拥有职业医师资格证书。大多数人都希望能够确定他们的医生有能力，而市场能够提供这样的信息。弗里德曼提议，与依赖于政府给医生颁发证书不同，病人可以将那些私人性的评级服务，如《消费者报告》(*Consumer Reports*)或《好管家》(*Good Housekeeping*)，作为一种认证标准。[6]

自由市场哲学

在《无政府、国家与乌托邦》一书中，罗伯特·诺齐克为自由至上主义原则提供了一种哲学辩护，同时也向人们熟知的分配正义观念提出了挑战。他从这样一种主张开始：个体拥有“如此强大和影响深远的权利”，以至于“他们提出这样一个问题：有什么事情是政府可以做的？”。他总结道：“只有职责仅限于保证合同的执行，保护人们不受压迫、偷盗和欺骗的最小政府，才是正当的。任何一个职责更加宽泛的政府都侵犯了个人不受强迫去做某些事情的权利，因此都是不正当的。”[7]

在那些任何人都不应当被强迫去做的事情当中，最显著的一项就是帮助他人。向富人征税以帮助穷人，就强迫了富人，这侵犯了他们用自己的东西去做自己想做之事的权利。

根据诺齐克的观点，经济上的不平等没有任何错误。仅仅知道《福布斯》400强拥有几十亿美元而其他人身无分文，并不能使你得出任何关于这一安排是否正义的结论。诺齐克反对这样一种观念，即认为一种正义的分配具有某种特定的模式，如平等的收入、平等的效用或基本必需品的平等供应。在他看来，核心问题在于分配是如何进行的。

诺齐克反对模式化的正义理论，而支持那些尊重人们在自由市场中所做出的选择的正义理论。他认为分配正义取决于两个条件：初始拥有的正当性和财产转移的正当性。[8]

第一个条件关心的是，你用来赚钱的资产是否一开始就是合法地属于你的（如果你通过倒卖被盗的物品来赚钱，你就无权拥有这一收益）。第二个条件关心的是，你是否通过在市场中自由交换，或接受他人对你的自愿馈赠而赚钱。如果你对这两个问题的答案都是肯定的，那么你就有权享有你拥有的那些东西，未经你的同意，政府不得拿走它们。只要没有人以不义之财起步，源于自由市场的任何分配就都是正当的，无论它的结果是平等还是不平等。

诺齐克也承认，判断经济领域各个行业的第一桶金是否干净并非易事。我们怎么知道今天收入和财富的分配在多大程度上受到上几代人通过强夺、偷盗或欺骗而非法获得土地或其他资产的影响呢？如果我们能够证明现在那些跻身上层社会的人是过去不正当行为——如对非裔美国人的奴役、对美国原住民的征用——的受益者，那么根据诺齐克的观点，我们就有理由通过税收、赔偿或其他手段来纠正这种不正义。不过，我们要明白这些手段是为了矫正以往的错误，而不是为了产生进一步的平等。

诺齐克通过一个假想的篮球明星威尔特·张伯伦的事例说明再分配的荒谬之处（正如他所认为的）。威尔特·张伯伦在 20 世纪 70 年代早期的薪酬达到了当时的最高额：每个赛季 20 万美元。由于迈克尔·乔丹是当代偶像式的篮球明星，因此我们可以把诺齐克用来举例的人物更换为乔丹。他在芝加哥公牛队最后一年的收入是 3 100 万美元。他一场比赛的收入比张伯伦一个赛季的收入还要多。

迈克尔·乔丹的钱

为了悬置任何有关初始拥有的问题，诺齐克提议先假设你可以根据任何一个你认为正义的模式——如果你喜欢，它可以是一个完全平等的模式——来决定收入和财富的初始分配。现在，篮球赛季开始了。那些想看乔丹打球的人每次买票的时候都在一个盒子里放 5 美元，最后盒子里的钱都归乔丹。（当然，在实际生活中，乔丹的薪酬是由球队老板用本队的收入支付的。诺齐克将这个过程简化为球迷直接付钱给乔丹，是为了集中讨论自由交换这一问题。）

由于很多人热切地想看乔丹打球，因此上座率很高，放钱的那个箱子变得很满。到赛季的末期，乔丹获得了 3 100 万美元，这远远多于其他人。结果，你认为正义的那种初始分配不复存在。乔丹拥有更多，其他人拥有更少，而这种新的分配完全源于自愿的选择。谁有理由抱怨呢？不是那些出钱看乔丹打球的人，因为他们自由地选择了买票；不是那些不喜欢篮球并待在家里的人，因为他们没有在乔丹身上花一分钱，与以前相比也没有损失任何东西；当然更不是乔丹，因为他选择打篮球以换取一笔可观的收入。[9]

诺齐克认为，这一情景说明了有关分配正义的模式化理论的两个问题。其一，自由推翻了模式。任何一个认为经济不平等是不公平的人，都将不得不干涉自由市场，不断地制衡人们已经做出的选择的后果。其二，向乔丹征税以资助那些帮助穷人的项目的方式，不仅推翻了自由交易的结果，还由于拿走了乔丹的收入而侵犯了他的权利。这实际上是强迫他违背自己的意愿来做出一份慈善贡献。

那么，向乔丹的收入征税到底错在何处呢？在诺齐克看来，道德上的风险大于钱财。他认为，在这里受到威胁的正是人类的自由，他的推理是："向劳动所得征税就等同于强迫人劳动。"[10] 如果政府有权索要我的一部分财产，它就也有权索要我的一部分时间。政府也可能会要求我花费 30% 的时间为它工作，而不是从我这里拿走 30% 的收入。然而，如果政府能够强迫我为了它的利益而工作，那么它在本质上就对我拥有一种所有权。

> 获取某个人的劳动成果等同于从他那里获取时间，并命令他做各种行为。如果人们迫使你去做一段时间的某种工作，或做无偿的工作，那么他们就撇开了你的决定，断定你将做什么事情，以及你的工作所要达到的目的。这……使他们成为你的部分拥有者，这让他们对你拥有一种所有权。[11]

这一推理路线将我们带到自由至上主义主张的道德核心——自我所有权的观念。如果我拥有自身，我就必须拥有我自己的劳动力。（如果有其他人能够命令我去工作，那么那个人就是我的主人，我也就可能是个奴隶。）然而，如果我拥有我的劳动力，那么我就必须有资格获得我的劳动成果。（如果他人有资格获得我的劳动成果，那么这个人就拥有我的劳动力并因此拥有我。）根据诺齐克的观点，这就是为什么向迈克尔·乔丹的 3 100 万美元的收入征税以帮助穷人侵犯了他的权利，因为这样其实就是断言，政府或共同体是他的部分拥有者。

自由至上主义者从征税（拿走我的财产）到被迫劳动（拿走我的劳动力）再到奴隶（否认我拥有自身）中，看到了一种道德上的关联：

自我所有权	**拿走**
人	奴隶
劳动力	被迫劳动
劳动成果	税收

当然，即使是最激进的个人所得税，也不会索要人们 100% 的收入，因此，政府并没有要求完全拥有给它纳税的公民。可诺齐克坚持认为它确实要求拥有人们的一部分——只要政府为超过最小政府职责范围的事务向人们征税，人们上缴税款对应的那部分自主权就被剥夺了。

我们拥有自身吗？

1993 年，迈克尔·乔丹宣布结束篮球运动员生涯，芝加哥公牛队的球迷失落万分。虽然他后来复出了，并带领公牛队又夺得了三次冠军，但假设芝加哥市政厅或国会为了安抚芝加哥公牛队球迷的悲恸之情，通过投票要求乔丹继续打下一个赛季 1/3 的比赛，那么大多数人会认为这样的法律是不正义的，它侵犯了乔丹的自由。可是，如果国会不能强迫乔丹重返篮球场（即使只是 1/3 的赛季），那它又有什么权利强迫乔丹放弃他靠打篮球获得的 1/3 的收入呢？

那些支持通过征税来重新分配收入的人，对自由至上主义的逻辑提出了各种各样的反驳，而这些反驳大多数都能够得到解答。

反驳 1：税收并不像强迫劳动那样糟糕

如果你被征税，那么你总是可以选择少工作一点儿以缴更少的税。可是如果你被强迫劳动，你就没有这样的选择。

自由至上主义者的回答：是的。但是，为什么国家应当强迫你做出这样的选择呢？有的人喜欢观看日落，有些人更喜欢那些需要花钱的活动，比如去电影院、出去吃饭、坐游艇航行等。为什么那些喜欢休闲的人应当比那些更喜欢消费活动的人缴更少的税呢？

让我们来考虑这样一个类比：假如一个小偷闯进你家，他的时间只允许他要么偷走价值 1 000 美元的平板电视，要么偷走藏在床垫下的 1 000 美元。你可能会希望他偷走电视，因为你还可以选择是否花 1 000 美元再买一台。可如果小偷盗走了现金，那就不会给你留下这样的选择了（假设现在已经来不及退电视以获取全额退款了）。但是，这种更希望损失电视（或少工作一些）的选择偏离了话题——那个小偷（或政府）在两种情况中都做错了，无论受害者会做出什么样的调整来减轻他们的损失。

反驳 2：穷人更需要钱

自由至上主义者的回答：可能是这样的。但这只是说服富人通过自由选择来援助穷人的一个理由。它并没有证明，强迫乔丹和盖茨捐款做慈善是正当的。从富人那里偷钱给穷人仍然是一种偷盗，无论这是由罗宾汉来完成的还是由政府来完成的。

让我们来考虑这样一个类比：并不是因为正在做透析的病人比我更需要我的一个肾（假设我有两个健康的肾），就意味着他有权得到它。国家也没有权利索要我的一个肾来帮助那个正在做透析的病人，无论他的需要有多么紧急、多么迫切。为什么呢？因为它是我的。（别人的）需求并不能践踏我用自己拥有的东西去做想做之事的权利。

反驳3：迈克尔·乔丹并非单独作战，因此他欠那些对他的成功有所贡献的人

自由至上主义者的回答：乔丹的成功确实依赖于他人，篮球赛是一种团队竞技。人们不可能支付3 100万美元来看他在一个空荡荡的篮球场上自由投篮。如果没有队友、领队、教练、裁判员、广播员及场地维护人员等，他就不可能获得那么多收入。

可是，这些人的服务已经获得了其市场价值。尽管他们赚的比乔丹少，但他们自愿地接受了工作的回报。因此，我们没有理由认为乔丹的一部分收入是他们的。即使乔丹亏欠他的队友和教练，我们也很难弄明白这种亏欠如何能够证明对他的财产征税以给饥饿者提供食品券、给流浪者提供公共住处是正当的。

反驳4：并不是真的没有经过乔丹本人的同意而对他征税。作为一个民主国家的公民，在国家制定他所遵从的法律时，他能够表达自己的观点

自由至上主义者的回答：民主的同意并不够。假设乔丹投票反对这项税务法，可是它最终还是通过了。美国国家税务局（IRS）会坚持让他缴税吗？当然会。你可能会认为：既然生活在这个社会，乔丹就表示同意（至少是含蓄地）遵守大多数人的意志并服从于法律。可这是否意味着仅仅由于作为公民而生活在此地，我们就给那大多数人写了一张空头支票，并事先同意遵守所有的法律，而无论它们正当与否呢？

如果是这样，那么这大多数人就可以违背少数人的意愿而对其征税，甚至没收他们的财富和资产。那么，个人权利如何安置？如果民主的同意证明了拿走财产的正当性，那么它是否也证明了夺走自由的正当性？这个大多数群体是否可以剥夺我的言论自由和宗教自由，并声称作为一个民主社会的公民，我已经对它的任何决定都表示同意了呢？

自由至上主义者对以上四种反驳都已经准备好了回答，但还有一种反驳是他们难以化解的。

反驳 5：乔丹很幸运

乔丹幸运地拥有使他在篮球方面取得卓越成就的能力，并幸运地生于这样一个社会，它奖励那种腾跃空中大灌篮的能力。无论乔丹如何努力地去发展他的技能，他都不能声称自己有资格获得这些自然天赋，以及他有资格生活在一个喜欢篮球并愿意为之支付高报酬的时代。这些并不是他所作所为的结果。因此我们不能说他在道德上有权利保留他的能力所带来的所有收入。共同体为了共同善而对他的收入征税，这并不是对他做什么不义之事。

自由至上主义者的回答：这一反驳质疑乔丹的天赋是否真的是他的，但这一论证路线可能非常危险。如果乔丹没有权利拥有那些源自对其能力的运用而获得的收益，他就并非真正地拥有这些能力；如果他不拥有这些能力和技能，他就不是真正地拥有自身。可是，如果乔丹不拥有自身，谁拥有呢？你确定你想让政治共同体拥有对其公民的所有权吗？

自我所有权这一观念是有吸引力的，尤其是对那些想为个人权利寻求一个牢固基础的人而言。我属于我自己，而非属于国家或政治共同体的这一观念有力地解释了为什么为了他人的利益而牺牲我的权利是不对的。让我们回忆一下，我们不情愿将那个大汉推下桥以阻挡失控的电车，难道不是因为我们认识到他的生命是属于他的，才感到犹豫的吗？如果那个大汉自己选择跳下去以挽救铁轨上的工人，那么很少有人会反对，毕竟这是他的生命。可是他的生命并不能任由我们夺走或使用，即使我们有一个很好的理由。我们也可以对那个不幸的船舱男仆说同样的话。假如帕克选择牺牲自己的生命以挽救即将饿死的船员，那么大多数人会说他做了一件正确的事情。可是与他同船的船员们并没有权利夺走一条并不属于他们的生命。

许多反对自由主义经济的人会在其他领域援引自我所有权的观念。这可以说明自由至上主义观念具有持久的吸引力，甚至也吸引了那些赞成福利制度的人。让我们来考虑一下自我所有权在一些论证（如关于生育自由、性道德及隐私权的论证）中的体现方式。人们经常说政府不应当禁止避孕和堕胎，因为女性应当能够自由地决定如何对待自己的身体；有些人认为法律不应当惩罚通奸、卖淫和同性恋，因为到达法定性成熟年龄的成人应当自由地为自己选择性伙伴；有些人基于这样的理由——我拥有自己的身体，因此我应当自由地出售我的身体器官——而赞成为了移植出售自己的肾；有些人将这一原则拓展至维护辅助性自杀的权利——既然我拥有我自己的生命，那么只要我愿意，我就应当能够自由地结束它，并获得一位愿意帮助我的内科医生（或其他任何人）的帮助。政府没有权利干涉我使用自己身体或处理自己生命的自由。

“我们拥有自身”这一观念体现在许多关于自由选择的论点之中。如果我拥有我的身体、我的生命和我自己本身，那么我就应当能够自由地用它们做任何我想做之事（只要我不伤害他人）。尽管这一观念很吸引人，可是要想欣然接受它的全部后果却并非易事。

你如果被自由至上主义的原则吸引，并且想看看它们在实际生活中能走多远，就请考虑以下案例。

出售肾脏

大多数国家都禁止买卖移植所用的器官。在美国，人们可以捐献自己的一个肾，却不能在市场上公开出售。可是有些人认为这项法律应当改变，因为每年有成千上万的人在等待肾移植中死亡——如果有一个买卖肾的自由市场，那么肾的供应量将会增加。他们还认为，那些需要钱的人如果想卖，就应当能够自由地出售自己的肾。

允许买卖肾脏的一个理由是基于自由至上主义的自我所有权观

念：如果我拥有自己的身体，那么我应当能够自由地、如我所愿地出售我的身体器官。正如诺齐克所写的："'对某物具有所有权'这一观念的核心思想……就是决定对某物做什么的权利。"[12] 然而很少有器官买卖的倡导者接受这种彻底的自由至上主义逻辑。

其原因在于大多数支持在市场上买卖肾脏的人都强调挽救生命的道德重要性，以及这样一个事实：大多数捐出一个肾的人，都能够用另外一个肾继续生活。然而，如果你相信你的身体和生命是你的财产，那么这些考虑就都不真正重要。如果你拥有自身，那么你自愿使用自己身体的权利就是出售自己身体器官的一个足够的理由。你挽救的生命或你做的善事都是无关紧要的。

为了弄明白为何如此，让我们来想象两个有点儿极端的例子。

第一个例子是，假如那个想购买你另外一个肾的人是一个非常健康的人。他之所以出价 8 000 美元购买你（或更有可能是一个发展中国家的农民）的一个肾，并不是因为他十万火急地需要进行器官移植，而是因为他是一个古怪的艺术品经销商。他向富有的客户出售人体器官，以作为茶余饭后的谈资。人们应当获许为了这种目的而买卖肾脏吗？如果你认为我们拥有自身，那么你就很难会说不。重要的不是目的，而是如自己所愿地处理我们所有物的权利。当然，你也许会反对滥用身体器官，只赞成为了挽救生命而出售器官。然而，如果你持这种观点，你对器官自由买卖的辩护就不是基于自由至上主义的。你可能会承认我们对自己的身体并没有一种无限的所有权。

现在让我们来考虑第二个例子。假如一个印度村庄里有某个艰难维生的农民，他最大的愿望就是将自己的孩子送进大学。为了筹这笔钱，他卖了一个肾给一个急需进行移植的美国富人。若干年以后，当这个农民的第二个孩子也到了上大学的年纪时，另一个购买者来到了他们村庄，并出高价购买他的第二个肾。他还应当自由地出售这个肾吗，即使这样会要他的命？如果器官买卖的道德理由基于自我所有权观念，那么答案就是肯定的。这个农民拥有自己的一个肾，而对另外一个肾就没有所有权——这说不通。有些人可能会反对说，没有人应当被引诱为了钱而放弃自己的生命。可是，如果我们拥有自己的身体和生命，那么这个农民就有权出售自己的第二个肾，即使这样就等于出卖他的生命。（这一情形并不完全是虚构的。在 20 世纪 90 年代，加利福尼亚的一个囚犯想把自己的第二个肾捐给自己的女儿，但被医院的伦理委员会拒绝了。）

当然，我们可能仅仅允许那些被用来挽救生命，并且不危害出售者生命的器官出售。然而，这样的一项政策就不是基于自我所有权的原则。如果我们真的拥有自己的身体和生命，那就应当由我们来决定是否出售我们的身体器官，是否为了某个目的冒某种风险。

辅助性自杀

2007 年，79 岁的医生杰克·凯沃基安被关进密歇根的一所监狱，因为他 8 年来一直给那些身患绝症的、想死的病人提供致命性的药物。作为保释的条件，他同意不再帮助任何病人自杀。在 20 世纪 90 年代，凯沃基安医生（他以“死亡医生”之名被人熟知）一直参加争取允许辅助性自杀的法律通过的运动，并且身体力行，帮助 130 人结束了他们的生命。他给美国哥伦比亚广播公司的电视节目《60 分钟》提供了一段录像，这段录像记录了他实施谋杀行为的过程：他给一名患有肌萎缩侧索硬化的病人注射了一剂致命的药物。[13] 在交出这段录像后不久，他被指控、审判，并被判为二级谋杀罪。

在凯沃基安的故乡——密歇根州，以及在新奥尔良州和华盛顿州之外的其他任何一个州，辅助性自杀都是违法的。许多国家禁止辅助性自杀，只有少数国家（最著名的是荷兰）明确地表示允许。

初看起来，支持辅助性自杀的论点似乎是自由至上主义哲学的一次书面申请。对自由至上主义者而言，禁止辅助性自杀的法律是不正当的，其原因如下：如果我的生命是属于我的，我就应当可以自由地放弃它；如果我与某个人达成一个自愿的协议，请他帮助我结束生命，国家就无权干涉。

然而，允许辅助性自杀的理由，不一定要依赖于这样的观念——我们拥有自身，或我们的生命属于我们自己。有些支持辅助性自杀的人并没有援引自我所有权，而是以尊严和同情的名义加以支持。他们认为，那些正遭受巨大痛苦的、患有绝症的病人，应当能够加速自己的死亡，而不是在难以忍受的痛苦中苟延残喘。甚至那些相信我们拥有维持人类生命的普遍义务的人，都可能据此推论，在某些时刻，同情的要求超过我们维持人类生命的义务。

自由至上主义为那些身患绝症的病人的辅助性自杀所做的推论很难脱离同情性的推论。为了评价自我所有权观念所具有的道德力量，让我们来考虑一个与绝症患者无关的辅助性自杀的案例。不可否认，这是一个怪异的案例，可是这种怪异却能让我们评价自由至上主义的逻辑本身，而不用考虑尊严和同情。

经双方同意的吃人

2001年，在德国罗滕堡的一个村庄，发生了一桩奇事。伯恩德–约尔根·布兰迪斯是一名43岁的软件工程师，他回应了一则网络上的广告。该广告寻找一些愿意被杀且被吃掉的人，由一名42岁的名叫阿明·迈维斯（Armin Meiwes）的电脑技术人员发布。迈维斯没有提供任何经济补偿，只提供这种体验本身。大约有200人回复了这则广告，其中4个人赶到迈维斯的农舍参加面试，但最终他们表示对此不感兴趣。然而，布兰迪斯遇到了迈维斯，并在喝咖啡时考虑了迈维斯的提议，结果他同意了。后来，迈维斯杀死了他的客人，将尸体肢解并装进塑料袋保存在冰箱里。直到他被捕时，这个"罗滕堡的食人者"已经吃掉了他那个自愿的受害者40磅①的肉，其中一部分肉是他用橄榄油和大蒜烹饪过后食用的。[14]

当迈维斯被押受审时，这一骇人听闻的案件深深地震惊了公众，同时也让法庭非常困惑。德国没有禁止吃人的法律。辩护律师坚持认为，犯罪嫌疑人不能被判谋杀罪，因为这个受害人是自愿参与自己的死亡体验的。迈维斯的律师认为其当事人只是因为"被要求杀人"而有罪，这是一种辅助性自杀，最多只能判五年有期徒刑。法庭将迈维斯判为过失杀人并判处八年半有期徒刑，试图以此来解决这一难题。[15]可是两年之后，上诉法院推翻了这一过于宽大的判决，将迈维斯判处终身监禁。[16]这一卑劣的故事以一种怪异的结局收场。据报道，这名食人杀人犯在监狱中变成了一个素食主义者，因为他认为工厂化农业

① 1磅约为0.45千克。——编者注

经营太不人道了。[17]

两个成人之间相互同意的同类相食，向自由至上主义的自我所有权原则及由此得出的正义观念，提出了一种终极性的考验。这是辅助性自杀的一种极端的形式。由于它与缓解绝症患者的痛苦无关，因此它只能基于这样的理由——我们拥有自己的身体和生命，我们能如自己所愿地对待它们——得到辩护。如果自由至上主义的主张是对的，那么禁止达成同意的食人行为的法律就是不正当的，是对自由权利的一种侵犯。国家不能惩罚阿明·迈维斯，就像它不能为了帮助穷人而向比尔·盖茨和迈克尔·乔丹征税一样。

第四章

收钱办事/市场与道德

我们现在争论得最热烈的有关正义的许多话题，都与市场的作用有关：自由市场是公平的吗？有没有一些东西是我们不能或不应当用金钱购买的？有的话，这些东西是什么呢？买卖它们又有什么错呢？

支持自由市场的理由一般基于两种主张：一种与自由有关，另一种与福利有关。第一种是自由至上主义者支持市场自由的理由。它认为，让人们参与自由交换就是尊重他们的自由，干涉这种自由市场的法律，就侵犯了个人的自由。第二种是功利主义者支持市场自由的理由。它认为，自由市场促进了公共福利，当两个人做交易的时候，双方都获利。只要他们的交易使双方获益，又不伤害任何其他人，这种交易就肯定会增加总体的功利。

市场怀疑论者质疑这些主张。他们认为市场的选择并不总是像表面上看起来的那样自由，并且如果我们为了金钱而买卖某些东西，做出一些社会行为，它们就会被腐蚀或被贬低。

在这一章，我们将考察这样一种道德——出钱雇人做两种截然不同的工作：打仗和生孩子。通过这些有争议的事件思考市场的对与错，将会帮助我们辨清关于正义的主要理论之间的区别。

何谓正义：征兵还是雇佣士兵？

在美国内战的最初几个月，集会的激情和爱国之情激发了北部几个州的好几万人志愿加入联邦军队。可是在第一次马纳萨斯战役中，联邦军队被打败；接着在第二年春天，乔治·麦克莱伦将军攻占里士满的努力也以失败告终。由此，北方人开始怀疑这场战争会不会很快结束。他们需要征召更多的士兵。于是，1862 年 7 月，亚伯拉罕·林肯签署了联邦政府的第一项征兵法，而南方同盟在此之前就已经有了征兵法。

征兵与美国个人主义传统的精神冲突，于是联邦政府的征兵法对该传统做出了一个惊人的让步：任何被征召却不想服兵役的人，可以雇用一个人来代替他。[1]

于是，一些被征召入伍的人在报纸上刊登广告，开出 1 500 美元的高价寻求替代者，这在当时是一笔数目可观的钱。南方同盟军的征兵法同样也允许雇用替代者，从而产生了这样一句口号——“富人的战争，穷人的战斗”，这种抱怨声在北方也得到了回应。1863 年 3 月，国会通过了一部新的征兵法，试图平息这一抱怨。尽管没有消除雇用替代者的权利，但是它规定：任何被征召入伍的人，可以向政府交纳 300 美元的费用而免除兵役。尽管这笔钱几乎相当于一个普通体力劳动者一年的工资，但这项法律试图将豁免费控制在普通工人能支付的范围之内。有些城市和郡县向当地被征召入伍者提供资助；一些保险公司每个月向受保人为某一险种征收一定的保险费，该险种将覆盖免除兵役的费用。[2]

尽管这种代偿金旨在提供廉价的兵役豁免，可是它在政治上却比允许雇用他人参军更加不受欢迎——也许因为这似乎是在给人类生命（或死亡的危险）定价，而且经过了政府批准。报纸头条宣称："要 300 美元，还是要命？"对兵役法及这 300 美元代偿金的愤怒引发了针对征兵军官的暴乱，最著名的是1863年7月纽约市的征兵暴乱，该暴乱持续了好几天，并夺去了 100 多人的生命。第二年，国会制定了一项新的征兵法，取消了代偿金制度。然而，在整个战争期间，雇用替代者的权利在北方却一直保留着（南方没有）。[3]

最后，只有很少的应召入伍者在联邦军队中作战。（即使在征兵制确立之后，军队的大部分成员也都是由志愿兵组成的，他们都是接受大笔报酬或受到被征兵的威胁驱使而参军的。）许多在征兵抽签中抽中号码的人都逃跑了，或由于残疾而被豁免了。在实际征召的大约 20.7 万人中，有 8.7 万人支付了代偿金，7.4 万人雇用了替代者，只有 4.6 万人服了兵役。[4] 那些雇用他人替自己打仗的人包括安德鲁·卡内基、摩根、西奥多·罗斯福和富兰克林·罗斯福的父辈，以及后来的总统切斯特·阿瑟和格罗弗·克利夫兰。[5]

这种内战时的体制是一种正当的分配军事服务的方式吗？当我向学生们提出这一问题时，几乎所有人都说不。他们认为，允许富人雇用他人替自己打仗是不公平的。像许多在 19 世纪 60 年代参加示威游行的美国人一样，他们认为这一体制是一种阶级歧视。

我接着问学生们，他们是支持征兵制，还是支持美国现在的志愿兵役制度。几乎所有人（像大多数美国人一样）都支持志愿兵役制度。然而，这就引发了一个棘手的问题：如果内战的体制不公平是因为让富人雇用他人为他们打仗，难道这一反对就不适用于志愿兵役制度吗？

当然，雇用的方式有所不同。安德鲁·卡内基不得不自己寻找替代者并直接付钱给他；现在，由部队招募士兵参加在伊拉克或阿富汗的战争，而美国公民——纳税人——集体付钱给他们。然而，下列情形仍然存在：不愿意入伍的我们雇用其他人冒着生命危险为我们打仗。从道德上来讲，以上两者有什么区别呢？如果内战中雇用替代者的体制是不正义的，那么志愿兵役制度不是也不正义的吗？

为了考察这一问题，让我们将内战体制放到一边，先考虑两种常规的征兵方式：强制征兵和市场征兵。

强制征兵扩充军队的最简单的形式就是要求所有符合条件的公民都服兵役，如果不需要所有人，就通过抽签的方式来决定哪些人将被征召。这一制度被美国人用于第一次和第二次世界大战。在越南战争时期，他们也使用了征兵制，尽管这一体制非常复杂，并且有大量的学生和占据特定职位的人推迟参军，因此很多人避免了参战。

征兵制使人们更加强烈地反对“越战”，尤其是在大学校园内。这在某种程度上促使理查德·尼克松总统提议废除征兵制。1973 年，当美国军队逐渐从越南战场上退出时，志愿兵役制度代替了征兵制。由于兵役不再是强制性的，部队增加了报酬和其他福利，以吸引它所需要的士兵。

今天我们使用的“志愿兵役制”这一术语，指的就是通过运用劳动力市场（就像饭店、银行、零售商和其他生意一样）来扩充士兵队伍。“志愿兵役制”这一术语是一种误称。志愿兵并不像自愿组成的消防队（人们在这里服务却没有收入），也不像贫民施舍处（志愿者们在这里奉献自己的时间）——志愿兵是一支职业化的军队，士兵们在这里为了报酬而工作。这些士兵仅仅在以下意义上才是“志愿者”：当获得报酬的雇员在任何职业中都是志愿者时。没有人是被征召的，这份工作的职责由那些自愿参军以换取工资和其他利益的人履行。

关于一个民主社会应当如何扩充军队的争论在战争时期尤为激烈，如内战时期的征兵暴乱及“越战”时期的抗议所证实的那样。在美国采用了一种志愿兵役制之后，有关兵役分配的正义问题就逐渐淡出了公众的关注范围。然而，由美国发动的伊拉克战争和阿富汗战争，使公众关于这一问题的讨论复兴了：一个民主社会通过市场的手段招募士兵是否正当呢？

大多数美国人都支持志愿兵役制，很少有人想回到征兵制。（2007年9月，在伊拉克战争期间，一项盖洛普民意测验发现，80%的美国人反对恢复征兵制，支持恢复征兵制的只占18%。[6]）然而，再次兴起的关于志愿兵役制和征兵制的争论使我们不得不直面一些重大的政治哲学问题—— 一些关于个人权利和公民责任的问题。

为了探讨这些问题，让我们来比较一下我们已经思考过的三种分配军事服务的方式：征兵制、允许雇用替代者的征兵制（内战的制度）及市场体制。哪一种是最为正当的呢？

（1）征兵制

（2）允许雇用替代者的征兵制（内战制度）

（3）市场体制（志愿兵役制）

支持志愿兵役制的理由

如果你是一个自由至上主义者，答案就非常明显。征兵制（政策一）是不正义的，因为它具有强迫性，是一种奴役的形式。它暗示着政府拥有其公民，并且能够任意对待他们，包括强迫他们去打仗和在战场上拿自己的生命去冒险。罗恩·保罗是国会的一名共和党成员和自由至上主义的领军人物，他发表过如下主张以反对在伊拉克战争中恢复征兵制："征兵制是一种奴役，这一点一目了然。宪法第十三条修正案认定它是非法的，该修正案禁止非自愿的束缚。入伍者可能会丧命，这使得征兵制成为一种非常危险的奴役。"[7]

然而，即使你不认为征兵制等同于奴役，你也可能基于这样的理由反对它：它限制了人们的选择，并因此减少了总体幸福。这是一种反对征兵制的功利主义的论点，它认为与一种允许雇用替代者的制度相比，征兵制阻止使双方受益的相互交换，从而减少了人们的福利。如果安德鲁·卡内基和他的替代者两人都想做一笔交易，那我们为什么要阻止他们这么做呢？达成交换的自由似乎增加了每一方的功利，而不损害任何一方的利益。因此，对功利主义者来说，内战制度（政策二）比纯粹的征兵制（政策一）更好。

我们很容易就能明白，功利主义的观念会如何支持市场的推理。

如果你认为一次自愿的交换能使双方获益，而且不伤害其他任何人，那么你就有一个很好的功利主义的理由任由市场来做出裁定。

如果我们现在比较内战制度（政策二）与志愿兵役制（政策三），我们也能明白这一点。为应征入伍者雇用替代者辩护的逻辑同样也可以为一种完全市场化的解决方式论证：如果你准备让人们雇用替代者，那为什么要先招募呢？为什么不简单地通过劳动力市场——设定必要的工资和报酬来吸引所需数量和质量的士兵，并且让人们自己选择是否接受这个工作——来招募士兵呢？没有人违背自己的意愿而被迫服兵役，那些想服兵役的人也可以独立判断军事服务总体上是否比其他选择更好。

因此，从功利主义的角度来看，志愿兵役制似乎是三个选择中最好的一个。让人们根据所提供的报酬而自由地选择参军入伍，这就使得只有当服务于军队能够使他们的利益最大化的时候，他们才会这样做。那些不想服兵役的人也不必遭受这一功利的损失：违背自己的意愿而被迫服兵役。

我们可以想象，功利主义者可能会反对说，志愿兵役制比征兵制更贵。为了吸引所需要的相当数量和质量的士兵而支付的报酬和利益，一定比士兵们被迫服兵役时高。因此，功利主义者可能会担心获得更高报酬的士兵所增加的幸福会被为兵役支付更多钱的纳税人的不幸福抵消。

然而，这种反驳并不是很令人信服，尤其是当备选项是征兵制（无论是否可以雇用替代者）的时候。基于功利主义的理由坚持以下这些观念是非常古怪的，即认为纳税人为政府的其他服务（如警卫和防火）支付的各种花费应该降低，代价是强迫任意选出的人以低于市场价的报酬去提供这些服务；高速公路的维修费用应该降低，代价是要求一部分由抽签选出来的纳税人自己去做这份工作或雇用他人去做。这种强制性的方式产生的不幸福很可能会超过纳税人为支付更便宜的政府服务而获得的利益。

因此，从自由至上主义和功利主义这两种推理方式来看，志愿兵役制似乎是最好的，内战的那种混合制度位列第二，而征兵制是最不可取的分配军事服务的方式。然而，我们至少可以有两种反驳这种论证思路的方式：一种与公平和自由有关，而另一种则与公民德性和共同善有关。

反驳 1：公平与自由

第一种反驳认为，对那些选择范围非常有限的人而言，自由市场并不总是自由的。让我们来考虑一个极端的例子：一个无家可归的、睡在桥墩下的人，可能在某种意义上确实选择了睡在桥墩下，可是我们未必会认为他的选择是一个自由的选择。我们也没有足够理由认为与睡在公寓里相比，他肯定更加喜欢睡在桥墩下。为了弄明白他的选择是反映了他喜欢睡在户外，还是反映了他支付不起一间公寓，我们就需要了解他的生活背景。他是自由选择这样做，还是迫不得已？

我们可以同样质疑一般的市场选择——包括人们在承担各种工作时做出的选择。这如何运用到军事服务的问题上呢？如果我们不深入了解主要社会背景，我们就不能判断志愿兵役制是否正义：在这个社会中，机会平等是否达到了合理的程度？是不是有些人几乎没有别的选择？是不是每个人都有获得接受大学教育的机会？或者对某些人来说，上得起大学的唯一途径是否就是参军入伍呢？

从市场推理的角度来看，志愿兵役制是具有吸引力的，因为它避免了征兵制的强迫性，使得军事服务取决于人们的意愿。然而，有些志愿服兵役的人可能与那些逃避兵役的人一样，其实并不愿意服兵役。如果贫困和经济困难的情况非常普遍，入伍的选择可能仅仅反映了选择余地的匮乏。

根据这一反驳，志愿兵可能并不像看上去那样自愿。实际上，志愿参军可能涉及一种强迫的成分。如果社会中的一些人没有其他好的选择，那些选择入伍的人实际上就是迫于经济需要而参军的。在这种情况下，征兵制和志愿兵役制之间的区别就不在于一个是强迫性的，而另一个是自由的——相反，它们分别采用了一种不同形式的强迫，即在第一种情形中是法律的强迫，在第二种情形中是经济需要的压力。只有当人们可以在一个合理的范围内选择体面的工作时，我们才能说他们选择为了报酬而参军反映的是他们的偏好，而非选择余地的有限性。

如今我们志愿兵队伍的阶级构成至少在某种程度上证实了这一反驳。低收入到中等收入（中等家庭的年收入为 30 850~57 836 美元）地区的年轻人不成比例地出现在现役部队的新兵队伍当中。[8] 其中最少的是最穷的 10% 的人口（他们中的很多人都不具备参军必需的教育水平和技能），以及最富的 20% 的人口（这些人来自家庭收入在 66 329 美元以上的地区）。[9] 近些年，超过 25% 的部队新兵都没有正式的高中毕业证书。[10] 平民人口中 46% 的人接受过某种大学教育，但只有 6.5% 的 18~24 岁的现役军人上过大学。[11]

近些年，美国社会中最有特权的年轻人都没有选择服兵役。有一本关于武装力量的阶层构成的书，书名敏锐地捕捉到了这一点：《擅离职守：美国上层社会在军事服务中未经允许的缺席》（*AWOL: The Unexcused Absence of America's Upper Classes from Military Service*）。[12] 在普林斯顿大学 1956 级的 750 名毕业生中，大多数人（450 名）在毕业后参军了；在 2006 级的 1 108 名学生中，只有 9 个人入伍。[13] 类似的模式也出现在其他精英大学及首都地区。只有 2% 的国会议员有子女在部队服役。[14]

国会议员查尔斯·兰格尔是一名来自哈勒姆的民主党人，也是一位佩有朝鲜战争勋章的老兵。他认为这一情形是不公平的，并且号召恢复征兵制。他写道："只要美国人正在被送往战场，那么每个人都应当做好准备，而不仅仅是那些由于经济条件窘迫而被划算的入伍奖金和教育奖励吸引的人。"他指出，在纽约市，"兵役负担的分配严重不成比例。2004 年，这个城市 70% 的志愿兵是黑人或拉丁美洲人，他们都是从低收入社区招募的"。[15]

兰格尔反对伊拉克战争，他相信如果政策制定者的孩子们不得不分担打仗的重任，那么他们永远也不会发动这场战争。他还认为，考虑到美国社会中机会的不平等，通过市场来分配军事服务，对那些只有最少选择余地的人来说是不公平的：

> 绝大多数为了这个国家在伊拉克服役的人都来自内陆城市内部或乡村地区的贫困社区，在那里，高达 4 万美元的入

伍奖金和几千美元的教育津贴有着很大的吸引力。对那些有条件上大学的人而言，这些奖励与冒生命危险相比简直一文不值。[16]

因此，对支持志愿兵役制的市场论点的第一种反驳，与不公平和强迫有关——阶级歧视的不公平，以及发生于以下情况的强迫：经济困难迫使年轻人甘冒生命危险来换取大学教育和其他奖励。

请注意，这并不是反对志愿兵役制本身，它仅仅适用于在存在大量不平等现象的社会中运行。当这些不平等得到缓解时，你就能撤销这一反驳。例如，让我们想象一个完全平等的社会。在这个社会中，每个人都有同等的受教育的机会；在这个社会中，没有人会抱怨参军入伍的选择是出于经济需要被迫做出的，因而是不自由的。

当然，没有任何一个社会是完全平等的，因此，强迫的危险总是存在于人们在劳动力市场中做出的选择。我们需要多大程度的平等来保证市场的选择是自由的，而不是被迫的？社会背景条件的不平等在何种程度上破坏了那些基于个人选择的社会制度（如志愿兵役制）的公平性？在什么条件下，自由市场才是真正的自由？为了回答这些问题，我们需要考察那些将自由（而非功利）作为正义核心的道德和政治哲学。因此，让我们先搁置这些问题，直到后面几章我们讨论伊曼努尔·康德和约翰·罗尔斯时再做讨论。

反驳 2：公民德性和共同善

与此同时，让我们来考虑第二种对运用市场来分配军事服务的反驳：以公民德性和共同善为名义的反驳。

这种观点认为军事服务不仅是一种工作，也是一种公民责任。根据这种观点，所有的公民都有义务为国家服务。这种观点的支持者们相信，这种义务只能通过服兵役才能得到履行；另一些人则认为，这种义务可以通过其他形式的国家服务得到履行，如参加和平队、美国志愿队、“为美国而教”项目[①]等。可是，如果军事服务（或国家服务）是一种公民义务，那么将它放到市场上出售就是不对的。

让我们考虑另外一种公民责任——出任陪审员的责任。履行陪审员的义务没有死亡风险，可是被召集出席做陪审员的任务却可能是非常繁重的，尤其是当它与工作或其他紧迫的任务冲突的时候。可是，我们不允许人们雇用他人代替他们担任陪审员，也不允许运用劳动力市场来形成有报酬的、专业的“自愿者”陪审团制度。为什么呢？从市场论证的角度来看，我们可以得出一个支持这样做的理由。那个反对征兵制的功利主义的理由同样可以用来反对征募陪审员：允许工作繁忙的人雇用他人替代自己，会让双方获益。最好废除强制征募陪审员的制度，让劳动力市场招募足够的、合格的陪审员，就能使想要这份工作的人得到它，而让不喜欢这份工作的人避开它。

那么我们为什么要放弃陪审员市场带来的社会利益呢？可能是因为我们担心许多获得报酬的陪审员来自贫困地区，担心司法的质量会

---

① 和平队（Peace Corps），美国政府于 1961 年组建的志愿服务组织，宗旨是：“为相关国家或地区人民提供人力资源援助；让受援国家人民更好地了解美国人民；让美国人民更好地了解其他国家人民。”美国志愿队（AmeriCorps）成立于 1994 年，是美国全国性的志愿者服务项目。“为美国而教”（Teach for America）是美国一个招募优秀大学毕业生到贫困中小学任教的志愿者项目。——译者注

受到影响。可是，我们没有理由认为富人比那些出身卑微的人更胜任陪审员的职位。在任何一种情况下，我们都可以调整工资和津贴（就像军队所做的那样），以吸引那些具备相应的教育水平和技能的人。

我们之所以征募而不是雇用陪审员的原因在于，我们认为，在法庭上参与审判是一项所有公民都应当分担的责任。审判员并不只是投票，他们还与其他人就相关证据和法律进行商讨。而这种商讨吸收了陪审员们从多种多样的生活道路中积累的各种经验。履行陪审员义务不仅是一种解决问题的方式，还是一种公民教育形式，是一种民主公民身份的体现。尽管陪审员义务并不总是能起教化作用，但所有公民都有义务履行它的这一观念，使法庭和人民之间保持着一种联系。

同样的话也可以用来谈论军事服务。支持征兵制的论点认为军事服务和陪审员义务一样，是一种公民责任，它体现并深化了民主公民身份。从这种观点来看，将军事服务变成一种商品（一种我们雇用他人来履行的任务）就腐蚀了那应当支配着它的公民理想。根据这种反驳，雇用士兵来为我们打仗之所以是不对的，并不是因为这对穷人不公平，而是因为它允许我们放弃一项公民责任。

历史学家戴维·肯尼迪（David M. Kennedy）就提出了这种论点。他认为："美国现在的武装力量，具有很多雇佣军的特征。"他所说的雇佣军是指一支获得报酬的专业军队，这支军队在很大程度上脱离于它为之战斗的社会。[17] 他并非有意贬低那些入伍士兵的动机，他所担忧的是，雇用较少的一部分同胞来帮国家打仗，就让余下的人都逃脱了，这就切断了民主社会的大多数公民和那些以他们的名义而战的士兵之间的联系。

肯尼迪评论道：“与人口成比例，如今在役的军事编制是当初赢得第二次世界大战的军事力量的4%。”这使得政策制定者们相对来说很容易将国家投入战争，而不需要获得社会整体的广泛且深入的许可。“历史上最强大的军事力量，现在竟能够毫不费力地以一个社会的名义被送往战场。”[18]志愿兵役制免除了大多数美国人为了国家而战斗、捐躯的责任。虽然有些人认为这是一个有利因素，但这种从共同牺牲中的豁免却是以政治责任被腐蚀为代价的：

> 绝大部分无论如何都不会冒服兵役危险的美国人，实际上雇用了一些处于最不利地位的同胞，去做一些最危险的事情，而这大多数人则继续他们自己的事务，没有流血牺牲，没有心烦意乱。[19]

最著名的支持征兵制的公民理由，是由让-雅克·卢梭——出生于日内瓦的启蒙运动政治哲学家——提出来的。在《社会契约论》一书中，他认为，将一项公民义务转变为一种可在市场上出售的商品，并没有增加自由，而是暗中破坏了自由：

> 当公共服务不再是公民的主要事务，并且人们宁愿掏钱也不愿亲自来服务时，这个国家离垮台也就不远了。当必须奔赴战场时，他们可以出钱雇兵，而自己待在家中……在一个真正自由的国度，公民亲自去做每一件事情，而不用钱来做任何事情。他们非但不会付钱以免除自己的义务，反而会花钱购买亲

身履行自己义务的特权。我无法认同通常的观念，我相信强制劳役比征税更不违反自由。[20]

卢梭坚定的公民权观念及其对市场警惕的观点，看起来与我们现在的观念相差甚远。我们更容易将国家及其有约束力的法律和规则看作强制的范畴，而将市场及其自由交换看作自由的范畴。卢梭会认为恰好相反——至少在涉及共同善的地方是这样的。

市场的倡导者们可能会通过反对卢梭狂热的公民权观念或否认它与军事服务之间的关联，来为志愿兵役制辩护。然而，卢梭激发的公民理想，即使是在美国这样一个由市场驱动的社会，也能够引起一定程度上的共鸣。志愿兵役制的大多数支持者都强烈否认它等同于雇佣军。他们正确地指出很多人服兵役都是被爱国主义激励，而不仅是受报酬和津贴驱动。可是，为什么我们认为这一点很重要呢？如果这些士兵表现非常好，我们又为什么应当关心他们的动机呢？即使我们把招募新兵的工作转移至市场，我们也会发现很难使军事服务脱离于古老的爱国主义和公民德性的观念。

因此，让我们来考虑这样一个问题：当代志愿兵役制和雇佣军模式之间的真正区别是什么呢？它们都是付钱给士兵去战斗，都以工资和其他津贴的承诺来诱惑人们参军。如果市场是一种合适的招募军队的途径，那么雇用士兵到底错在何处呢？

人们可能会回答道，雇佣军是外国国民，他们只是为了报酬而战，而美国志愿兵部队只雇用美国人。然而，如果劳动力市场是一种合适的招募士兵的途径，那么为什么美国军队在雇用士兵的时候会根据国籍有所歧视？为什么它不应该在其他国家的公民——假设他们想要这份工作并且拥有相关的条件——中积极地招募士兵呢？为什么不从发展中国家——那里工资低廉而好工作非常少——招募一个外国兵团呢？

人们有时候辩称外国士兵会不如美国人忠诚。可是国籍并不能保证战场上的忠诚，而且部队征兵者可以审查外国应聘者，以测定他们的忠诚程度。一旦你接受了“军队应当运用劳动力市场来扩军”的这一观念，那么在原则上，你就没有理由将入选资格限定为美国公民，除非你相信军事服务终究是一种公民责任，是公民身份的体现。可是，如果你相信这一点，你就有理由质疑这种市场解决之道。

自征兵制的结束已过去了两代人的时间①，美国人在将市场推理的完整逻辑运用于军事服务时仍犹豫不决。法国外籍军团则有着悠久的招募外国士兵为法国打仗的历史。尽管法国的法律禁止军团积极地在法国之外招募士兵，可网络却使这一限制变得毫无意义。法国军团以 13 种语言在网上征兵，已经吸引了来自全世界的新兵。如今它们大约有 1/4 的兵力来自拉丁美洲，来自亚洲国家的人数比例也在逐渐上升。[21]

美国没有成立外籍军团，不过它已经往这个方向迈出了一步。随着伊拉克战争和阿富汗战争的延续，部队很难达到招募新兵的目标。面对这一困难，部队已经开始招募那些目前以临时签证居住在美国的外国移民，其诱惑包括高报酬和更快地获得美国公民身份。现在大约

---

① 本书英文原版首次出版于 2009 年。——编者注

有 3 万名非美国公民在美国军队中服役。这一新项目将把入选资格从持有绿卡的永久居民拓展至临时移民、外国学生和难民。[22]

招募外国士兵并不是市场逻辑演绎出来的唯一方式。一旦你把军事服务看作一项工作，像任何其他的工作一样，我们就没有理由认为这种雇佣工作必须由政府来完成。实际上，美国现在正把军事职责大规模地承包给私人企业。私人性质的军事承包商在世界范围内的各种冲突中发挥着越来越重要的作用，并构成了美国在伊拉克驻军的一个重要组成部分。

2007 年 7 月，《洛杉矶时报》报道，在伊拉克，由美国人付钱雇用的个体工人的人数（18 万）超过了美国部队在那里的驻军人数（16 万）。[23] 许多工人做的都是非战斗性的后勤工作——建造基地、维修汽车、运输必需品及提供饮食服务等。然而，也有大约 5 万人是携带武器的安保人员，他们的工作是保卫基地、军队和外交人员，经常遭遇战火。[24] 超过 1 200 名个体工人在伊拉克被杀，但是，他们没有躺在盖着国旗的棺材中回归故里，他们的死亡人数也没有被包括在美国军队的死亡人数之内。[25]

这些重要的私人军事公司之一就是黑水国际（Blackwater Worldwide）。该公司的首席执行官埃里克·普林斯是海豹突击队的前成员，他热烈地信仰自由市场。他反对这样一种说法，即认为他的士兵是雇佣军，他认为这一术语具有“诽谤性”。[26] 普林斯解释道：“我们在试着为国家安全机构做一些联邦快递曾经为邮政业所做的事情。”[27] 由于黑水国际公司在伊拉克所提供的服务，它在政府合同中获得了超过 10 亿美元的收入，可是，它也经常成为争论的中心议题。[28]

它的角色最初于2004年获得公众的关注，当时，它的4名雇员在费卢杰遭到伏击并被杀害，其中两具尸体被挂在桥上。这一事件导致乔治·W. 布什总统命令海军陆战队攻入费卢杰，投入一场与叛乱分子展开的大规模、代价昂贵的战斗。

2007年，黑水国际公司的6名保安在巴格达广场上对人群开火，打死了17个平民。这些声称自己先遭到射击的保安躲过了伊拉克法律的起诉，因为这些法律是在美国入侵后由美国管理当局制定的。这些个体工人最终由于过失杀人遭到美国司法部门的起诉，这一事件还导致了伊拉克政府要求黑水国际公司从本国撤出。[29]

国会及许多公众一般来说都反对将战争承包给像黑水国际这样追求利益的公司。许多批评都集中于这些公司的不可信任问题，以及它们参与的虐待事件。在“黑水射击事件”发生之前几年，其他公司的雇工当中有一部分就是在阿布格莱布监狱中虐待被拘留者的人。尽管参与虐待的军队士兵受到了军法审判，可是那些雇工却没有受到惩罚。[30]

然而，假设国会对私人军事公司严加管理，以使它们更加可靠，并使其雇员达到适用于美国士兵的行为标准，那么雇用私人公司来为美国打仗是否就无法反驳了呢？在付钱请联邦快递传送邮件与雇用黑水国际公司在战场上传送致命武器这两者之间，是否存在一种道德上的差别呢？

为了回答这一问题，我们不得不解决一个在先的问题：军事服务（或一般的国家服务）是一种所有公民都有义务履行的公民责任，还是一种被劳动力市场恰当地管理的、像其他艰难而冒险的职业（如采煤、商业捕鱼）一样的工作呢？为了回答这一问题，我们又不得不提出一个更加宽泛的问题：在一个民主社会中，公民对彼此有什么样的义务，这些义务又是如何产生的？不同的有关正义的理论对这一问题给出了不同的解答。一旦我们（在本书的后面几章中）明确了公民责任的基础和范围，我们就能更好地决定我们是应当招募士兵还是应当雇用他们。现在，让我们先考虑另一个备受争议的有关劳动力市场的问题。

为钱怀孕

威廉·斯特恩和伊丽莎白·斯特恩夫妇住在新泽西州特纳夫莱市。丈夫是一位生物化学家，妻子是一名儿科医生。他们想要一个孩子，可是无法自己生育，至少生育会给伊丽莎白带来生命危险——她患有多发性硬化症。因此，他们联系了一家安排“代孕”的不孕不育中心，该中心刊登广告以寻求“代孕母亲”——愿意为他人怀孕分娩，并以此获得报酬的妇女。[31]

应征者中有一个女子名叫玛丽·贝丝·怀特海，29 岁，有两个孩子，是一名环卫工人的妻子。1985 年 2 月，威廉·斯特恩和玛丽·贝丝·怀特海签订了一份合同。玛丽同意用威廉的精子进行人工授精，然后生下孩子，并将其交给威廉。她还同意放弃她的母亲权利，这样伊丽莎白·斯特恩就可以收养这个孩子。就威廉这一方而言，他愿意支付玛丽 1 万美元（分娩时支付），外加医疗开支。（他还向该不孕不育中心支付了 7 500 美元，因为后者为他们安排了这次交易。）

经过多次人工授精，玛丽·贝丝·怀特海怀孕了，并于 1986 年 3

月产下一名女婴。斯特恩夫妇盼望马上就能领养他们的女儿，给她起名为梅丽莎。然而，玛丽·贝丝·怀特海却改变了主意，她不想交出孩子，于是带着孩子逃到了佛罗里达。但是斯特恩夫妇获得了法院命令，要求她交出孩子。佛罗里达警方找到玛丽，把这个孩子交给了斯特恩夫妇，而接下来关于监护权的争夺战也在新泽西的法院展开。

初审法官不得不决定是否应该执行这份合同。你认为应当如何判决？为了使事情简化，让我们集中研究相关的道德问题，而不是法律。（事实上，新泽西当时并没有允许或禁止代孕合同的法律。）威廉·斯特恩和玛丽·贝丝·怀特海签署了一份合同，从道德上来看，它是否应当得到执行呢？

赞成执行该合同的最强有力的论点就是：交易就是交易。两个法定的成年人自愿达成了一个对双方都有好处的协议：威廉·斯特恩将得到一个跟他有基因关联的孩子，玛丽·贝丝·怀特海将会因为 9 个月的工作而获得 1 万美元。

不可否认，这不是一桩普通的商业交易。因此，你可能会基于以下两个理由中的一个，犹豫是否要执行这份合同。首先，你可能会怀疑，当一个女人在同意为了钱而生孩子并在生下来之后放弃他的时候，她是否完整地得到了信息。她是否真的能预料到，当她要放弃这个孩子时，她会是什么感觉？如果不能，那么人们可能认为，她最初的同意被对金钱的需求蒙蔽，也由于不够了解与孩子分开会怎样而被蒙蔽。其次，你可能会发现买卖孩子或租赁妇女的生育能力是不对的，即使双方都自由地同意这样做。人们可能会争辩道，这一行为将孩子变成了商品，并通过将怀孕和生孩子看成赚钱的交易而剥削利用了妇女。

正如后来众所周知的那样，“婴儿 M”这一案件的初审法官哈维·索尔考并没有被这些反驳中的任何一个说服。[32]他援引合同的不可侵犯性来维护这一协议。交易就是交易，这名生育母亲并不能仅仅因为自己改变了主意就有权利解除合约。[33]

该法官讨论了上述两种反驳。首先，他反对这样一种看法——玛丽·贝丝的同意并不是自愿的，她的同意在某种程度上是有问题的：

> 没有任何一方占据更高的交易地位。每一方都拥有对方想要的东西。每一方的服务价格都已经确定，因此他们达成了一项协议。没有一方强迫另一方，没有一方拥有专门知识而让另一方处于不利地位，也没有一方拥有不相称的交易权力。[34]

其次，他反驳了这样一种看法——代孕等同于出卖婴儿。索尔考法官认为，威廉·斯特恩是孩子生物学意义上的父亲，他并没有从玛丽·贝丝·怀特海那里购买婴儿。他只是因为她提供了怀孕和分娩的这一服务，而给她支付了报酬。“出生后，这位父亲并没有购买这个孩子，她是与他自己的生物基因有关联的孩子。他不能购买已经属于他的东西。”[35]由于这个孩子是威廉的精子致孕而来，那么她从一开始就是他的孩子。因此，这里并没有涉及出售婴儿。那 1 万美元的报酬是为一项服务（怀孕）而非一个产品（这个孩子）支付的。

对于那种认为提供这样的服务剥削利用了妇女的观点，索尔考法官也提出了异议。他比较了有偿怀孕和有偿精子捐献。既然男人可以出售他们的精子，那么女人就应当能够出售她们的生育能力：

“如果一个男人可以提供生育的手段，人们就必须同等地允许女人也这样做。”[36] 他陈述道，与此相反的主张才是否定女人同等地受到法律保护。

玛丽·贝丝·怀特海将这一案件上诉至新泽西最高法院。该法院全体一致推翻了索尔考法官的判决，判定这一代孕合同无效。[37] 然而，它将梅丽莎的监护权判给了威廉·斯特恩，理由是：这对孩子来说最好。法官将合同搁置一旁，认为斯特恩夫妇会更好地养育梅丽莎，然而，他们恢复了玛丽·贝丝·怀特海作为孩子母亲的身份，并要求低级法院给予她探视权。

在为法庭写结案陈词时，首席大法官罗伯特·威伦茨反驳了代孕合同。他认为，这并不是真正的自愿的合同，而且它包含了买卖婴儿的成分。

第一个理由是，这里的同意是有缺陷的。玛丽·贝丝·怀特海在同意生养一个孩子并在出生后将孩子返还他人时，并不是真正自愿的，因为她并没有得到充分的信息：

> 在这一合同中，那位自然意义上的母亲在了解她与孩子之间那种纽带的力量之前，给出了不可撤销的承诺。她从来都没有做出一个完全自愿的、基于完整信息的决定。因为很明显，任何在孩子出生之前所做出的决定，在其最重要的意义上，都是信息不全面的。[38]

一旦这个孩子出生了，这个母亲就处于一个更好的位置来做出一个信息全面的决定。可是到那时，她的决定就不自由了，而是被“起诉的威胁及1万美元报酬的诱惑”强迫，这使得这个决定“并不完全是自愿的”。[39] 此外，对金钱的需要，使得这个贫困的女子很可能会“选择”去给富人当代孕母亲，而不是“被选择”。威伦茨法官提议说，这一点也质疑了这类协议所具有的自愿特征：“我们怀疑，低收入阶层的不孕不育夫妇，是否会找高收入的人代孕。”[40]

因此，使得这份合同无效的原因之一就在于这里的同意是有问题的。然而，威伦茨法官还提出了第二个更具根本性的理由：

> 先将她可能在多大程度上受到金钱需要的强迫，以及她对最终结果的理解有多深入这些问题搁置一边，我们认为她的同意是无关紧要的。在一个文明的社会，有一些东西是金钱不能购买的。[41]

威伦茨认为，商业性的代孕等同于出售婴儿，而出售婴儿是不对的，无论这是否出于自愿。他反驳了这一观点——这里的报酬是为了代孕母亲的服务，而非为了这个孩子。根据这份合同，只有当玛丽·贝丝交出监护权并终止其做母亲的权利时，才能向她支付这1万美元。

> 这就是在出售一个孩子，至少是在出卖一个母亲对其孩子所拥有的权利。这里唯一缓和的因素在于，购买者是孩子的父亲……一个中间人受利益驱动而促成了这桩买卖。无论是什么

样的理想推动了任何一方，利益的动机都支配、渗入并最终控制了这一交易。[42]

代孕合同与正义

那么，在“婴儿M”一案中，到底谁是对的呢？是执行该合同的初级法院，还是废除该合同的高级法院？为了回答这一问题，我们需要评估合同所具有的道德力量，以及在反对代孕合同时所提出来的两种反驳。

那种支持代孕合同的论点所依据的是我们迄今所考察的两种正义理论——自由至上主义和功利主义。自由至上主义者支持合同的理由是，它们反映了选择的自由。支持两个相互同意的成年人之间所达成的合同，就是尊重他们的自由。功利主义者支持合同的理由是，它们推进了总体福利。如果双方都认同一桩交易，那么双方都肯定能从这一协议中获得一些利益或幸福，否则他们就不会做这笔交易。因此，除非我们能够证明这一交易减少了另外一些人的功利（而且要超过它给交易双方所带来的利益），否则，那些双方获利的交换（包括代孕合同）就应当得到支持。

这些反驳有道理吗？它们具有多少说服力呢？

反驳1：有问题的同意

第一种反驳——关于玛丽·贝丝·怀特海的同意是否真正地出于自愿——引发了一个与条件有关的问题，即人们在哪些条件下做出选择。它认为只有当我们并没有被过分地压迫（如对金钱的需要），并合理且完整地掌握了备选项的信息时，我们才能行使自由选择的权利。当然，关于什么算作过分的压力，什么算作缺乏信息的同意，人们还会有争论。可是，这种争论的要点在于判断什么时候一份看上去像自愿的协议是真正自愿的，什么时候不是。这一问题清楚地体现于“婴儿M”一案中，正如它体现于关于志愿兵役制的争论中一样。

如果我们从这些案例中退后一步，那么值得我们注意的是：这种关于一个有意义的许诺的必要背景条件的争论，实际上是我们在本书中所考察的三种考量正义的进路之一（认为正义就意味着尊重自由）的家族内部的争论。正如我们所见，自由至上主义就是这个家族中的一员，它认为，正义需要尊重人们所做出的任何选择，假如这些选择没有侵犯他人的权利。其他一些将正义看作尊重自由的理论家则在选择的条件上设定了一些限制。他们认为——正如法官威伦茨在“婴儿M”一案中所说的那样——迫于压力或信息掌握不全面的许诺，并不是真正地出于自愿。当我们开始讨论约翰·罗尔斯（一个自由阵营内部的成员，反对自由至上主义关于正义的论述）的政治哲学时，我们将会更有能力来评价这一争论。

反驳2：贬低与更高的善

那么，对代孕合同的第二种反驳——认为有些东西是我们不应当用金钱购买的，包括婴儿和妇女的生育能力的观点——又如何呢？买卖这些东西到底有什么错呢？对此，最有说服力的答案就是：将婴儿和怀孕看作商品就是贬低了他们，而没有适当地尊重他们。

潜藏在这种答案背后的是一种意义深远的思想：正确地尊重商品和社会行为的方式，并不仅仅取决于我们。特定的尊重模式适用于特定的商品和行为。关于商品，如汽车和烤面包机，最合适的尊重它们的方式就是使用它们，或制造、出售它们以获得利益。可是，如果我们将所有的事物都看作商品，那就错了。例如，将人类看作商品——看作可以买卖的物品，是不对的。这是因为，人类是值得尊重的而不是被使用的对象。尊重和使用是两种不同的重视模式。

当代道德哲学家伊丽莎白·安德森（Elizabeth Anderson）便将这种论点运用于关于代孕的争论。她认为，代孕合同由于将孩子和妇女的劳动看作商品，因而贬低了他们。[43] 这里她所说的“贬低”，意指“根据一种较低的而非适合某物的评价模式来对待它。我们不是‘更多’或‘更少’地评价事物，而是以质量更高或更低的方式对待事物。爱一个人或尊重一个人，就是以一种高于这个人被利用时所受的对待方式对待他……商业化的代孕贬低了孩子，因为它将孩子看作商品。”[44] 它将他们作为赚钱的工具加以利用，而不是把他们当作值得爱护和关心的人加以珍惜。

安德森认为，商业化的代孕将妇女的身体看作工厂，并付钱让她们与自己所生的孩子脱离关系，从而贬低了妇女。它用那些管理普通生产的各种经济规范，代替了“通常管理孕育孩子的亲子规则”。安德森写道，通过要求代孕母亲“压抑她对这个孩子产生的母爱”，代孕合同“将妇女的劳动转换成一种异化了的劳动”。[45]

> 在代孕合同中，（母亲）同意不与她的后代形成或试图形成一种母子关系。她的劳动是异化了的，因为她必须放弃其目的，而这个目的正是怀孕这一社会行为所正当地促进的——一种与她的孩子之间的情感纽带。[46]

安德森的中心论点是：物品之间有所差别，因此以同样的方式对待所有的物品——将其作为赚钱的工具或被利用的对象——是不对的。如果这一观点是对的，那么它就解释了为什么有些东西是金钱不能购买的。

这一论点也对功利主义发起了挑战。如果正义仅仅是使快乐减去痛苦后的余额最大化，那么我们就需要一个单一的、整齐划一的方式，来衡量和评价所有的事物及其给我们带来的快乐或痛苦。边沁正是为了这一目的而提出了功利的概念。可是安德森认为根据功利来评价所有的事物，就贬低了那些更适合用更高的规范来加以评价的各种事物和社会行为——包括孩子、怀孕和对子女的养育。

可是，这种更高的规范是什么呢？我们又怎么能知道哪些评价模式适合于哪些物品和社会行为呢？这一问题的解决路径之一开始于自由的观念。人类拥有实现自由的能力，因此我们不应当仅仅被当作对象而加以利用，相反，我们应当得到体面而尊敬的对待。这种解决的路径强调（值得尊敬的）人与（仅供使用的）对象或物品之间的区别，是道德中最具根本性的区别。对这一路径的最伟大的辩护者就是伊曼努尔·康德，我们将在下一章讨论他。

对更高规范的另一种讨论路径始于这样一种观念：评价事物和

社会行为的正当方式取决于这些行为所满足的目的。让我们回想一下，在反对代孕的时候，安德森论述道，“怀孕这一社会行为正当地促进了”一种特定的目的，即一个母亲和她的孩子之间的情感纽带。一份要求这个母亲不要形成这样一种纽带的合同是带有贬低性的，因为这使她远离了这一目的。它以一种“商业生产的规范”代替了“亲子关系的规范”。这种思想——我们试图抓住这些行为的本质性目的或意图，以此来鉴别出适合这些社会行为的各种规范——正是亚里士多德正义理论的核心。我们将在后面的章节中考察他的论证过程。

我们只有考察了这些道德和正义理论，才能真正地确定哪些物品和社会行为应当由市场管制。然而，关于代孕的争论如同关于志愿兵役制的争论一样，让我们瞥见了那危如累卵的一面。

怀孕外包

曾经作为“婴儿M”而广为人知的梅丽莎·斯特恩从乔治·华盛顿大学宗教学专业毕业了。[47] 此时距离新泽西的那场著名的关于她的监护权的争夺已经有二十余载，可是关于代孕母亲的争论仍然在继续。欧洲许多国家禁止商业性代孕；在美国，超过12个州使这一行为合法化了，另有12个州禁止这一行为，而在其他一些州，代孕合法与否仍然不是很明确。[48]

新的生育技术在很多方面改变了代孕经济，并加深了它所体现的伦理困境。当玛丽·贝丝·怀特海同意为了报酬而怀孕时，她提供了卵子和子宫，因此她是婴儿生物学意义上的母亲。然而，试管授精的出现使得由一位妇女提供卵子而由另一位来孕育受精卵成为可能。哈佛大学商学院的商业管理教授德博拉·斯帕（Deborah Spar）分析了这种新型代孕的商业优势。[49] 从传统意义上来说，那些签署代孕合同的人“本质上是要购买一个‘卵子加子宫’的包裹”，现在他们可以“从一处获得卵子（多数情况下包括那个有意向的母亲），而从另一处获得子宫”。[50]

斯帕解释道，这种供应链条的断开，推动了代孕市场的发展。[51]“通过断开卵子、子宫和母亲这条传统的连接，妊娠代理减少了那些围绕着传统代孕的法律上和情感上的危险，并因此给一个新型市场的繁荣打开了空间。”“由于从卵子–子宫这一捆绑中解脱出来”，代孕代理人如今在选择代孕者时“更加具有歧视性”——“寻找带有特殊基因特征的卵子，以及依附于某种特定人格的子宫”。[52] 那些可能要代孕的父母，不再需要担心被他们雇用来孕育他们的孩子的那个女子的基因特征，“因为他们从别处获得了这些”。[53]

> 他们不在乎她长得怎么样，也不再那么担心她在生出孩子后会索要孩子，或法庭将倾向于帮助她。他们所需要的不过是一个健康的妇女，愿意经受怀孕的辛苦以及在怀孕期间遵守一定的行为规范——不喝酒，不抽烟，不吸毒。[54]

尽管妊娠代理增加了预期代孕者的供应量，但需求量同样有所增加。如今，代孕者每次怀孕可以得到2万~2.5 万美元的报酬。一次这样的安排（包括医疗费用和法律费用）一般来说总共要花费 7.5万~8 万美元。

由于价格飙升，人们不难发现那些准备找人代孕的夫妻开始寻找便宜一些的替代者。像在全球经济中的其他商品和服务一样，有偿怀孕开始被承包给廉价的供应方。2002 年，印度将商业性代孕合法化，以期望吸引国外的顾客。[55]

位于印度西部的小镇阿嫩德很快将成为有偿代孕中心，就像班加罗尔是呼叫中心一样。2008 年，这个城市有超过 50 名妇女为来自美国、英国及其他地方的夫妇代孕。[56] 那里有一家诊所，给 15 个为来自世界各地的客户当代孕母亲的孕妇提供集体住房，并配有仆人、厨师和医生。[57] 这些妇女所赚的钱从 4 500 美元到 7 500 美元不等，通常超过她们 15 年所赚的钱，并使她们能够购买一栋房子或支付她们自己孩子的教育费用。[58] 对那些满怀希望奔赴阿嫩德的夫妇而言，这一安排是一桩好买卖，总开支大约为 2.5 万美元（包括医疗支出、代孕者的报酬、往返机票、两次旅程的旅馆开销），大概是在美国代孕总开销的 1/3。[59]

有些人认为当代所实施的这些商业性代孕与那份引发“婴儿 M”案件的合同相比，在道德上不是那么令人困惑了。这种观点认为，由于代孕者并不提供卵子，而只是提供子宫和怀孕的劳动力，因此这个孩子在基因上并不是她的。根据这种观点，这里没有出售孩子的说法，对孩子的索要也不太可能会遭到代孕者的反对。

可是怀孕外包并没有解决这一道德困境。代孕者跟她们所生的孩子之间，也许真的不像提供卵子的代孕者与她们所生的孩子之间联系得那样紧密。然而，将母亲这一角色划分成三种（养母、提供卵子者、代孕者）而非两种，并没有解决这一问题：谁更有权利索要这个孩子？

如果说因试管授精而产生的怀孕外包带来了什么，那就是它使得这些道德问题进一步放大。想要找人代孕的夫妇省下来的代孕费用，以及印度代孕母亲从这一行为中所获得的与当地工资收入相差巨大的经济收益，让我们不可否认商业性的代孕可以增加整体福利。因此，从功利主义的观点来看，我们很难反对这种作为全球化产业的有偿怀孕。

然而，这种全球化的怀孕外包同样也凸显了相关的道德困境。26岁的印度妇女苏曼·多蒂娅曾是一对英国夫妇的代孕者，在此之前，她是一个女仆，每个月的收入是25美元。工作9个月就能挣4 500美元对她来说具有太强大的吸引力，以至于让她无法拒绝。[60]她在家里生了自己的三个孩子，并且从来没有看过医生的事实，增加了她作为代孕母亲的心酸。当谈到她的有偿怀孕时，她说："我现在比我怀自己的孩子的时候还要小心。"[61]尽管成为一个代孕母亲给她带来的经济收益是非常显著的，可是，我们却不能断定这个选择是自由的。此外，一个有偿怀孕产业在全球范围内的形成——在贫困国家受到目的明确的政策的驱使——反映了代孕将妇女的身体和生育能力工具化，从而贬低了她们。

我们很难想象出比生孩子和打仗这二者更为迥异的人类行为。但是，印度的那些代孕的妇女与安德鲁·卡内基在美国内战中雇用来代替他的士兵却有着共同之处。对这些情形的正当性的思考将使我们直面那两个将两种不同的正义观念区分开来的问题：我们在自由市场中所做出的选择到底有多自由？是否有一些特定的德性和更高的善是无法在市场上受到尊重的，并且是金钱不能购买的？

第五章

重要的是动机/伊曼努尔·康德

如果你相信普遍人权，你很可能就不是一个功利主义者。如果所有的人都值得尊重（无论他们是谁或在哪里居住）那么把他们仅仅看作达到集体幸福的工具就是不对的。（让我们回想一下那个营养不良的为了“城市的幸福”而在地窖里挣扎呻吟的孩子的故事。）

你可能基于这样的理由——尊重人权从长远来看将使功利最大化——维护人权。如果是这样，你尊重人权的理由就不是为了尊重那些拥有权利的人，而是为了使事物对每个人来说都变得更好。因为受折磨的孩子这一情景减少了总体功利而谴责这种情形是一回事，而因为它在道德本质上就是错的，是对这个孩子的不正义而对其加以谴责则是另外一回事。

如果权利并不依赖于功利，那么什么才是它们的道德基础呢？自由至上主义者提供了一种可能的答案：人们不应当仅仅被当作促进他人福利的手段而加以利用，因为这样做侵犯了根本性的自我所有权。我的生命、劳动力和人格属于我，且仅属于我——它们并不是任由社会整体随意处置的东西。

然而，正如我们已经看到的，自我所有权的观念如果始终如一地被加以应用，那么它有一些后果是热切的自由至上主义者才会喜爱的：一个不受约束的市场，不给那些落后之人提供安全的防护网；一个放弃了任何缩小不平等与推进共同善的手段的最小政府；一种对自由的彻底赞颂，以至于它允许人们自行冒犯人类的尊严，如相互同意的吃人或把自己作为奴隶出售。

即使是拥护财产权利和有限政府的伟大理论家约翰·洛克，也不宣扬不受限制的自我所有权。他反对这样一种观念：我们可以如自己所愿地任意处置我们的生命和自由。可是洛克理论中不容剥夺的权利追溯到了上帝，这便给那些寻求不依赖于宗教设想的道德基础的人遗留了一个问题。

康德论权利

伊曼努尔·康德为义务和权利提供了另一种可选的论证，这是迄今为止哲学家给出的最强有力、最有影响力的论证之一。它并不依赖于“我们拥有自身”这样的观念，也不依赖于“我们的生命和自由是来自上帝的礼物”这样的主张。相反，它依赖于这样一种观念——我们是理性的存在，值得拥有尊严和尊重。

康德于1724年出生于东普鲁士的哥尼斯堡市（现俄罗斯加里宁格勒），80年之后，他也在此地去世。他来自一个中等收入的家庭，父亲是一个马具制造者，父母都是虔信派教徒，都是强调内在宗教生活和做善事的新教信仰者。[1]

康德在16岁时进入哥尼斯堡大学，在校表现卓越。他当过一段时间的私人家庭教师，在31岁时接受了第一份学术性工作——做一名没有工资的讲师，这份工作的报酬由参加讲座的学生人数而定。他是一个受欢迎的、勤奋的讲师，每周大约开20场讲座，主题囊括形而上学、逻辑学、伦理学、法律、地理学和人类学。

1781年，在他57岁的时候，他出版了第一本著作——《纯粹理性批判》，该书对大卫·休谟和约翰·洛克的经验主义理论提出了挑战。四年之后，他发表了《道德形而上学基础》，这是他诸多著作中的第一本道德哲学著作。在杰里米·边沁的《道德与立法原理导论》发表五年之后，康德的《道德形而上学基础》对功利主义发起了一场猛烈的抨击。它认为，道德跟使幸福最大化及任何其他目的无关，而在于将人作为目的本身而加以尊重。

康德的《道德形而上学基础》出现在美国革命（1776年）爆发后不久，又刚好在法国大革命（1789年）爆发之前。这本书与这些革命精神和道德驱动力契合，为18世纪各种革命所倡导的人的权利及21世纪初期我们所说的普遍人权，提供了一种强有力的基础。

康德的哲学是非常难懂的，但是别让这一点把你吓跑了。它值得我们为之付出努力，因为我们所获得的收益将颇为丰厚。《道德形而上学基础》提出了一个重要问题：道德的最高原则是什么？在回答这一问题的过程中，它阐述了另一个非常重要的问题：什么是自由？

康德对这些问题的回答对后世的道德和政治哲学产生了深远的影响。然而他的历史性影响并不是我们关注他的唯一理由。虽然乍看起来，康德的哲学令人望而却步，但它实际上影响了当代人关于道德和政治的思考，即使我们都没有意识到这一点。因此，弄明白康德的思想不仅仅是一种哲学训练，还是一种检验某些暗含于我们公共生活中的关键性假设的方式。

康德对人类尊严的强调影响了当今的普遍人权观念。更为重要的是，他对自由的论证体现在当代人关于正义的争论当中。在本书前边的部分，我区分了三种考量正义的进路。功利主义的考量进路认为，界定正义和判断何谓正当之事的方法就在于询问什么将会使福利或社会总体幸福最大化。第二种考量进路将正义与自由联系起来，自由至上主义者为这一考量进路提供了例证。他们认为，关于收入和财富的正当分配就是任何一个在不受约束的市场中自由交换商品和服务产生的分配。他们坚持认为，调节市场是不正义的，因为这侵犯了个体的选择自由。第三种考量进路认为，正义就是给予人们在道德上所应得的——以分配物品来奖励和促进德性。当我们讨论亚里士多德的时候（第八章），我们将会看到这种基于德性的考量进路将正义与关于良善生活的反思联系了起来。

康德反对第一种考量进路（使福利最大化）和第三种考量进路（促进德性）。他认为，这两种考量进路都没有尊重人类自由。因此，康德是第二种考量进路（将正义、道德同自由联系起来）的强有力的倡导者。然而，他所提出的自由观念要求更为苛刻——比我们在市场上买卖东西时所行使的选择自由还要苛刻。康德认为，我们日常所认为的市场自由或消费自由并不是真正的自由，因为它仅仅满足我们事先并没有选择的各种欲望。

稍后，我们将进入康德那种更加崇高的自由观。然而，在此之前，先让我们看看，他为什么认为功利主义将正义和道德看作幸福最大化的观念是错误的。

使幸福最大化的问题

康德反对功利主义。他认为，由于将权利建立在关于什么会产生最大幸福的算计的基础之上，功利主义使权利的基础变得脆弱。此外，还有一个更深层次的问题：试图从我们恰好具有的各种欲望推导出道德原则是一种错误的思考道德的方式。仅仅因为某物给很多人带来快乐，并不能使它成为正当的东西。仅仅根据大多数人（无论数量有多大）喜欢一种法律（无论这种喜欢有多强烈）这样一个事实，并不能使这个法律成为正当的法律。

康德认为，道德不能仅仅建立在经验主义的考量之上，如人们在特定时间具有的各种兴趣、期望、欲望及偏好。他指出，这些因素是多变的、偶然的，因此它们很难作为普遍性的道德原则（如普遍人权）的基础。可是，康德的根本性观点是，如果将道德原则建立在各种偏好和欲望——即使是对幸福的欲求——的基础之上，就误解了什么是道德这一问题。功利主义的幸福原则"对确立道德而言毫无贡献，因为使一个人幸福不同于使他变好；使一个人在追求自己的利益时变得审慎明智，不同于使他更有德性"。[2] 将道德建立在兴趣和偏好基础之上，就破坏了它的尊严。它并不教导我们如何区分对与错，而"只是更加工于计算"。[3]

如果我们的各种期望和欲望不能作为道德的基础，那么还剩下什么呢？一种可能性就是上帝，不过这并不是康德的回答。尽管康德是一名基督教教徒，但是他并没有将道德建立在神圣权威的基础之上。相反，他认为，我们可以通过运用他所说的“纯粹实践理性”而达到道德的最高原则。根据康德的观点，要弄明白如何才能推理出道德法则，就要先探索我们的理性能力和自由能力之间的紧密关系（正如康德所认为的那样）。

康德认为，每个人都值得尊重，这并不是因为我们拥有自身，而是因为我们是理性的存在，能够进行推理；我们是意志自由的存在，能够自由地行动和选择。

康德并不是说我们总是能够理性地行动或自主地选择。我们有时候可以，有时候却不能。他的意思是我们有理性的能力和自由的能力，而这种能力是人类所共有的。

康德毫不犹豫地承认理性能力并不是我们拥有的唯一一种能力，我们还有感觉快乐与痛苦的能力。康德认识到，我们是理性的存在，也是感性的存在。康德所说的“感性”是指，我们能够基于自己的感官和感觉行事。因此，边沁是对的——但是只对了一半。边沁正确地认识到我们喜欢快乐而讨厌痛苦，然而，他错在坚持认为它们是“我们至高无上的主人”。康德认为，理性可以是最高统治者，至少在某些时候如此。当理性掌管我们的意志时，我们就不会受欲望的驱动去追求快乐、避免痛苦。

我们的理性能力与自由能力密切相关，这些能力合起来让我们变得独特，并将我们与动物性存在区分开来。它们使我们不仅仅是欲望的存在。

什么是自由？

要弄明白康德的道德哲学，我们就需要理解他所说的自由是什么。我们经常将毫无阻碍地做我们想做之事视为自由，对此，康德并不同意。他有一个更加严格的、要求更为苛刻的自由观念。

康德的推理如下：当我们像动物一样追求快乐或避免痛苦时，我们并不是真正自由地行动，而是作为欲望和渴求的奴隶在行动。为什么呢？因为无论何时，只要我们是在追求欲望的满足，那么我们所做的任何事情，都是为了某种外在于我们的目的。我以这种方式来充饥，以那种方式来解渴。

假设我正在试着决定买哪一种口味的冰激凌：我是应该买巧克力的、香草的，还是咖啡太妃糖颗粒的呢？我可能认为自己是在运用选择的自由，但是，我真正在做的只是试着弄明白哪一种口味能最好地满足我的偏好——那些我事先并没有加以选择的偏好。康德并没有说满足我们的各种偏好是不对的，他的要点是：当我们这样做的时候，我们并不是在自由地行动，而是在根据一种外在给定的规定性行动。毕竟，我对咖啡太妃糖颗粒而不是对香草的偏好并不是我刻意去选择的——我就是有这个偏好。

若干年以前，雪碧有一句广告语：服从你的渴望。（Obey your thirst.）雪碧的这一广告（当然是无意地）包含了一种康德式的洞见。当我拿起一罐雪碧（或百事可乐、可口可乐）时，这个行动是出于服从而不是自由。我只是在服从我的口渴感。

人们经常争论本性和后天培育在行为养成中的作用，想喝雪碧

（或其他含糖饮料）的欲望是内含于基因之中的，还是因为受到广告的刺激呢？对康德来说，这一争论实际上偏离了重点。只要我的行为被生物性决定，或被社会性规范，那它就都不是真正的自由。根据康德的思想，自由地行动就是自律地行动，自律地行动就是根据我给自己所确立的法则行动——而不是听从于本性或社会传统的指令。

一种理解康德所说的“自律地行动”的途径，就是将意志自由与其对立面做比较。康德发明了一个词来表达这一对比——他律（heteronomy）。当我根据他律行动的时候，我就是在根据那外在于我而给定的规定性去行动。举个例子：当你丢下一颗台球时，它会落到地上。当它下落的时候，它并不是在自由地行动，其行动受到自然法则（在这种情况下就是地球引力）的支配。

假设我从帝国大厦上跌落（或被推下），当我冲向地面的时候，没有人会说我在自由地行动。我的行动与那颗台球一样，受制于地球引力这一法则。

现在再让我们假设，我落在了另一个人身上并且砸死了那个人，我不会对这一不幸死亡负有任何道德上的责任。就像那颗台球，如果它从高处跌落并砸到某个人的脑袋，它也不会对此负有道德责任。在这两种情况中，那正在下降的人或物体——我或者那颗台球——都不是在自由地行动，而是都受制于地球引力这一法则。由于这里没有意志自由，也就没有道德责任。

这就是意志自由和康德的道德观念之间的联系。自由地行动并不是为给定的目的选择最佳的方式，而是选择目的本身。这是一种人类可以做出，而台球（以及大多数动物）不能做出的选择。

人与物

假设现在是凌晨三点，你的大学室友问你为什么深夜不睡觉，而是思考与失控电车有关的道德困境。

“为了给伦理课写一篇好论文。”你回答道。

“可是为什么要写一篇好论文呢？”你的室友问道。

“为了获得一个好成绩。”

“可是为什么要在乎成绩呢？”

“为了在投资银行得到一份工作。”

“可是为什么要在投资银行得到一份工作呢？”

“为了某天成为一名对冲基金经理。”

“可是为什么要成为一名对冲基金经理呢？”

“为了赚很多的钱。”

“可是为什么要赚很多的钱呢？”

“为了能够经常吃龙虾，我喜欢吃龙虾。毕竟，我是一个有感知能力的生物。这就是我熬夜思考失控电车的原因！”

这就是康德所说的“他律规定”的一个事例——做某事是为了其他事情，做其他事情又是为了另一些事情，等等。当我们“他律”地行动时，我们就是为了某些外在于我们所给定的目的而行动的，我们是自己所追求的各种目的的工具，而非目的的设定者。

康德的意志自由观念与此截然对立。当我们自律地行动——根据我们给自己所立的法则行动——时，我们做某事是为了这件事本身，它自己就是目的。我们不再是外在于我们所给定的各种目的的工具。

"自律地行动"这一能力，赋予了人类特殊的尊严，它标示了人和物之间的区别。

对康德而言，尊重人的尊严就意味着将人当作目的本身来对待。这就是为什么功利主义为了总体福利而利用人是不对的。将那个大汉推落到轨道上以挡住电车，就是把他当成了工具，因此就没有把他当作目的本身而加以尊重。一个开明的功利主义者（如密尔），可能会出于对次生效益——从长远来看会降低功利，比如人们将不敢站在桥上了，等等——的考虑而拒绝去推那个人。然而，康德会坚持认为，这是一个错误的让人打消推人下桥的念头的理由，它仍然是将那个潜在的受害者当作成全他人幸福的一种工具、一个对象、一种手段。它让他活着，却并不是为了他自己的目的，而是为了让他人以后在过桥时不会再三犹豫。

这引发了一个关于"什么赋予一个行为道德价值"的问题，它将我们从康德的那种特殊的、要求苛刻的自由观，带到了同样要求苛刻的道德观。

何谓道德？寻求动机

根据康德的理论，一个行为的道德价值并不在于随之而来的结果，而在于完成这一行为的意图。重要的是动机，而且这种动机必须是特定种类的。重要的是，我们要因为一件事情是对的去做这件事，而不是由于某些隐晦不明的动机。

"好的意志之所以好，并不是因为它所达到的效果或成就。"康德写道。它本身就是好的，无论它是否盛行。“即使这种意志完全没有力量实现它的目的，即使它付出了最大努力却仍然一事无成……它也像一颗珠宝一样因其自身的缘故而熠熠发光，就像那些本身就拥有完整价值的事物一样。”[4]

对任何一个具有道德上的善的事物而言，“它应当遵守道德法则这一点是不够的——它还必须为了道德法则而被完成”。[5]赋予一个行为道德价值的动机，就是履行义务的动机，该动机在康德这里是指为了正当的理由而做正当之事。

在论及只有义务的动机才能赋予一个行为道德价值的时候，康德并不是在谈论我们拥有什么样的特殊义务，也不是在告诉我们最高道德原则所命令的是什么。他不过是在说明，当我们评价一个行为的道德价值时，我们要评价产生这一行为的动机，而不是它产生的后果。[6]

如果我们是出于某些动机（如自我利益）而不是义务去行动的，我们的行为就缺乏道德价值，康德坚持认为这是真实的，这一点不仅仅针对自我利益而言，也针对企图满足我们各种期望、欲求、偏好和渴望的行为而言。康德将这样的动机——他称之为“倾向的动机”——与义务的动机做了对比，并且认为，只有出于义务动机的行为才具有道德价值。

精明的店主和商业促进会

康德举出了很多事例以说明义务和倾向之间的区别。第一个事例与一个慎重的店主有关。一个毫无经验的顾客（例如一个孩子）走进一家杂货店买一袋面包，店主可以多要他的钱——向他索要比通常一袋面包的价格高的钱，而且这个孩子对此并不知情。可是这个店主意识到，如果有其他人发现他以这样的方式占这个孩子的便宜，这件事就会传播开来，从而影响他的生意。出于这个原因，他决定不多收这个孩子的钱，而是按通常的价格收费。因此，店主做了正确的事情，然而却是出于错误的理由。他诚实地与这个孩子做生意的唯一原因，是保护自己的名声。店主只是为了自我利益才诚实地行动的，他的行为缺乏道德价值。[7]

我们可以在纽约商业促进会的招募活动中发现一个与之极为相似的事例。为了招募新成员，商业促进会经常会在《纽约时报》上刊登整版广告，并以“诚实是最好的策略，也是最有利可图的策略”为标题。这则广告的内容毫无争议地表达了它的诉求的动机：

> 诚实，与任何其他财富一样重要。因为一桩以真实、开放和公平价值为基础的交易，不会做不好。正是为了这一目的，我们支持商业促进会。加入我们吧，你可从中获益。

康德不会谴责商业促进会，因为促进诚实的商业交易是值得称赞的。然而，在为了诚实而诚实与为了底线而诚实这两者之间有着重要的道德差别。前者是一种原则性的立场，而后者则是一种慎重的立场。康德认为，只有原则性的立场才与义务的动机一致，而义务的动机是唯一能够赋予一个行为道德价值的动机。

或者让我们来考虑这样一个例子：若干年以前，马里兰大学试图通过要求学生签署不作弊的保证书，以解决普遍存在的作弊问题。作为一种鼓励，那些签署保证书的学生得到了一张打折卡，他们凭这张卡在当地商店消费可以节省 10%~25% 的钱。[8] 没有人知道有多少学生是为了当地比萨店的折扣而承诺不作弊的。可是，我们大多数人会同意，收买诚实这一行为缺少道德价值。（这些折扣可能成功地降低了作弊的发生率，也可能没有，然而，这里的道德问题是，受到折扣或物质奖励的诱惑所推动的诚实是否具有道德价值。康德对这一疑问的答案必然是否定的。）

这些例子体现了康德的主张的合理性，他认为只有义务的动机——因为某事是正确的去做这件事，而不是因为它是有用的或便利的——才能给一个行为赋予道德价值。可是，另外有两个例子却体现了康德这一主张的复杂性。

活下去

正如康德所认为的，第一个例子涉及人们维持自己生命的义务。大多数人都有强烈的活下去的意向，因此这一义务很少起作用。我们用以维持生命的大多数预防措施，由此都缺乏道德含量。系上座位安全带和控制我们的胆固醇水平等，都是一些慎重的行为，而非道德的行为。

康德承认，我们常常很难知道，人们在行动的时候受到什么动机的驱使。他也认识到，义务的动机和倾向可能都存在。他的意思是：只有义务的动机——因为某事是正当的去做这件事，而不是因为它是有用的、令人愉快的或便利的去做——才能赋予一个行为道德价值。

他用自杀的例子阐明了这一点。

大多数人之所以活下去是因为他们热爱生命，而不是因为他们有义务这样做。康德提出了一个事例，其中义务的动机进入人们的视野。他假设了一个毫无希望的、悲惨可怜的人，他的心中充满绝望，以至于他没有任何继续生存的欲望。如果这样一个人出于义务而不是出于意向来振奋意志以维持生命，那么他的行为就具有道德价值。[9]

康德并不是认为只有悲惨的人才能履行维持自己生命的义务。我们很有可能热爱生命并仍然为了正确的理由——人们有义务这样做——而维持生命。假如一个人认识到那种维持自己生命的义务，并在心里出于这一理由而这样做了，那种想要继续生存的欲望就并没有破坏维持生命的道德价值。

有道德的厌恶人类者

可能对康德的观点而言，最难论证的例子就是如何看待帮助他人这一义务。有些人是利他主义的，他们同情他人并从帮助他人中获得乐趣。然而，对康德而言，出于同情而做好事，“无论它多么正当，也无论它多么友善”，都缺乏道德价值。这似乎是违反直觉的。难道成为那种从帮助他人中获得乐趣的人不好吗？康德会说好。他当然不会认为，出于同情而行动有什么错，但是他将这种帮助他人的动机——做好事给我带来快乐——与义务的动机区分开来，并且坚持认为，只有义务的动机才能赋予一个行为道德价值。利他主义者的同情“值得我们称赞和鼓励，但不值得尊敬”。[10]

那么，一件好事要想具有道德价值，需要具备什么呢？康德提出了一种情形：让我们想象一下，一个利他主义者遭受了一种不幸，使他对人类的爱不复存在。他变成了一位恨世者，缺乏所有的怜悯和同情。然而，这个硬心肠的人将自己从冷漠中扯了出来，并着手帮助他的同胞。由于没有任何帮助的倾向，他这样做“仅仅是为了义务”。那么，他的行为才第一次具有了道德价值。[11]

从很多方面来看，这都是一种古怪的评判。康德有意要把厌恶人类者界定为道德榜样吗？不，一点儿也不是。从做好事中获得乐趣，并不一定破坏其道德价值。康德告诉我们，重要的是，人们之所以做某件好事是因为它是正当之事，无论这样做是否给他们带来快乐。

英语拼词大赛的英雄

让我们思考一件发生于若干年前的事情：在华盛顿举行的“全国拼词大赛”上，一个13岁的男孩被要求拼写“echolalia”，意指一个人重复任何他所听所闻的倾向。他拼错了这个单词，可是考官也听错了，所以告诉他拼对了，并允许他晋级。当男孩得知自己拼错了之后，他走到考官面前告诉了他们。后来他被淘汰了。第二天，报纸头条称赞这个诚实的年轻人是“拼词大赛的英雄”，他的照片也出现在《纽约时报》上。“考官们说我非常正直。”男孩告诉记者说，并接着说他的部分动机是“我不想感觉自己像是一个讨厌的人”。[12]

当我读到拼词大赛英雄的这段话时，我很好奇康德会怎样想。不想感觉自己像是一个讨厌的人，这当然是一种倾向。因此，如果这是他说实话的动机，那么，这就似乎破坏了他这一行为的道德价值。可是这似乎太苛刻了。这可能意味着，只有没有感觉的人才能做出具有道德价值的行为。我认为这并不是康德的本意。

如果这个男孩说实话的唯一理由是避免感到罪恶，或避免他的错误被发现而导致坏名声，那么他说实话这一行为就缺乏道德价值。然而，如果他说实话的原因是他知道这是正当之事，那么他的行为就具有道德价值，不考虑可能与之相随的快乐或满足。只要他是出于正当的理由做了正当的事情，那么对这件事情的良好感觉就不会抵消它的道德价值。

康德所说的利他主义者也是如此。如果利他主义者帮助他人，仅仅是为了这样做能给他带来快乐，那么他的行为就缺乏道德价值。然而，如果他认识到一种帮助人类同胞的义务，并且出于这种义务而行动，那么他从这种行为中获得的快乐在道德上就不能说是不合格的。

当然，在实际中，义务和倾向经常同时存在。我们经常很难弄明白自己的动机，更不用说确切地知道他人的动机。康德并不否认这一点，也并不是认为只有硬心肠的厌恶人类者才能做出具有道德价值的行为。他那个厌恶人类者的例子的要点在于，要将义务的动机孤立看待——要确保它不被怜悯和同情遮蔽。一旦我们看到了义务的动机，我们就能甄别良善行为的特征，这些特征，即它们的原则，而不是它们的结果，赋予这些行为道德价值。

道德的最高原则是什么？

如果道德意味着出于义务而行动，我们仍然要说明义务由何构成。对康德而言，要弄明白这一点，也就是要弄明白道德的最高原则。道德的最高原则是什么呢？康德写作《道德形而上学基础》的目的就是回答这一问题。

我们可以通过弄明白康德是如何将道德、自由和理性这三个重要的概念联系在一起的，来接近他的答案。他通过一系列的对比和二元论来解释这些概念。它们涉及一些晦涩难懂的术语，不过如果你注意到这些截然不同的术语中的相似之处，那么你就能很好地理解康德的道德哲学了。以下是一些需要记住的对比：

对比 1（道德）：义务 vs 倾向

对比 2（自由）：自律 vs 他律

对比 3（理性）：绝对命令 vs 假言命令

我们已经探明了这些对比中的第一种，即义务和倾向之间的对比——只有义务的动机才能赋予一个行为道德价值。现在来看看我能否解释其他两个。

第二种对比描述了两种不同的、可以决定我们的意志的方式：自律和他律。根据康德的思想，只有当我的意志是被自律决定、受我自己给定的法则支配的时候，我才是自由的。再者，我们经常将自由看作能够做任何自己想做的事情，能够不受阻碍地追求我们的欲望。然而，康德向这种思考自由的方式提出了一种强有力的挑战：如果你没有首先自由地选择这些欲望，那么，你在追求它们的时候，又怎么能够认为自己是自由的呢？康德在自律和他律这一对比中，表述了这一挑战。

当我的意志被他律决定时，它是被外在地、从我之外地决定的。这就引发了一个棘手的问题：如果自由意味着不只是服从我的欲望和倾向，这怎么可能呢？我所做的每一件事情，不都是受那些欲望或倾向（它们由外在影响决定）推动的吗？

对此问题的答案并不是那么显而易见。康德论述道："自然中的任何事情都符合法则。"比如自然中的必然性法则、物理规律及因果规律。[13] 这也包括我们自身。我们毕竟是自然的存在，人类并不豁免于自然定律。

然而，如果我们能够掌控自由，我们就必须能够根据某些其他种类的法则（并非物理规律）行动。康德认为，所有的行为都是由各种规律支配的。如果我们的行为仅仅受物理规律的支配，那么我们与那颗台球就没有什么区别。因此，如果我们能够掌控自由，我们就必须能够不根据那给予我们或强加给我们的法则行动，而是根据我们给自己定的法则行动。可是，这种法则又从何而来呢？

康德对此的回答是：由理性而来。我们不仅是受感官所产生的快乐与痛苦支配的感性存在，同时也是理性的存在，具有理性思考的能力。如果理性决定我的意志，那么这种意志就会成为一种不受自然或倾向支配而进行选择的力量。（我们要注意到，康德并不是在断言，理性总是支配我的意志，他只是在说，当我能够自由地行动——根据我给自己定的法则行动——时，这肯定就是那种"理性能够支配我的意志"的情况。）

当然，康德并不是第一位认为人类具有理性的哲学家。然而，他的理性观念，就像他的自由观、道德观一样，都是极其苛刻的。对经验主义哲学家（包括功利主义者）来说，理性完全是工具性的。它使我们能够甄别追求各种特定目的的手段——这些目的不是理性本身规定的。托马斯·霍布斯将理性称为“对欲望的寻求”，大卫·休谟将理性称为“激情的奴隶”。

功利主义者认为人类具有理性能力，但仅仅是工具理性能力。对功利主义者而言，理性的工作并不在于决定什么样的目的是值得追求的，而在于弄明白，怎样通过满足那些我们恰好具有的各种欲望，来使功利最大化。

康德反对理性的这种附属性角色。对他而言，理性并不仅仅是激情的奴隶。康德说，如果这就是理性，那么我们最好还是只保留本能。[14]

康德的理性观念（与道德有关的实践理性）并不是工具性的理性，而是“纯粹实践理性，它忽视所有的经验目的而设定了一种先验性”。[15]

绝对命令 vs 假言命令

可是，理性如何做到这一点呢？康德区分了两种理性能够命令意志的方式，也就是两种不同的命令。可能是人们最熟悉的那种命令就是假言命令。假言命令运用的是工具理性：你如果想要 X，那么就做 Y。你如果想拥有良好的商业声誉，那么就要诚实地对待你的顾客。

康德将假言命令（总是有条件的命令）与那种无条件的命令

（绝对命令）做了对比。“如果一个行为只是在作为一种达到其他目的的手段时才是好的，”康德写道，“这一命令就是假言命令。如果这个行为本身就代表着善，并因此对意志——这种意志自身符合理性——来说非常必要，这一命令就是绝对命令。”[16]“绝对”看起来像晦涩难懂的术语，但它并不是那么远离自身的日常意义。康德的“绝对”是指“无条件”。举个例子，当一名政治家对自己所谓的丑闻发表绝对的否认的时候，这一否认就不仅仅是强调性的，还是无条件的——不存在任何漏洞和例外。同样地，绝对义务或绝对权利，就是无视各种环境而普遍适用的义务或权利。

对康德而言，绝对命令就是绝对地——不涉及或依赖于任何进一步的目的——发出命令。“它与这个行为的内容及其预期目的无关，而与这个行为的形式及产生这一行为的原则有关。这一行为中的本质性的善在于意图，而无论结果如何。”康德论证道，只有绝对命令才有资格作为一种道德命令。[17]

这三种并列的对比之间的关联，逐渐浮出水面。要想获得自律意义上的自由，我就要不是出于一个假言命令去行动，而是出于绝对命令去行动。

这就引出了一个重大问题：什么是绝对命令呢？它又命令我们什么呢？康德认为我们可以通过这样一个观念——绝对的、不带任何进一步的动机而自主命令的一个实践法则[18]——来回答这些问题。我们可以依据那种使我们作为理性存在联合起来的法则的观念，而不管具体目的来回答这个问题。那么，它又是什么呢？

康德提出了若干版本或形式的绝对命令，他认为这些都是绝对命令。

绝对命令 1：使你的准则普遍化

康德将第一种形式称为普遍法的准则：“只按照你同时认为也能成为普遍规律的准则去行动。”[19] 康德所说的“准则”是指一种给予你的行动以理由的规则或原则。他实际上是在说，我们应当仅仅依据那些我们可以使之毫无矛盾地普遍化的原则而行动。为了弄明白康德的这种不可否认的抽象考察是什么意思，让我们来考虑一个具体的道德问题：做出一个你知道自己不会遵守的承诺是对的吗？

假设我现在急需钱，想找你借一笔。我非常清楚地知道自己在近期内无法偿还，那么，我通过说自己将很快偿还这笔钱，做出一个虚假的承诺（一个我知道我无法遵守的承诺）来得到这笔借款，这在道德上是否被允许呢？一个虚假的承诺与绝对命令是否一致呢？康德说不，显然不一致。我看清这一虚假承诺与绝对命令不一致的途径是：试着将我即将赖以行动的准则普遍化。[20]

在这一情形中，准则是什么呢？好像是这样的东西：“无论何时，当一个人急需钱的时候，他应当借款并承诺还款，即使他知道自己并不能还。”康德说，如果你将这一准则普遍化并与此同时根据它行动，你就会发现一种矛盾：如果每个人在需要钱的时候都做出虚假的承诺，就没有人会相信这样的承诺。实际上，将会没有“承诺”这种东西。将这种虚假的承诺普遍化会破坏“遵守诺言”的这一习俗。届时你试图通过承诺而获得一笔钱的尝试将是徒劳的、非理性的。这表明，做出虚假的承诺在道德上是错误的，与绝对命令不一致。

有些人会发现康德这种形式的绝对命令并不具有说服力。这种普遍法的准则与成年人在谴责那些插队、不合时宜地说话的孩子时所用的道德陈词滥调有着某种相似之处："如果每个人都这样做呢？"如果每个人都说谎，就没有人会相信其他人的话，我们也都将变得更加糟糕。如果这是康德的意思，他最终就是在做一种结果主义的论证——并不是在原则上反对虚假的承诺，而是因为其可能具有的有害效果或后果而反对它。

约翰·斯图尔特·密尔等思想家对康德提出了这一批评。然而，密尔误解了康德的意思。对康德而言，弄明白我能否将自己的行为准则普遍化并继续依据它行动，并不是一种推测可能性结果的方式。它是一种考察，以弄明白我的准则与绝对命令是否一致。一个虚假的承诺在道德上之所以是错误的，并不是因为它明显会破坏社会诚信（尽管它会这样）。它之所以错误，是因为在做出这样一个虚假承诺时，我将自己的需要和欲望（在这种情况下，就是对金钱的欲望）置于他人的需要和欲望之上。这种普遍化的考察表明了一种强有力的道德主张：这是一种检验的方式，它力求弄明白我即将做出的行为是否将我的利益和特殊情况置于他人的之上。

绝对命令 2：将人看作目的

绝对命令的道德力量更为清楚地体现于康德的第二个绝对命令的准则——将人看作目的——当中。康德这样提出他的第二种绝对命令：我们不能将道德法则建立在任何特殊的利益、意图或目的的基础之上，因为那样的话，它就将仅仅与那些目的的拥有者相关。“然而，如果我们假设它们是一些其存在本身就具有绝对价值的东西”，作为目的本身，“那么在其中——仅仅在其中，就会有一个可能的绝对命令的基础”。[21]

什么作为目的本身会有一种绝对的价值呢？康德的答案是：人性。“我认为，每一个人（一般来说就是每一个理性存在）都是作为目的本身而存在的，而不仅仅是各种意志所任意使用的手段。”[22] 康德提醒我们，这是人和物之间根本性的区别。人是理性的存在，他们不仅具有一种相对价值，而且具有一种绝对的价值、一种本质性的价值。也就是说，理性存在拥有尊严。

这种论证路线引导康德到达了第二种形式的绝对命令：“应当这样做，不要总是将人——无论是你自己还是任何其他人——仅仅看作一种手段来对待，而要总是同时把他们看作一种目的来对待。”[23] 这就是将人作为目的的准则。

让我们再次考虑一下那个虚假的承诺。绝对命令的第二种形式有助于我们从一个稍稍不同的角度看明白，它为什么是错的。当我承诺说我会把钱还给你，又知道自己做不到的时候，我就是在利用你。我将你作为我经济上的偿还能力来利用，并不是将你看作一个值得尊重的目的来对待。

现在让我们来考虑一下自杀的情形。我们注意到，有意思的是，谋杀和自杀都是与绝对命令相抵触的，而且是出于同样的原因。从道德上来看，我们经常将谋杀和自杀看作完全不同的行为。将他人杀死是违背他的意志而剥夺了他的生命，而自杀是自杀者自己的选择。然而康德的“将人看作目的”这一观念，将谋杀与自杀放在了同等地位上。如果我实施了谋杀行为，我就是为了自己的某些利益——如抢劫银行、巩固自己的政治权力、发泄我的愤怒之情——而夺走了某个人的生命。我将这个受害者当作一种手段加以利用，而没有将他的人性当作目的而加以尊重。这就是为什么谋杀违背了绝对命令。

对康德而言，自杀以同样的方式违背了绝对命令。如果我为了逃避一种痛苦的情形结束自己的生命，我就是将自己作为一种解脱痛苦的手段。然而康德提醒我们，一个人并不是一个东西，“不是被仅仅当作手段而加以利用的东西”。我没有权利舍弃自己内在的人性，就像我没有权利舍弃他人内在的人性一样。对康德来说，自杀与谋杀错误的原因是一样的。两者都是将人看作物而加以对待，都没有将人性作为目的本身而加以尊重。[24]

自杀的例子凸显了康德所说的“尊重我们人类同胞之义务”的显著特征。对康德而言，自尊和尊重他人源自同一个原则。我们对理性存在的人，对人性的载体，负有尊重的义务。它与这个人实际上是谁并无关系。

尊重和其他形式的人类情感有不同之处。爱、同情、团结及同胞情感都是道德情感，它们让我们和一些人比和另外一些人更近。可是，我们必须尊重人的尊严的原因与任何关于它们的特殊事物无关。康德式的尊敬不同于爱，不同于同情，也不同于团结或同胞情感，这些关心他人的原因与他们具体是谁有关。我们爱自己的配偶及家庭成员，我们同情那些我们能够认出的人，我们与朋友和同志在一起能感觉到团结。

然而康德式的尊敬是尊敬这样一种人性，一种存在于我们所有人当中的、毫无差别的理性能力。这就解释了为什么在我的情形中侵犯它与在他人的情形中侵犯它是同样值得反驳的，也解释了为什么康德的尊敬原则适合普遍人权的学说。对康德而言，正义要求我们支持所有人的人权，无论他们生活在哪里，以及我们与他们有多熟悉。仅仅因为他们是人类，具有理性能力，他们就值得尊重。

道德与自由

现在我们可以弄明白康德所说的那种道德和自由之间的联系了。有道德地行动意味着出于义务——为了道德法则——而行动。道德法则由一个绝对命令构成，即一个要求我们尊敬地将他人当作目的本身而加以对待的原则。只有当我的行为与这个绝对命令一致的时候，我才是自由地行动。因为，无论什么时候我依据一个假言命令行动，我都是为了某些在我之外给定的利益或目的。可是在这种情况下，我并没有真正的自由——我的意志不是由我自己决定的，而是由外在力量，即我的环境需要或我恰好拥有的各种期望和欲求决定的。

我只有自律地行动——根据我为自己而立的法则行动——才能脱离本性和环境的命令。这样一种法则必须不受到我的特殊期望和欲求的制约。因此，康德的要求苛刻的自由观念和道德观念是相互关联的。自由地行动——自律——与有道德地行动、遵从绝对命令而行动，是一回事。

这种思考道德和自由的方式，促使康德对功利主义进行了毁灭性的批评。那种将道德建立在某些特殊的利益或欲望（如幸福或功利）之上的努力，注定是要失败的。“因为它们所发现的从来都不是义务，只是出于某一特定利益而行动的必要性。”然而，任何基于利益的原则都“注定是一个有条件的原则，而不可能作为一个道德法则”。[25]

对康德的疑问

康德的道德哲学是强有力的、令人信服的。然而，人们却很难掌握它，尤其是在最开始的时候。如果你能一直跟上我的阐述，那么你可能会有若干疑问。以下就是四个特别重要的疑问。

> 疑问 1：康德的绝对命令要求我们尊敬地对待每一个人，把他们当作目的本身而加以对待。这与黄金法则（你们愿意人怎样待你们，你们也要怎样待人①）是不是非常相似呢？

回答：不。黄金法则依赖于这样一个偶然性的事实，即人们愿意怎样被对待。绝对命令要求我们将这些偶然性抽象化，并将人们当作理性存在而加以尊重，无论他们在某一特殊的情境中可能想要什么。

假设你得知，你的兄弟死于一场车祸，而你住在养老院里的年迈体弱的母亲又向你询问他的近况，你在告诉她事实和不让她承受这一事实所带来的震惊和痛苦之间无从选择。何谓正当之事呢？黄金法则

---

① 有些译者为了更加贴合国内的文化背景，会将黄金法则译为“己所不欲，勿施于人”。这里译者采用中文和合本《圣经》译文。——译者注

会询问："在类似的情形中，你愿意被怎样对待呢？"答案当然因人而异。有些人可能希望在自己脆弱的时候，被隐瞒残酷的事实，而有些人则想知道真相，无论有多痛苦。你可能会很容易推断，如果你自己置身于你母亲的情境之中，你宁愿人们不告诉你事实。

然而，对康德而言，这就是一个错误的问题。重要的不是你（或你的母亲）在这些情形中会有什么感觉，而是将人当作值得尊敬的理性存在加以对待意味着什么。在这一情形中，同情可能与康德式的尊敬分道扬镳。从绝对命令的进路来看，出于关心母亲的感受而对她撒谎，就可以说是将她当作满足她自己的一种手段，却没有把她当作一个理性存在而加以尊重。

疑问2：康德似乎在暗示，对义务的回应与自律地行动是一回事。可是这怎么可能呢？依据义务行动就意味着不得不遵守一项法则。可是，服从于一项法则怎么可能与自由一致呢？

回答：义务与自律仅在一种特殊情况中才匹配：当我是我有义务去服从的法则的设定者的时候。我作为一个自由人的尊严，并不在于我是道德法则的主体，而在于我是"这一法则的设定者……并仅仅在此基础上服从它"。当我们遵守绝对命令时，我们是在遵守一项自己所选择的法则。"人类的尊严正是在于其设定普遍法则的能力，尽管条件是他也要遵守自己所设定的法则。"[26]

疑问3：如果自律意味着根据我自己设定的法则行动，那么，什么能保证每个人都会选择同样的道德法则呢？如果绝对命令是我的意志的产物，那很可能不同的人会产生不同的绝对命令啊。康德似乎认为，我们都会认同一样的道德法则，可是，他怎么能够确定，不同的人不会经由不同的推理形成各种各样的道德法则呢？

回答：当我们在选择道德法则时，我们并非作为特殊的个人，比如你、我进行选择，而是作为理性的存在，作为康德所说的“纯粹实践理性”的参与者进行选择的。因此，那种认为道德法则取决于作为个体的我们的观念是错误的。当然，如果我们从自己特殊的利益、欲望和目的进行推理，那么我们可能会被引导至众多的原则。然而，这些不是道德原则，只是一些慎重的原则。当我们运用纯粹实践理性时，我们便抽象化于自己的各种特殊利益之外。这就意味着，每个运用纯粹实践理性的人都会得出同样的结论——都会达到一个单一的（普遍的）绝对命令。“因此，一个自由的意志与一个遵从道德法则的意志，是同一回事。”[27]

疑问4：康德认为，如果道德不仅仅是一种慎重的算计，那么它就必须采取一种绝对命令的形式。可是我们如何能够得知，道德独立于权力和利益的作用而存在呢？我们能否确定，我们拥有那种带着意志自由而自律地行动的能力呢？如果科学家们（比如通过脑成像或认知神经科学）发现我们根本就没有意志自由呢？这是不是否定了康德的道德哲学呢？

回答：意志的自由并不是科学所能证明或否定的东西，道德同样不是。人类确实居住于自然王国，我们所做的任何事情都能从一种物理的或生物的进路来描述。当我举手投上一票时，我的行为可以通过肌肉、神经元、神经元的突触及细胞来得到解释，然而，它也可以通过思想和信念来得到解释。康德说，我们不得不从这两个方面来理解自身——物理的和生物的经验王国，以及一种自由人类主体的"理智"王国。

为了更加充分地解答这一问题，我需要多说一些与这两种立场有关的内容。它们是我们看待人类主体，以及那些支配我们行为的法则的两种进路。以下便是康德对这两种立场的叙述：

> 一个理性的存在……有两种立场，从中他可以关注自己，也可以知道那些支配他的所有行为的法则。他可以认为自己首先服从于自然法则（他律），只要他属于这个感性世界；其次服从于这样的法则，只要他属于理智世界：该法则独立于自然，它并非经验性的，只以理性为基础。[28]

这两种视角的对立关系将我们已经讨论过的三种对比串联起来：

对比 1（道德）：义务 vs 倾向

对比 2（自由）：自律 vs 他律

对比 3（理性）：绝对命令 vs 假言命令

对比 4（立场）：理智王国 vs 感性王国

作为一个自然的存在，我属于感知世界，我的行为由自然法则和因果规律决定，这是物理学、生物学及神经科学所能描述的人类行为的一个方面。作为一个理性存在，我居住在理智王国。在这里，由于独立于自然法则，我能够自律，能够根据我给自己设定的法则行动。

康德坚决主张，只有从第二种（理智的）进路，我才能把自己看作自由的，“因为独立于感知世界各种原因的支配（这也是理性必须总是归功于它自己的东西），就是自由”。[29]

如果我仅仅是一个经验性的存在，我就不能自由——每一次意志的运用，都要受到某些利益或欲望的制约。所有的选择都将是他律性的选择，受制于对某种目的的追求。我的意志可能永远都不会成为第一原因，而仅仅是某种先在的原因的结果，是各种冲动或倾向的工具。

只要我们将自己看作自由的，我们就不能将自己只看作经验性的存在。“当我们认为自己自由的时候，我们就是将自己转化为理智世界的成员，并且认识到意志的自律及其结果——道德。”[30]

因此，我们又回到这个问题：怎么可能存在绝对命令？仅仅是因为“自由的观念使我成为理智世界的一员”。[31]我们能够自由地行动，能够为自己的行为肩负道德责任，以及能够主张他人在道德上对自己的行为负责这种观念，要求我们从主体的进路，而不仅仅是从客体的进路来看待自身。如果你真的抵触这一观念，并主张人类自由和道德责任完全是幻觉，康德的论证并不能证明你是错的。然而，如果没有某些自由和道德观念，我们就很难（如果并非不可能）理解我们自身以及弄明白我们生活的意义所在。康德认为，任何这样的观念都将我们置于两种立场之中——主体的立场和客体的立场。一旦你明白了这种情形的力量，你就会明白，为什么科学永远都不能证明或否定自由的可能性。

要记住，康德承认我们不仅仅是理性的存在，我们不仅仅居住于理智世界。如果我们仅仅是理性存在，不受自然法则和自然需要的制约，那么我们所有的行为“都将始终与自律的意志一致”。[32] 由于我们同时栖居于两种立场——必然的王国和自由的王国，所以在我们所做的与我们应当做的之间，在事物所表现的形式与它们应当表现的形式之间，总是存在一道鸿沟。

另一种表述这一要点的方式，就是认为道德不是经验性的，它总是与这个世界保持着一定的距离。它对这个世界进行评判。科学尽其所能与洞见都不能触及道德问题，因为它是在感知领域起作用的。

“要论证自由并不存在，”康德写道，“对最深奥的哲学及最普通的人类理性来说，都是不可能的。”[33] 康德很可能还会补充说，对认知神经科学来说，无论它怎样先进发达，要做到这一点也是不可能的。科学能够研究自然，能够考察经验世界，可是它不能回答各种道德问题或推翻意志自由。这是因为，道德和自由并不是经验性的概念。我们不能证明它们存在，但如果没有它们，我们也不能弄明白我们的道德生活之意义所在。

性、谎言与政治

探索康德道德哲学的途径之一，就是弄明白他是如何将它应用于一些具体问题的。我想思考康德道德哲学的三种应用——性、谎言与政治。哲学家们在怎样将自己的理论应用于实际这一方面并不总是最高权威。然而，康德所举的实例就其本身而言是非常有趣的，并能体现他的整个哲学体系。

康德反对随意性行为的理由

康德对性道德的观点是传统而保守的。除了夫妻之间的性行为，他反对任何一种可以想象的性行为。“康德关于性的观点是否源自他的道德哲学”这一问题，并没有这些观点所反映的那种潜在性的观念重要，这个潜在性的观念就是：我们并不拥有自身，也不任由自己随意支配。他基于这样的理由反对随意性行为：随意性行为——他意指婚外性行为——无论双方是否同意，对双方来说都是贬低性的、对象化的。他认为，随意性行为是值得反对的，因为它完全是性欲的满足，而没有尊重伴侣的人性。

> 一个男人对一个女人所具有的欲望，并非因为她是一个人，而是因为她是一个女人。他对她作为一个人并不关心，只有她的性才是他产生欲求的对象。[34]

即使当随意性行为涉及双方的相互满足时，“他们当中的一方也玷污了另一方。他们将人作为满足他们的性欲和倾向的工具”。[35]（康德认为婚姻使性行为超越了生理的满足并将它与人的尊严相联系，从而升华了性行为。至于原因，我们稍后将讨论。）

在转而讨论卖淫是道德的还是不道德的这一问题时，康德质问道，在什么条件下，对我们性能力的使用与道德相符。他的回答（在此处与在别的情境中的回答一样）是：我们不应当将他人或我们自己仅仅当作对象。我们并不能任由自己随意支配。与自由至上主义的自我所有权观念截然相反，康德坚持认为，我们并不拥有自身。“我们要将人当作目的而不仅仅是手段加以对待”的这一道德要求，限制了我们对待自己的身体和我们自己的方式。“人不能随意支配自己，因为他不是物，他并不是自己的财产。”[36]

在当代关于性道德的各种争论中，那些援引意志自由权利的人认为，个人应当能够自由地选择如何利用自己的身体。然而这并不是康德所说的意志自由的意思。似乎矛盾的是，康德的意志自由观念给我们对待自己的方式增加了某些特定的限制。例如，让我们来回忆一下：意志自由就意味着我受制于我给自己设定的法则——绝对命令，它要求我郑重地将每一个人（包括我自己）都当作一个目的，而不仅仅是手段来对待。因此，对康德而言，按照意志自由行动要求我们郑重地对待自己，而不是使我们自己对象化。我们不能以我们喜欢的任何方式来对待自己的身体。

肾交易市场在康德那个时代并没有盛行，但富人确实可以从穷人那里购买牙齿以进行移植。[《牙齿移植》是 18 世纪英国漫画家托马斯·罗兰逊（Thomas Rowlandson）所画的一幅漫画，它展示了某牙科诊所内的一个场景：一名外科医生正从一个扫烟囱的工人的嘴里拔牙，而一些阔太太则在一旁等候移植。] 康德认为这种行为是对人类尊严的侵犯。一个人“没有资格出售自己的四肢，甚至没有资格出售自己的一颗牙齿”。[37] 这样做就是将自己看作一个对象、一种手段，看作谋取利益的工具。

康德基于同样的理由反对卖淫。“为了利益而允许被他人用来满足性欲，将自己作为一种需求的对象，就是……将自己当作一个物体，以使得另一个人可以用它来满足其肉体欲望，就像他用牛排来充饥一样。”人类“没有权利为了利益而使自己成为供他人满足其性欲的物体”。这样做，就是将一个人仅仅当作物体，一个可供使用的对象。“这里潜在性的道德原则是：人并不是他自己的财产，也不能如其所愿地对待自己的身体。”[38]

康德对卖淫和随意性行为的反对，体现了他所认为的意志自由——一个理性存在的意志自由——与个体出于同意的行为之间的对比。我们通过运用意志达到的道德法则，要求我们永远不能将（我们自己的及他人的）人性仅仅当作手段，而是要当作目的本身来对待。尽管这一道德要求基于意志自由，它却排除了达成同意的成人之间的某些行为，即那些与人类尊严和自尊不一致的行为。

康德总结道，只有婚内性行为才能避免“贬低人性”。只有当两个人将自己完全交给对方，而不是仅仅将自己性能力的使用交给对方时，性行为才不是对象化的。只有当伴侣双方互相分享他们“无论好坏以及个体、身体和灵魂的各方面”时，他们的性行为才能导致“一种人与人的联合”。[39]康德并没有说，每一场婚姻在实际上都产生了这种联合。他也有可能错误地认为，婚外就永远不会发生这种联合，或婚外性关系除了性满足就没有任何其他东西。然而，他关于性的观点却体现了当代争论中经常使人们感到困惑的两种观点之间的不同之处——不受约束的同意的伦理和尊重意志自由及人的尊严的伦理。

对杀人犯撒谎错了吗？

康德坚决反对撒谎。在《道德形而上学基础》一书中，撒谎被看作不道德性为的一个主要例子。然而，让我们假设一下，一个朋友正躲在你家里，一个杀人犯来到你家门口找他。此时对杀人犯撒谎难道不对吗？康德说不对。说真话的义务保持不变，无论结果如何。

邦雅曼·贡斯当是一位与康德同时代的法国哲学家，他对这种毫不妥协的立场提出异议。贡斯当认为，说真话的义务仅仅适用于那些应该得知真相的人，而这个杀人犯肯定不应该得知真相。康德回应道，对这个杀人犯撒谎是错误的，并不是因为这伤害了他，而是因为这违背了正当性的原则："不能避免表达的真实性，这是每个人的正式义务，无论这会对他或任何他人产生怎样的不利。"[40]

不可否认的是，帮助一个杀人犯去实现他的邪恶行为，确实是一种非常严重的"不利"。然而，请记住，对康德来说，道德并不是关于结果的，而是关于原则的。你不能控制自己的行为（在这一情形下即为说实话）的结果，因为结果是与偶然性绑定在一起的。你可能不会知道，由于害怕这个杀人犯过来，你的朋友已经从后门溜出去了。康德论述道，你必须说真话的原因并不在于这个杀人犯有权利得知真相，或者谎言会伤害他，而在于一个谎言（任何谎言）"损害了正当性的真正来源……因此，在所有的陈述中都要真实（诚实），是理性的一种神圣的、无条件的命令法则，它不允许有任何权宜之计"。[41]

这似乎是一个奇怪而极端的立场。我们当然没有道德义务来告诉一个纳粹党突击队员说，安妮·弗兰克及其家人正藏在阁楼上。似乎康德坚持对门口的杀人犯说实话的这种要求，要么是错误地应用了绝对命令，要么就证明了绝对命令很愚蠢。

尽管康德的主张看起来似乎不合情理，可我还是想为它稍做辩护。尽管我的辩护与康德所提供的辩护不太一样，但它却本着康德哲学的精神气质，并且，我希望它能够凸显康德的哲学。

想象一下你处于这样一个困境之中：一个朋友躲在衣橱里，而杀人犯就在门口。你当然不想帮助杀人犯实现他的邪恶计划——这是一个假设。你不想说任何话语来引导杀人犯找到你的朋友，可是问题在于，你会说什么呢？你有两个选择。你可以直接撒个谎："不，她不在这里。"或者你可以做出一个真实却具有误导性的陈述："一个小时之前，我在路那头的杂货店里见过她。"

从康德的进路来说，第二种策略在道德上是被允许的，而第一种则不是。你可能认为这有点儿吹毛求疵。从道德上来说，一个策略性的、真实而具有误导性的表达与一个直率的谎言之间，到底有什么区别呢？在这两种情形中，你都希望误导杀人犯，使他相信，你的朋友并没有藏在房子里。

康德相信这里有一个至关重要的区别。让我们来考虑一下"善意的谎言"，即那些我们有时候出于礼貌、避免伤害感情而说的一些无伤大雅的假话。假设一个朋友送给你一件礼物，你打开盒子，看见了一条极其难看的、你一辈子都不会系的领带。你会说什么呢？你可能会说："真漂亮！"这就是一个善意的谎言。或者你会说："你真是太客气了！”或者“我从来没见过这样的领带！谢谢你！”这些话就像善良的谎言，会给你的朋友这样一种错觉，即你喜欢这条领带。可是它们都不是真实的。

康德可能会反对善意的谎言，因为这就基于结果主义的理由使得道德法则有了例外。体谅他人的感情是一种值得称赞的目的，可是我们必须以一种与绝对命令相符的方式来追求这一目的，这就要求我们愿意将自己赖以行动的原则普遍化。如果我们每次都认为自己的目的具有足够的说服力，因此能够破例，那么道德法则的绝对性特征就被破坏了。与之相反，真实而具有误导性的表达，并没有以同样的方式威胁到绝对命令。事实上，康德自己在面临一个困境时，就利用过这一区别。

康德愿意为比尔·克林顿辩护吗?

在与贡斯当展开争论的前几年，康德发现自己与国王弗里德里希·威廉二世之间有些麻烦。国王及其检察官认为康德关于宗教的著作贬低了基督教，并要求他答应不再就此话题发表任何意见。康德以一段措辞谨慎的陈述做了回应：“作为陛下忠实的臣民，我将彻底停止所有与宗教有关的公共演讲和论文写作。”[42]

当康德做出这一陈述时，他知道这位国王不会活太久了。在国王驾崩几年之后，康德认为自己从这一承诺中解脱了，因为该承诺仅仅对“作为陛下忠实的臣民”的他有所束缚。康德后来解释道，他在挑选这些措辞时“非常仔细，以至于我不会被永远地剥夺权利……而仅仅是在陛下活着的时候”。[43]借助于这一聪明的措辞，普鲁士的这位道德典范成功地误导了检察官，同时又没有对他们撒谎。

有些吹毛求疵？可能是的。不过，在一个赤裸裸的谎言与一个精明的伎俩之间，确实有着非常重要的差别。让我们想想美国前总统比尔·克林顿。在近些年来人们的印象当中，没有哪个美国公众人物能够比他更加谨慎地措辞或巧妙地为自己辩护。在他第一次总统竞选期间，当被问及他是否使用过软性毒品时，他回答道：他从来没有违犯过他们那个地区或州的反毒品法。后来，他承认在英国牛津大学上学时，他尝试吸过大麻。

他最令人印象深刻的否认，来自他对相关媒体说他在白宫里与22岁的实习生莫妮卡·莱温斯基发生性关系的回应："我想对美国人民说一件事，我希望你们听我说……我与那个女人——莱温斯基小姐，并没有发生性关系。"

后来人们发现，克林顿确实与莫妮卡·莱温斯基有过性关系，并且这一丑闻引起了一次弹劾诉讼。在弹劾听证会上，共和党国会议员鲍勃·英格利斯与克林顿的律师格雷戈里·克雷格就总统关于"性关系"的否认是不是一个谎言进行了争论。

英格利斯： 那么，克雷格先生，当他说"我从来没有与那个女人发生过性关系"时，他是否对美国人民撒谎了？他是否撒谎了？

克雷格： 他确实误导并且欺骗了……

英格利斯： 稍等一下，他是否撒谎了？

克雷格： 对美国人民来说，他误导了他们，并且当时没有告诉他们真相。

英格利斯：好吧，看来你并不准备回答，而且总统本人坚持认为……我们不应该允许任何法律性的、技术性的东西遮蔽这一简单的道德事实。当他说“我从来没有与那个女人发生过性关系”时，他是否对美国人民撒谎了？

克雷格：他并不认为自己撒谎了，并且由于那种方式——让我来解释这一点……解释一下，议员先生。

英格利斯：他认为自己没有撒谎？

克雷格：是的，他并不认为自己撒谎了。因为他所说的“性关系”的概念是字典上给出的定义。实际上，你可能不同意这一点，可是在他自己的观念中，他对性关系的定义并不是……

英格利斯：好吧，我明白这个论证了。

克雷格：好的。

英格利斯：这真是一件不可思议的事情：你现在坐在我们面前，并收回他所有的——他所有的道歉。

克雷格：不是的。

英格利斯：你在收回这些道歉，不是吗？

克雷格：不，我没有。

英格利斯：因为你现在回到了这一论证——你在这里可以做出很多论证。其中之一就是：他没有与她发生性关系。那只是口交，而不是真正的性行为。那么，这是不是你今天在这里要对我们说的：他并没有与莱温斯基发生性关系？

克雷格： 他对美国人民所说的是：他并没有和莱温斯基发生性关系。我知道你不会喜欢这一说法，议员先生，因为这——你可能将这看作一种技术性的辩护或一种钻牛角尖的、闪烁其词的回答。然而，任何一部字典都是以某种特定方式对性关系加以定义的，但是他并没有和莫妮卡·莱温斯基发生那种性接触……因此，他欺骗了美国人民吗？是的。这是不对的吗？是的。这值得谴责吗？是的。[44]

总统的律师承认，也正如克林顿所承认的，他与这名实习生的关系是错误的、不适当的，也是值得谴责的，并且总统关于这件事的发言“误导并欺骗了”公众。他唯一拒绝承认的是，总统撒谎了。

那么，在这种拒绝中，是什么受到了威胁呢？对此的解释不可能仅仅是法律上的解释，即在宣誓后、在证词中或在法庭上撒谎是指控其做伪证的依据。这件事中的发言并不是在宣誓中做出的，而是面对美国公众的一次电视发言。这位共和党检察官和克林顿的辩护人都认为，在确认克林顿是在撒谎还是仅仅在误导和欺骗时，有一种至关重要的东西受到了威胁。他们关于“撒谎”这个词——他是否撒谎了——的言辞激烈的对话，佐证了一种康德式的思想：在谎言与误导性的实话之间，有着一种与道德相关的差别。

可是，这种差别会是什么呢？这两种情况中的意图可以说是一样的。我无论是对门口的杀人犯撒谎，还是向他提供一种机智的措辞，我的意图都是误导他认为我的朋友并没有藏在我的房子里。根据康德的道德理论，重要的正是意图或动机。

我认为这里的差别在于：一种精心设计的措辞，以某种方式对说实话这一义务存有敬意，而一个直率的谎言并不如此。任何一个人如果不厌其烦地编造一种具有误导性但在技术上却是真实的陈述——一个简单的谎言也可以达到相同的目的——那么，无论他是多么闪烁其词，他都是尊重道德法则的。

一种误导性的真话包括两个动机，而不是一个。如果我仅仅对杀人犯撒谎，那么我是出于一种动机而这样做——为了保护我的朋友不受伤害。如果我告诉杀人犯，我不久前在杂货店看到我的朋友了，我是出于两种动机而这样做——保护我的朋友，同时维护说实话的义务。在这两种情形当中，我在追求同一种令人称赞的目的，即保护我的朋友。但只有在第二种情形中，我是以一种与义务的动机一致的方式去追求这一目的的。

有些人可能反驳道，与谎言一样，一种技术上真实却具有误导性的陈述不可能毫无矛盾地被普遍化。不过，让我们来思考一下这一差别：如果每个人在面对这样一个站在门口的杀人犯或一种令人尴尬的丑闻时都撒谎，就没有人会相信这样的陈述，这些陈述就不会起作用。但误导性的事实陈述却不会如此。如果每个人在发现自己身处危险的或尴尬的处境时，都寻求一种措辞谨慎的推托，那么人们并非必然不再相信这种托词，而会学着像律师那样去听，并且在考虑到这些陈述字面上的意思的同时，从语法上加以分析。这也正是当媒体和公众熟悉了克林顿措辞谨慎的否认之后所发生的事情。

康德的意思并不是说，这些事态——人们从语法上分析政客们的否认所具有的字面意义——在某种程度上，比没有人相信政客们的那种情况好一些。这是一种结果主义的论点。康德的意思是：一种具有误导性但却真实的陈述，并没有以与直率的谎言一样的方式强迫或操纵听众。一个谨慎的听众总是有可能把它弄明白的。

因此，我们有理由推断说：根据康德的道德理论，针对门口的杀人犯、普鲁士的检察官或某个特别检察官所做的那些真实但却具有误导性的陈述，以某种方式在道德上是可允许的，而那种赤裸裸的谎言则并非如此。你们可能认为，我至今为止论证得太费力了，却不能将康德从一种不合情理的处境中解救出来。康德的主张——对门口的杀人犯撒谎是不对的——可能在根本上是无法辩护的。然而，一个率直的谎言和一句具有误导性的实话之间的差别，有助于阐明康德的道德哲学，它还显示了比尔·克林顿和哥尼斯堡的这位严肃的道德哲学家之间有着令人惊讶的相似之处。

康德与正义

与亚里士多德、边沁及密尔有所不同，康德在政治理论方面并没有巨著，只有一些论文。然而，源于其伦理学著作的那些关于道德和自由的论点，却有着强有力的关于正义的含义。尽管康德并没有详尽地论证这些含义，但是他所支持的政治理论反对功利主义，而支持一种基于社会契约的正义理论。

首先，康德不仅反对功利主义作为个体道德的基础，也反对它作为一项法律的基础。他认为一种正义的宪法应当力图使不同个体的自由能够融合。它与功利最大化没有关系，后者“绝不能干涉”基本权利的规定。由于人们“在幸福的经验性目的及其构成上有着不同的观点”，因此，功利不能作为正义和权利的基础。为什么呢？因为如果将权利建立在功利的基础之上，那就会要求这个社会来肯定或接受某一种幸福观而不接受另外一些；将整部宪法都建立在一种特定的幸福观（如大多数人的幸福观）之上，就会给其他人强加一些价值观，这就没有尊重每个人追求他自己目的的权利。“没有人能够强迫我的幸福必须与他那种关于他人福利的观念一致，”康德写道，“因为每个人都能够以他自己认为合适的方式去追求幸福，只要他不侵犯他人也这样做的自由。”[45]

康德的政治理论的第二个显著特征是，它从社会契约——不过是一种带有令人困惑的偏执的社会契约——中得出正义与权利。早些时候的契约论思想家，包括洛克，都认为合法政府源于人们在某个时刻基于那些即将支配他们集体生活的各种原则自行订立的一种社会契约。可是康德并不这样看待契约。尽管合法政府必须基于一种原初性的契约，但是“我们并不需要认为这一契约……作为一个事实真实地存在，因为它不可能是这样的”。康德坚持认为，原初性的契约并不是真实的，只是源于想象。[46]

为什么要从一种假想的契约而不是一种真正的契约得出一部正义的宪法呢？第一个原因是实际性的：我们经常难以证明，在各个民族的历史长河中真的产生过社会契约。第二个原因是哲学上的：道德原则不能仅仅源于经验性的事实。正如道德法则不能建立在个体的利益或欲望的基础之上一样，正义原则也不能建立在一个共同体的各种利益和欲望的基础之上。"过去有一群人通过了一部宪法"这样一个事实，并不足以证明该宪法就是正义的。

那么，什么样的假想的契约可能避免这一问题呢？康德简单地称之为"一种理性的观念，但它却具有确定无疑的实践性的现实性，因为它能够要求每一个立法者以这样一种方式来构建其法律，也就是使这些法律可能产生于整个民族的集体意志"，并使每个公民都负有义务，"就好像他已经同意了"。康德总结说，这种假想的集体同意的行为"是任何一项公共法律的正义性的试金石"。[47]

康德并没有告诉我们这种假想的契约可能会是什么样的，或者它会产生什么样的正义原则。将近两个世纪之后，美国的政治哲学家约翰·罗尔斯试图回答这些问题。

第六章

平等的理由/约翰·罗尔斯

大多数美国人从未签署过社会契约。事实上，在美国那些实际上同意遵守宪法的人（公共官员们除外）中，只有那些归化了的公民——移民宣誓忠诚于宪法，以作为获得公民身份的条件。从来没有人要求我们表示同意。那么我们为什么有义务服从法律呢？我们又如何能够说，我们的政府是以被统治者的同意为基础的呢？

约翰·洛克说，我们已经给出了心照不宣的同意。任何一个享受政府福利的人，即使只是在高速公路上穿行，也含蓄地对其法律表示同意，并受其约束。[1]然而，心照不宣的同意，是真实情况的一种苍白无力的形式。我们很难明白，仅仅穿过一个城镇如何就在道德上类似于认可宪法。

伊曼努尔·康德诉诸假想的同意。一项法律如果能够得到全体公众的认同，那就是正义的。然而，这也是一个令人困惑的、真实社会契约的代替品。一份假想的契约如何能起与一份真实契约相同的道德作用呢？

约翰·罗尔斯是一位美国政治哲学家，他对这个问题给出了一种很有启发性的答案。在《正义论》(*A Theory of Justice*)一书当中，他主张，思考正义的方式就是要询问，在一种平等的原初状态中，我们会认可什么样的原则。[2]

罗尔斯的推理如下：假设我们当时聚集到一起——就像我们现在这样——来选择一些管理我们集体生活的原则，也就是起草一份社会契约。我们会选择什么样的原则呢？我们可能会发现很难达成一致意见。不同的人会支持不同的原则，这体现了他们各种各样的利益、道德信念、宗教信仰及社会地位等。有些人很富有，有些人很穷；有些人拥有权力并社交广泛，有些人则并非如此；有些人属于少数种族、民族或宗教，有些人则不是。我们可能会达成一种妥协，然而即使是这种妥协，也很可能反映某些人讨价还价的能力高于另外一些人。因而我们没有理由认为，以这种方式形成的社会契约是一种正义的安排。

现在让我们考虑一种思想性的实验：假设我们聚集在一起来选择各种原则，我们并不知道自己在社会中将身处何处。假设我们在“无知之幕”的背后进行选择，这道“无知之幕”暂时不让我们知道任何关于我们自己是谁的信息。我们不知道自己的阶层或性别、种族或民族、政治观点或宗教信仰，也不知道自己的优缺点——我们是健康还是体弱多病，接受过高等教育还是中学辍学，出生于一个完整和睦的家庭还是一个支离破碎的家庭。如果不知道这些事情，我们实际上就会从一种原初的平等状态进行选择。因为没有人会有一个更高的讨价还价的地位，我们所同意的各种原则就会是正义的。

这就是罗尔斯的社会契约理念—— 一种假想的、在平等的原初状态中达成的协议。罗尔斯要求我们询问：作为理性的、追求自我利益的我们，如果发现自己处于这样一种状态之中，会选择什么样的原则？他没有假设我们在现实生活中都受到自我利益的驱使，只是假设我们为了这个思想性实验而搁置自己的道德和宗教信念。我们会选择什么样的原则呢？

他推理说，我们不会选择功利主义。在“无知之幕”的背后，我们每个人都会想：“据我所知，我可能会是一个受到压迫的少数群体的成员。”没有人愿意冒险甘做那个被扔给狮子以娱乐大众的基督教教徒，也没有人会选择一种纯粹的政府放任主义、自由至上主义的原则，该原则赋予人们一种权利以保留他们在市场经济中赚来的所有钱财。“我可能会成为比尔·盖茨，”每个人都会这样推理，“可是，我也有可能成为一个无家可归的流浪汉。因此，我要避免一种可能让我一无所有却得不到帮助的体制。”

罗尔斯认为，从这种假想的契约中，会产生两个正义原则。第一个原则为所有公民提供平等的基本自由，如言论自由和宗教信仰自由。这一原则优先于社会功利和总体福利的考虑。第二个原则关心社会和经济的平等。它并不要求一种平等的关于收入和财富的分配，而只允许那些有利于社会最不利者的社会和经济的不平等。

哲学家们争论，罗尔斯假想的社会契约中的各派，是否会像他所说的那样选择这些原则。稍后我们将看到，为什么罗尔斯认为人们会选择这两个原则。然而，在讨论这些原则之前，让我们先讨论另一个问题：罗尔斯的思想性实验是思考正义的正当方式吗？正义原则如何能够产生于一种从来都没有真正存在的协议之中？

契约的道德局限

要想理解罗尔斯假想契约的道德力量，就有必要先了解实际契约所具有的道德局限。我们有时候会假设，当两个人做一项交易的时候，他们协议中的各项条款一定是公平的。换言之，我们假设，合同会使产生于它的各种条款正当化。然而，它们并不如此——至少它们自己不能。实际的合同并非自足的道德工具。你和我做交易的这一事实，并不能说明这项交易就是公平的。人们总是能够质疑任何一份实际的合同："它是公平的吗？他们达成了什么协议？"为了回答这一问题，我们不能仅仅指向协议本身，还需要一些与公平有关的独立的标准。

这些标准可能从哪里得出呢？可能你会想，它来自一份更大的、在先的合同——比如一部宪法。可是，宪法也容易受到像其他协议一样的质疑。宪法是由人们认可的这一事实，并不能证明其条款就是正义的。让我们看一下 1787 年的美国宪法：尽管它有着诸多优点，可是它却由于认可奴隶制而被玷污了，这一瑕疵一直保留到内战以后。宪法被费城的代表认可及后来被国家认可的这一事实，并不足以证明它就是正义的。

人们可能会认为，这一瑕疵可以追溯到同意的不足。作为奴隶的非洲裔美国人，并没有被包括在立宪会议当中，妇女也没有，后者直到一个多世纪之后才赢得了选举权。一个更具代表性的会议当然很可能产生一部更加正义的宪法，可是，这仅仅是一种推测。没有哪一种社会契约或立宪会议（无论它多么具有代表性）能够保证产生社会合作的公平条款。

对那些认为道德始于同意也终于同意的人来说，这似乎是一种刺耳的主张。然而，这并不那么容易引起争议。我们经常质疑人们所做的那些交易的公平性，我们也熟悉能够导致不良交易的那些偶然性：交易的一方可能是个更好的谈判者，或者有着更好的交易地位，或者对所交换物品的价值了解得更多。维托·柯里昂在《教父》中最著名的台词之一就是："我将给出一个让他无法拒绝的条件。"这（以一种极端的形式）在某种程度上表明了那种体现于大多数谈判中的压力。

认识到这些合同并不赋予它们所产生的那些条款公平性，并不意味着我们可以随心所欲地违反这些协议。我们可能有责任履行一桩甚至是不公平的交易，至少在某种程度上如此。同意很重要，即使对正义而言还有其他重要的东西。然而，它并不像我们有时候想象的那样具有决定性。我们经常将同意的道德作用与其他义务之源混淆在一起。

假如我们做一项交易：你给我 100 只龙虾，我付给你 1 000 美元。你大获丰收并运来了龙虾，我在大快朵颐之后却拒绝付钱。你说我欠你这笔钱。"为什么呢？"我问道。你可能会出示我们的协议，也可能会以我所享受的利益作为证据。你可能会很好地说明，我有义务偿还我所享受的那些由你而来的利益。

现在让我们假设，我们做了同样的一笔交易，不过这一次，在你捕获龙虾并将它们运到我门前的时候，我改变主意了。我根本就不想要它们。你仍然想收钱，而我说："我不欠你任何东西，这一次我并没有获利。"这个时候，你可能要出示我们的合同，不过，你也可能会以你捕获龙虾所做的辛苦工作为由，指望我购买它们。你可能会说，我有义务为你因我而付出的努力付钱。

现在，让我们来看看，我们能否想象一个义务仅仅基于同意的情形，即没有因偿还某利益或补偿你为我所做的工作而增加的道德力度。这一次，我们做了同样的交易，然而，过了一会儿，在你还没有花费时间捕捉龙虾之前，我打电话给你："我改主意了，不想要龙虾了。"那么我是否仍然欠你 1 000 美元呢？你是否会说"交易就是交易"，并坚持认为，"我同意"这一行为本身就已产生了一种义务，即使没有任何利益或依据？

法学家们对于这一问题争论了很久。同意本身能够产生一种义务吗，或者也需要某种利益或依赖的因素？[3] 这一争论说明了一些经常被我们忽视的与合同道德相关的信息：只要实际的合同实现了两种理想——意志自由和互惠，它就具有道德分量。

作为自愿的行为，合同体现了我们的意志自由。它所产生的义务之所以具有分量，是因为它是由自我设定的——我们自由地、自主地承担它。作为相互谋取利益的手段，合同利用了互惠性的理想。履行这些合同的义务，产生于那种偿还他人给我们提供了利益的义务。

实际上，这些理想——意志自由和互惠性——都没有完全实现。有些协议尽管是自愿的，却不是相互获利的。有时候，我们可能仅基于互惠有义务偿还一种利益，甚至都不需要合同。这便指出了同意的道德局限性：在某些情形中，同意并不足以产生一种具有道德约束力的义务，而在另一些情形中则不需要同意。

当同意并非充分条件时：棒球卡和漏水的马桶

让我们来考虑两种体现同意本身并不够的情形：在我的两个儿子很小的时候，他们收集棒球卡并且相互交换。大儿子对那些棒球运动员及卡片的价值了解得更多，他经常向弟弟提出一些不公平的交易——比如，用两张能打各种位置的内野手①来换小肯·格里菲。因此我订立了一条规定：只有经过我同意，才能完成交易。你们可能认为这是一种家长式的专制，确实如此。（这就是家长式专制的目的。）在类似于这样的情形中，自愿的交换显然是不公平的。

几年前，我在报纸上读到一则报道，这一案例更为极端：芝加哥一名年迈的寡妇公寓里的马桶漏水了，于是她雇用了一名承包商来修理，费用为 5 万美元。她签署了一份分期付款的合同，首付 2.5 万美元。当她去银行提取 2.5 万美元的时候，这一阴谋被揭穿了。银行出纳员问老妇为什么取这么一大笔钱，她回答说需要付钱给水管工。出纳员联系了警方，警方以欺诈的罪名逮捕了那个无耻的承包商。[4]

除了那些最热忱的契约至上主义者，所有人都会认为 5 万美元的马桶修理费异乎寻常地不公平——尽管在事实上，双方都同意并认可这一价格。这一事例说明了合同所具有的两个道德局限性：首先，一项协议的事实并不能保证该协议的公平性；其次，同意并不足以产生一项具有约束力的道德主张。这种合同并不能作为相互获利的手段，

---

① 内野手是棒球中的防守位置，顾名思义是指防守内野的球员。一般而言，内野手包括一垒手、二垒手、三垒手、游击手四个位置。广义的内野手则包括投手及捕手在内。——译者注

因为它并不尊重互惠的理念。我想，这就解释了为什么很少有人会说，老妇在道德上应当支付那笔骇人听闻的费用。

可能有人回应说，修理马桶的这一欺诈性契约并不是一份真正自愿的合同，而是一种剥削，其中一个无耻的水管工欺骗了一个一无所知的老妇。我对这个案件的具体细节并不知情，不过为了论证，我们可以假设，水管工并没有强迫老妇，并且她在认可这一交易时头脑非常清醒（尽管她对水管修理工作的报酬知之甚少）。该协议是自愿的这一事实，绝不能保证它包含了平等的交换或利益的对称。

到目前为止，我论证了同意并不是道德义务的充分条件。一桩不平衡的交易可能远没有达到相互获利，以至于其自愿性特征也不能使它免受责难。现在我想提出一种更进一步的、更具挑衅性的主张：同意也不是道德义务的必要条件。如果相互间的获利足够明确，那么，即使没有同意的行为，互惠性的道德主张也可能站得住脚。

当同意并非必要条件时：休谟的房子和橡皮清洁工

浮现于我脑海中的这种事例，是 18 世纪的苏格兰道德哲学家大卫·休谟曾经遇到的。休谟在年轻的时候，针对洛克的社会契约思想写过一篇尖锐的批评。他称之为“哲学上的虚构，从来没有，也永远不会有任何现实性”[5]，认为它“是能够想象出来的最神秘、最无法理解的运作之一”。[6] 多年之后，休谟有了一次经历，这次经历检验了他反对将同意作为义务基础的立场。[7]

休谟在爱丁堡拥有一座房子，他将它租给了朋友詹姆斯·博斯韦尔，后者又将房子租给了一个转租人。该转租人认为需要给这座房子做一些维修，于是他就雇用了一名承包商来做此工作，但没有征求休谟的意见。该承包商在做完维修后将账单送至休谟面前。休谟拒绝付账，理由是他并没有同意做维修，也没有雇用这名承包商。这一事件后来交由法庭裁决。该承包商承认，虽然休谟并没有同意，可是房子需要维修，并且他做了这些维修工作。

休谟认为这是一个欠妥的论证。他告诉法庭，该承包商的主张仅仅是"这项工作有必要做"。可是这"并不是一个很好的回答，因为基于同样的规则，他可以进入爱丁堡的任何一座房子，做一些他认为适合做的事情，无须事先征得房主的同意……并为他的所作所为给出同样的理由：这项工作是必要的，而且之后房子更好了"。休谟坚持认为，这是"一个很新的理论……可是完全站不住脚"。[8]

在谈到这一房屋维修事件时，休谟就不喜欢一种纯粹的、以利益为基础的义务理论了。但是他的辩护失败了，法庭判定由他付这笔钱。

"偿还一种利益的义务，不需要同意就能产生"，这一思想在休谟的房子这一事例当中，貌似具有道德合理性。然而，这很容易不知不觉地溜进强硬的销售策略及其他形式的滥用。在20世纪80年代至90年代初期，"橡皮清洁工"成为纽约街头一道令人生畏的风景。他们配有一把橡皮清洁刷和一桶水，会突然出现在一辆停在红灯前的汽车面前，然后开始清洗挡风玻璃（经常不问驾驶员是否允许这么做）并索要费用。他们正是基于休谟的承包商所援用的以利益为基础的义务理论进行运作的。然而，如果没有同意，提供一项服务与行乞之间的界限就常常会变得很模糊。市长鲁道夫·朱利安尼决定全力打击这些橡皮清洁工，所以命令警察逮捕他们。[9]

利益还是同意？萨姆的汽车修理

当以同意为基础的义务与以利益为基础的义务没有得到明确的区分时，就会出现以下这一容易引起混淆的事例。多年以前，当我还是一个研究生时，我与一帮朋友驾车周游美国。我们在印第安纳州哈蒙德的一个休息站停了下来，走进一家便利店。当回到车上时，我们发现车子发动不了了。我们当中没有人懂得如何修理汽车。当我们正在考虑怎么办的时候，一辆厢式货车在我们身边停了下来，车身上写着“萨姆汽车维修”。从车里下来一个男人，大概就是萨姆。

他走到我们跟前询问我们是否需要帮助。“我是这样工作的，”他解释道，“我每小时收 50 美元。如果我在 5 分钟之内修好你们的车，你们得付我 50 美元；如果我工作 1 个小时却还是修不好，你们也得付我 50 美元。”

“你能修好的概率有多大呢？”我问道。他没有正面回答我的问题，而是开始在汽车转向柱底下捣鼓。我当时不确定该做什么，于是看着朋友们，想知道他们怎么想。片刻之后，这个人从转向柱底下钻了出来，说道：“点火系统没有什么问题。但你们还有 45 分钟，想让我去汽车发动机罩底下看看吗？”

“等一等，”我说道，“我还没有雇用你呢。我们并没有达成任何协议。”那个人非常生气，说道：“你的意思是说，如果刚才我在转向柱底下查看的时候，修好了你的车，你也不会付钱给我？”

我说：“不是一回事儿。”

我并没有讨论以同意为基础的义务与以利益为基础的义务之间的区别，我也不认为这会有什么帮助。但是，与修理工萨姆之间发生的这种令人尴尬的事情，倒是体现了一种常见的与同意有关的困惑。萨姆认为，如果他在捣鼓转向柱的时候修好了我们的车，那么我就得付他50美元。我对此表示同意。可是，我付他这笔钱的原因在于，他提供了一项帮助，即修好了我的车。他推断，由于我得付给他钱，我就肯定（暗含的）同意雇用他。但是这一推论是个错误，它错误地假设，有义务的地方就肯定有协议——某种同意的行为。它忽视了这样一种可能性：没有同意，义务也有可能产生。如果萨姆修好了我的车，我将出于互惠性的名义而付给他钱，因为如果我仅仅是谢谢他便驾车而去，会不太公平，但是这并不意味着我雇用了他。

当我给学生们讲这个故事时，他们大多数都同意，在当时那种情况下，我并不欠萨姆50美元。可是许多持这种观点的学生的理由与我的并不相同。他们认为，我并没有明确地雇用他，所以我并不欠他任何东西——即使他修好了我的车，我也不欠他钱。任何报酬都将只是一种出于慷慨的行为——是一种感激，而非义务。因此，他们为我辩护，并不是由于接受了我的广泛义务观，而是由于他们坚持一种苛刻的同意观。

尽管我们倾向于认为，任何一项道德主张都包含了同意，然而，如果我们不承认互惠的独自分量，我们就很难理解我们的道德生活。让我们想一想婚姻的契约。假设我这一方在忠诚于婚姻20年之后，发现我的妻子一直在与另外一个男人约会，那么我可能出于两种不同的理由而在道德上感到愤怒。第一种理由关乎同意："我们有一个约定，你发过誓，但你违背了承诺。"第二种理由则关乎互惠性："我这一方一直如此忠诚，我当然应该得到更好的回报。这不是回报我的忠诚的方式。"如此等等。第二种抱怨并没有涉及同意，它也不需要同意。它在道德上似乎是合理的，即使我们从来没有交换结婚誓言，而是作为伴侣生活了这么多年。

设想完美的契约

各种各样的不幸事件告诉了我们与契约道德相关的什么内容呢？契约的道德约束力来自两种不同的理念：意志自由和互惠性。然而，大多数实际的契约都缺乏这些理念。如果我与某个具有更高讨价还价地位的人打交道，我的同意可能并不完全是自由的，而是被迫的，或者——在极端情形下——是被强迫的。如果我与某个对我们所交换之物更为了解的人谈判，这一交易可能就不是相互获利的——在极端情形下，我可能被欺诈或蒙骗了。

在现实生活中，人们的处境大不相同，这就意味着会存在不同的交易力量和知识。只要这一点是真实的，协议的既成事实本身就不能保证该协议的公平性。这就是为什么实际中的契约并不是自足的道德工具，我们总是能合情合理地质疑："他们所达成的协议是否公平？"

让我们想象一种在那些拥有平等而非不平等的权力和知识的人之间所达成的协议：他们处于同样的境况，没有不同。同时也设想一下，这份契约的对象并不是管道铺设或其他普通的交易，而是那些治理我们的生活的、分配我们作为公民所具有的权利与义务的各种原则。在这样的各方中达成的契约，就不会有压迫、欺骗或其他不公平的缺点。它的各项条款基于同意本身就必然是正义的，无论它们是什么。

如果你能想象出这样一份契约，你就理解了罗尔斯的这一观念：平等的原初状态中的假想契约。“无知之幕”保证了原初状态所需要的权利和知识上的平等。“无知之幕”保证没有人知道他在社会中的地位、他的优点或缺点、他的价值或目的，从而保证了没有人能够（即使是无意地）利用一种更有利的交易地位。

> 如果允许有特殊知识，那么结果就由于任意的偶然性而有所偏袒……如果原初状态是为了产生正义的契约，那么契约各方就必须处于平等的境况，并被当作有道德的人同等地对待。必须通过调节最初契约状态的环境，来纠正这个社会的任意性。[10]

具有讽刺意味的是，在“无知之幕”背后的假想契约，并不是现实契约的那种苍白无力的形式，因而在道德上比较虚弱。它是现实契约的纯粹形式，因而在道德上更有力量。

正义的两个原则

假设罗尔斯是正确的——思考正义的方式就是询问，在“无知之幕”背后的原初的平等状态中，我们会选择什么样的原则——那么会产生什么样的原则呢?

根据罗尔斯的观点，我们不会选择功利主义。在“无知之幕”背后，我们不知道自己会在社会中处于什么地位，然而我们知道，我们想要追求自己的目的，并得到郑重的对待。如果我们最终在社会中是一个少数民族或小宗教团体的成员，我们就不希望被压迫，即使这会给大多数人带来快乐。一旦“无知之幕”被揭开，开始了真实生活，那么我们不希望发现自己是宗教压迫或种族歧视的受害者。为了预防这些危险，我们就要反对功利主义，并同意一种保证所有公民的基本平等自由的原则，包括意识自由和思想自由的权利。我们还会坚持认为，这一原则应该优先于使总体福利最大化的各种尝试——我们不会为了社会和经济利益，而牺牲自己根本性的权利和自由。

我们会选择什么样的原则来治理社会和经济的不平等呢?为了避免我们自己身处极度贫困的危险，我们可能一开始会想着要支持一种收入和财富的平等分配政策。然而，我们可能接着会想到，我们可以做得更好，哪怕是为了那些社会底层的人。假设我们通过允许某些不平等，比如给医生所支付的工资高于汽车驾驶员的工资，可以改善最不利者的境况——比如为穷人增加了医疗机会。考虑到这种可能性，我们就可能接受罗尔斯所说的“差异原则”:只有当社会和经济的不平等有利于社会最不利者的利益时，它们才是被允许的。

这种差异原则到底有多少平等主义的意味呢?这很难说，因为工资差异的效用取决于社会和经济状况。让我们假设，给医生更高的报酬能够给贫困的边远地区的人们带来更多、更好的医疗保健服务。在这种情况下，这种工资的差异就可能与罗尔斯的原则一致。然而，假如给医生更高的报酬，对阿巴拉契亚山区的医疗服务没有任何影响，而仅仅是给比弗利山庄的富人带来了更多的整容手术，在这种情况下，按照罗尔斯的观点，这种工资的差异就很难得到辩护。

那么，迈克尔·乔丹的丰厚收入与比尔·盖茨的巨额财富又如何呢？这些不平等与差异原则能够一致吗？当然，罗尔斯的理论并不是要评价这个人或那个人的工资的公平性，它所关心的是社会基本结构，以及权利与义务、收入与财富、权力与机会的分配方式。对罗尔斯而言，他要询问的是：作为部分体制的结果，盖茨的财富从整体来看，是否有利于那些社会最不利者？例如，它是否服从一种激进的，向富人征税来给穷人提供医疗、教育及福利的税务体制？如果是这样，并且如果这一体制使得穷人比他们在一种更加严格的平等安排中的状况更好，那么这种不平等就能够与差异原则一致。

有些人质疑，处于原初状态中的各方会不会选择差异原则。罗尔斯怎么知道，在“无知之幕”的背后，人们不会赌一把，愿意选择一种高度不平等的社会以期望自己处于社会顶层呢？可能有些人甚至会愿意冒险沦为毫无土地的农奴以寄希望于成为一位国王，而由此选择一种封建制度社会。

罗尔斯认为，人们在选择那些支配自己根本性的生活前景的原则时，并不会冒这样的险。除非人们知道自己热爱冒险（而这又是一种被“无知之幕”屏蔽的特质），否则他们不会下高风险的赌注。可是罗尔斯支持差异原则的理由并不完全依赖于这样一种假设，即人们在原初状态中会反对冒险。在“无知之幕”这一设置的背后是一种道德论证，它可以独立于思想性实验而得到体现，其主要思想是：

关于收入和机会的分配，不应当依赖于那些在道德上具有任意性的因素。

源于道德任意性的论点

罗尔斯从封建特权统治开始，比较了多种不同的正义理论，从而提出这一论点。现在，没有人维护封建特权统治或种姓制度的正义性。罗尔斯论述道，这些体制是不公平的，因为它们根据出生的偶然性来分配收入、财富、机会和权力。如果你出身于贵族家庭，你就拥有各种从生而为奴的人那里剥夺而来的权利和权力。可是，你所出生的环境并不是你的行为结果。因此，基于这些任意性的因素设定你的生活前景是不公平的。

市场社会纠正了这些任意性，至少是在某种程度上。它们将就业机会对具有所需要的才能的那些人开放，并规定在法律面前人人平等。他们保证公民能够得到平等的基本自由，并且关于收入和财富的分配是由自由市场来决定的。这一体制——一个具有形式上的机会平等的自由市场——与自由至上主义的正义理论契合。相对于封建制和种姓等级制社会而言，它代表了一种进步，因为它反对一成不变的出生等级制度。它允许每个人都合法地奋斗与竞争。

那些拥有良好家庭背景及受过良好教育的人，比起那些没有这样的条件的人，具有明显的优势。允许每个人都进入比赛是一件好事，然而如果选手们从不同的起点出发，那么比赛就很难说是公平的。这就是为什么罗尔斯认为，源于具有形式上的机会平等的自由市场的有关收入和财富的分配，并不能被看作正义的。自由至上主义体制最明显的不正义，在于“它允许分配的份额受到在道德上具有很大任意性的各种因素的影响”。[11]

纠正这种不公平的途径之一，就是纠正社会和经济的不足之处，一种公平的优绩主义（meritocracy）试图通过超越单纯的形式上的机会平等来做到这一点。它通过提供平等的受教育机会——让那些来自贫困家庭的人能够在一个平等的基础上与那些享有特权的人竞争——除去了通往成功之路的诸多障碍。它着手实行启智计划（Head Start Program）、儿童营养与医疗计划、教育与工作培训计划等任何将每个人（无论阶层或家庭背景）放置在同一起点上所需要的东西。这种优绩主义的观念认为，源于一个自由市场的关于收入和财富的分配是正义的，但是只有在每个人都有同等机会来发展自己的各种能力的时候才成立。只有当每个人都开始于同一条起跑线的时候，我们才能说，这场比赛的获胜者应当得到奖励。

罗尔斯认为，这种优绩主义的观念纠正了某些道德上的任意性的优势，但仍然达不到正义。因为，即使你设法将每个人带到同一起跑线上，我们仍然可以或多或少地预测谁将赢得这一比赛——跑得最快的选手。然而，作为一个跑得快的选手，跑得快并不完全是他的行为结果，这在道德上具有偶然性，就像我来自一个富裕家庭是偶然的一样。“即使它能够完美地消除社会偶然性的影响”，罗尔斯写道，这种优绩主义“仍然允许关于财富和收入的分配由各种能力和天赋的自然分配决定”。[12]

如果罗尔斯是正确的，那么，即使是在一个拥有平等教育机会的社会中运转的自由市场，也不能产生一种正义的关于收入和财富的分配。其原因在于："分配的份额受制于自然运气的产物，而这种产物在道德上具有任意性。我们没有理由允许关于收入和财富的分配由自然资产的分配确定，就像我们没有理由允许它由历史和社会运气确定一样。"[13]

罗尔斯总结道，优绩主义的正义观念是有缺陷的，其理由与自由至上主义的观念一样（尽管在程度上稍稍轻微一些）：它们都将分配的份额建立在那些具有道德任意性的基础之上。"一旦我们在决定分配份额时受到社会偶然性影响的困扰或受到自然机会影响的困扰，经再三考虑，我们就注定要受到其中一种影响的困扰。从道德的进路来看，两者似乎具有同等的任意性。"[14]

罗尔斯认为，当我们注意到，自由至上主义和优绩主义的正义理论都体现了道德任意性时，如果缺乏一种更加平等的观念，我们就不能满足。然而，这一观念可能是什么呢？纠正不平等的教育机会是一回事，纠正不平等的天赋才能则是另一回事。如果我们受到这一事实（有些选手比另一些选手跑得更快）的困扰，我们就得让那些具有天赋的选手穿上铅制的鞋子吗？一些平等主义的批评者认为，优绩主义的市场社会的唯一替代物就是一种均等，后者给那些有天赋的人强加了一些困难。

一个平等主义者的噩梦

《哈里森·伯杰隆》（*Harrison Bergeron*）是小库尔特·冯内古特

写的一篇短篇小说，它作为一种反乌托邦的科幻小说，表达了以上担忧。小说是这样开头的：“那是 2081 年，终于人人平等……没有哪个人比别人聪明些，没有哪个人比别人漂亮些，也没有哪个人比别人强壮些或者灵巧些。”这种绝对平等由美国仲裁将军手下的工作人员执行。那些超过正常智商水平的公民，需要在耳内戴上一个微型智能障碍收音机，每隔 20 秒，一个政府发射台就会发送一种尖锐的噪声以阻止他们“不公平地利用他们的大脑”。[15]

哈里森·伯杰隆年仅14岁，他异乎寻常地聪明、英俊并拥有天赋，因此他不得不装配比大多数人更重的障碍。与那种微型耳塞式收音机不同，“他戴着一副巨大的耳机和一副厚得像酒瓶底似的眼镜”。为了掩盖他那英俊的外表，哈里森被要求“在鼻子上戴一个红色的橡皮球，刮掉眉毛，洁白整齐的牙齿上套着胡乱造出的黑色龅牙套子”。此外，为了抵消他强壮的身体优势，他不得不在走动时佩戴沉重的破铜烂铁。“在人生的这条赛道上，哈里森负重 300 磅。”[16]

一天，哈里森脱去了他的障碍物，以此作为英勇地反抗平等主义专制的行为。我不打算透露这个故事的结尾而毁了它。我们应该已经很清楚，冯内古特的小说对平等主义的正义理论提出了一种生动而熟悉的抱怨。

然而，罗尔斯的正义理论却不容易受到这种反驳的攻击。他表明：一种绝对的平等并不是优绩主义的市场社会的唯一备选项。罗尔斯的备选项——他称之为差异原则——能纠正那种关于才能和天赋的不公平分配，同时不给那些有天赋的人设置障碍。如何做到这一点呢？我们要鼓励那些有天赋的人发展并锻炼自己的才能，不过也要认识到，这些才能在市场中所获得的回报属于作为整体的共同体。我们不要给那些跑得最快的人设置障碍，而要让他们去跑并做到最好，但是要事先认识到，这些奖品并不只属于他们，应当与那些缺乏这类天赋的人分享。

尽管差异原则并不需要一种关于收入和财富的平等分配，但是其潜在性的观念却表达了一种强有力的，甚至是激励人心的关于平等的洞见：

> 差异原则实际上体现了一种协议，即将自然才能的分配看作一种公共资产，并共享这一分配的好处，无论其结果是什么。那些受到自然宠爱的人，无论他们是谁，都只有当他们的好运气改善了那些不利者的状况时，才能从自己的好运气中获利。那些在天赋上占优势的人，不能因为天分较高而仅仅自己受益，而要通过抵消那些训练和教育所产生的费用，来帮助那些比较不幸的人。没有人应当得到更强的自然能力，也没有人在社会上值得拥有更加有利的起点。然而由此并不产生这样一种观点：人们应当消除这些差别。我们有另外一种途径来处理它们。人们能够安排社会的基本结构，以使这些偶然性对那些最不幸者有利。[17]

那么，让我们来考虑四种不同的分配正义理论：

（1）封建制度或种姓制度：基于出生背景的固定等级制

（2）自由至上主义：拥有形式上的机会均等的自由市场

（3）优绩主义：拥有公平的机会均等的自由市场

（4）平等主义：罗尔斯的差异原则

罗尔斯认为，前三种理论将分配份额建立在那些在道德上具有任意性的因素之上——要么是出生背景的偶然性，要么是社会和经济的优势，要么是自然才能和能力等。只有差异原则避免了将关于收入和财富的分配建立在这些偶然性基础之上。

尽管这种源于道德任意性的论点并不依赖于那种源于原初状态的论点，但是它们在以下方面是相似的：两者都坚持认为，我们在考虑正义时，应当悬置那些关于人们及其社会地位的偶然性事实或将其抽象化。

反驳 1：激励

罗尔斯支持差异原则的理由引发了两种主要的反驳。首先，激励会如何呢？如果那些有才能的人只有在有利于最不利者时才能获利，那么，如果他们决定更少地工作，或在一开始就不发展他们的技能，那会怎么样？如果税率很高或报酬差异很小，难道那些有天赋的、很可能已经成为外科医生的人，不会进入那些要求较低的工作行列吗？难道迈克尔·乔丹不会更少地训练起跳投篮，或更早地退休吗？

罗尔斯对此的回答是：如果我们需要这些刺激来帮助诸多最不利者，那么，差异原则允许为了激励而在收入上有所不同。仅仅给那些首席执行官支付更高的工资或给富人减税来增加国内生产总值的做法是不够的。不过，如果这些激励能够产生经济上的增长，而这种经济上的增长使得社会最底层的那些人的状况比他们生活于一种更加平等的制度安排中的状况更好，那么差异原则就会允许这些激励的存在。

有一点值得我们注意：允许为了激励而在工资上有所差异，并不等于说，那些成功人士对他们的劳动成果享有一种特殊的道德所有权。如果罗尔斯是正确的，那么只有当收入的不平等能够产生那些最终帮助最不利者的成果时，它才是正当的，而不是因为那些首席执行官或体育明星应当比工厂工人赚更多的钱。

反驳 2：努力

这就将我们引领至第二种更有挑战性的针对罗尔斯正义理论的反驳：努力又会怎样呢？罗尔斯反对优绩主义的正义理论，他的理由是：人们的自然才能并不是自己的行为结果。可是，人们培养自己的才能所付出的那些艰辛的努力又怎么说呢？比尔·盖茨经过长期艰苦的努力创立并发展了微软；迈克尔·乔丹在训练其篮球技能上花费的时间不计其数。尽管他们拥有才能和天赋，但是，难道他们不应该得到他们的努力所带来的奖励吗？

罗尔斯对此回应道，即使是努力也有可能是一种有利的培养的产物。“即使是那种愿意去努力、去尝试并由此变得应得的意愿本身，在其一般意义上，也取决于幸福的家庭和社会环境。”[18] 与其他的成功因素一样，努力受到偶然性的影响，后者是我们不能心安理得地获得的。“有一点似乎很明显：一个人心甘情愿付出的努力，要受到他的自然能力和技能以及对他开放的机会的影响。那些拥有更多天赋的人，如果在其他方面等同，就更可能尽心尽力地奋斗……”[19]

当我的学生们面对罗尔斯关于努力的看法时，他们中的许多人都竭力反对。他们认为自己的成就，包括进入哈佛大学，反映的是他们自己的努力，而不是那些超出他们掌控的、具有道德任意性的因素。许多同学带有疑虑地看待任何一种认为我们在道德上并不应得那些凭自己的努力所获得的回报的正义理论。

在我们讨论了罗尔斯关于努力的主张之后，我做了一项不科学的调查。我指出：心理学家们认为，出生顺序会影响努力和奋斗——比如学生们所认为的与进入哈佛大学相关联的努力。据报道，在家里第一个出生的人比他的弟弟妹妹具有更强的职业道德，能赚更多的钱并获得更普遍的成功。这些研究具有争议性，我也不知道他们的研究发现是否真实。然而，也就是随便玩玩，我问学生们有多少人在家里是第一个出生的，有 75%~80% 的学生举手了。这一结果跟我每一次做这个测验所获得的结果基本一致。

没有人会认为，第一个出生是他们自己的行为结果。如果像出生顺序这样具有道德任意性的事物能够影响我们努力工作和认真奋斗的倾向，那么罗尔斯的说法可能是有道理的，即使是努力也不能作为道德应得的基础。

这一主张——人们理应得到由于努力和艰辛工作而获得的回报——由于另一个更深层的原因而值得怀疑：尽管优绩主义的支持者们经常援引努力的美德，但是他们并不真的认为，努力应当单独地成为收入和财富的基础。让我们来设想两个建筑工人，一个强壮结实，能够毫不费力地一天砌四堵墙；另一个则瘦弱无力，一次都不能搬动三块砖。尽管后者工作非常努力，可是他要耗费一个星期，来做他那个强壮的同事不太费力地在一天就能做完的事情。没有哪一个优绩主义的维护者会说，这个瘦弱但工作努力的工人应当得到更多的工资，因为他比那个健壮的人付出了更多的努力。

或者让我们想一想迈克尔·乔丹。他确实训练得非常刻苦，可是有些不太出名的篮球运动员甚至训练得更加刻苦。没有人会说，他们应得一份比乔丹所得更丰厚的合同，以作为对他们所付出时间的一种奖励。因此，尽管优绩主义者谈到了努力，可是他们却相信，其实是贡献或成就才值得奖励。无论我们的职业道德是不是自己的行为结果，我们的成就，至少在部分程度上，都取决于我们并不能心安理得地拥有的各种自然才能。

反对道德应得

如果罗尔斯关于才能的道德任意性的论点是对的，这就会引向一个令人惊讶的结论：分配正义与奖励道德应得无关。

他认识到，这一结论与我们日常思考正义的方式不太一致："我们有一种常识倾向，即认为收入、财富及生活中的好东西，一般来说都应当根据道德应得加以分配。正义就是依据德性而来的幸福……但现在，作为公平的正义反对这一观念。"[20]

罗尔斯通过质疑优绩主义观点的前提，削弱了这一观点。该前提是：一旦我们消除了通往成功之路的各种社会的、经济的障碍，我们就能说，人们应当得到他们的才能所带来的各种回报。

> 我们并不应得在自然天赋的分配中所处的地位，正如我们不应得在社会中的最初起点一样。这样一种观点——认为我们应得那种使我们能够努力培养自己各种能力的优越品质——同样是成问题的，因为这类品质在很大程度上取决于我们早期所生活的幸运的家庭和社会环境，而这些则是我们无法心安理得地获取的。应得的观念并不适用于此。[21]

如果分配正义与奖励道德应得无关，这是否意味着，那些努力工作并按规则办事的人都没有资格得到他们通过努力获得的任何回报呢？不，并不完全是。罗尔斯这里在道德应得和他所谓的“对合法期望的资格”之间，做出了一个重要而细微的区分。它们之间的区别在于：与应得的主张不同，只有当已经有了某种游戏规则时，才能产生一种资格，它并不能事先告诉我们如何确立各种规则。

在道德应得和资格这两者之间冲突的背后，暗含着诸多激烈的关于正义的讨论：有些人认为，针对富人提高税率就剥夺了他们在道德上应得的某些东西；在大学录取时将民族和种族的多样性作为录取因素加以考虑，就剥夺了那些持有 SAT① 高分的申请者在道德上所应得的一种优势。有些人并不这样认为——人们在道德上并不应得这些

---

① SAT（Scholastic Assessment Test），即美国高中毕业生学术能力水平考试，是美国高中生进入美国大学所必须参加的考试，也是世界各国高中生申请美国高校入学资格及能否得到奖学金的重要参考指标。——译者注

优势，我们首先必须确定游戏的规则应当是什么（比如税率、录取标准），然后我们才能说，谁有权利获得什么。

让我们看一下机会游戏和技能游戏之间的区别。假设我购买国家彩票，我的号码中了奖，我就有资格获得我的奖品。可是我不能说我应得这份胜利，因为彩票是一种机会游戏。我的输赢与我的德性或玩这一游戏的技能毫无关系。

现在让我们再做一个设想：波士顿红袜队赢得了世界职业棒球大赛。在此之后，他们有资格获得战利品。他们是否应得这份胜利则是一个更进一步的问题，答案取决于他们是如何打这场比赛的。他们是因为侥幸（比如棒球裁判员在关键性时刻做出的错误裁决）而赢得比赛的，还是他们实际上就是比对手打得好，展示了那些最能界定棒球赛事的卓越与德性（比如好的投球、及时的击球、漂亮的防守等）呢？

与机会游戏不同，在技能游戏中可能会有一种区别，即谁有资格拥有战利品和谁应得胜利之间的区别。这是因为，技能游戏奖励某些德性的运用与展示。

罗尔斯认为，分配正义与奖励德性或道德应得无关。与之相反，它涉及满足那些合法的期望—— 一旦游戏规则确立，这些合法的期望便会产生。一旦正义原则确立了社会合作的要求，人们就有资格获得他们在这些规则中所收获的利益。然而，如果税务体制要求他们交出一部分收入来帮助那些不利者，那么，他们不能抱怨说这剥夺了他们在道德上应得的某些东西。

> 因此，一个正义体系回答了人们有权要求什么的问题，满足了他们建立在社会制度之上的各种合法的期望。但是他们有权得到的东西并不与他们的内在价值成比例，也不依赖于他们的内在价值……并不涉及道德应得，分配的份额也不倾向于要与它相称。[22]

罗尔斯基于两个理由反对将道德应得作为分配正义的基础。首先，正如我们已经看到的，我拥有那些使我能够比其他人更加成功地参与竞争的才能，并不完全是我自己的行为结果。可是，第二个偶然因素却同样具有决定性：一个社会在特定时期恰好看重的各种才能，在道德上同样具有任意性。即使我对自己的各种才能拥有唯一的、毋庸置疑的权利，可事实仍然是：这些才能所获得的回报，将会取决于供需关系的偶然性。在中世纪的托斯卡纳，人们对壁画师极为看重；在21世纪的加利福尼亚州，人们对电脑程序设计师极为看重；等等。我的各种技能的收获好坏，取决于这个社会恰好想要什么。什么算作贡献，取决于一个特定社会恰好看重的各种才能。

让我们看看以下这些工资上的差异：

- 美国教师平均每年的工资大约为43 000美元，午夜脱口秀节目主持人戴维·莱特曼每年大约赚3 100万美元。
- 联邦最高法院的首席大法官约翰·罗伯特的年薪为217 400美元，出演一档写实电视节目的“法官朱迪”每年赚2 500万美元。

这些工资上的差异是公平的吗？对罗尔斯而言，这个问题的答案将取决于它们是否源于一种有利于社会最不利者的税务体制和再分配体制。如果是这样，莱特曼和“法官朱迪”就有权利获得他们的收入。可是我们不能说，“法官朱迪”应得比首席大法官罗伯特高100倍的工资，或莱特曼应得比学校教师高700倍的工资。这样一个事实——他们恰好生活于一个在电视明星身上出手阔绰的社会——是他们的好运气，而不是他们应得的东西。

成功人士经常忽视他们的成功所具有的这一偶然性的方面。我们当中的很多人都幸运地拥有（至少是在某种程度上）我们这个社会恰好看重的才能。在一个资本主义社会，拥有企业家的驱动力很有利；在一个官僚制度的社会，能轻易平和地与领导相处很有利；在一个大众民主的社会，在电视上看起来形象不错、说话简短、嗓音有感染力很有利；在一个法治社会，去法学院深造、拥有能帮你在法学院入学考试中获得高分的逻辑和推理技能会很有利。

我们这个社会看重这些事物的事实，并非我们的行为结果。假如拥有这些才能的我们并不是生活于现在这样一个科技发达、喜欢诉讼的社会，而是生活于一个狩猎的社会、尚武的社会，或一个将最高的奖励和特权都授予那些展示了身体力量或宗教虔诚的人的社会，那我们的才能会变成什么呢？很显然，它们不会让我们发展得太好。毫无疑问，我们中的一些人会发展一些其他的才能。可是，我们会比现在具有更少的价值或德性吗？

罗尔斯的答案是否定的。我们可能会少获得一些东西，而且很可能如此。但是，在我们对较少的东西拥有权利的同时，我们不会比他人具有更少的价值和更少的道德应得。这一点对生活在我们这个社会中的那些缺少某些特权地位，以及拥有较少的、这个社会恰好奖励的各种才能的人而言，同样是真实的。

因此，当我们有资格获得游戏规则所承诺的由于运用才能而得到的那些利益时，要是认为我们首先应得一个看重我们所拥有的各种才能的社会，那就是一种错误和自负。

伍迪·艾伦在电影《星尘往事》(*Stardust Memories*)中表达了一种类似的观点。艾伦在其中扮演一名与自己很相像的角色—— 一个名叫桑迪的著名喜剧演员。他遇见了往日的邻居、朋友杰里，后者因为当出租车司机而苦恼不堪。

桑迪：你做什么？你是干什么的？

杰里：知道我是干什么的吗？我开出租车。

桑迪：哦，你看起来很不错。你……开出租车没什么不好。

杰里：是啊，可是与你相比，再看看我……

桑迪：你想让我说什么呢？以前在邻里，我是那个爱开玩笑的孩子，对不对？

杰里：没错。

桑迪：所以，你要知道，我们生活在……生活在一个非常重视玩笑的社会，你知道吗？如果你以这种方式思考这件事——（清清嗓子）如果我是一个阿帕奇印第安人，那些人根本就不需要喜剧演员，对吗？那样我就会失业。

杰里：是吗？得了吧，这并不能使我感觉好点儿。[23]

这个喜剧演员关于名声和财富的道德任意性的即兴解释，并没有打动该出租车司机。将自己的下下签看作一种坏运气，并不能使他减轻痛楚。也许这是因为，在一个优绩主义的社会，大多数人都认为，我们在世间的成就反映了我们所应得的。要消除这一观念并非易事。分配正义是否能够脱离道德应得，这是一个我们将在后文讨论的问题。

生活是不公平的吗?

1980 年，当罗纳德·里根在竞选总统时，经济学家米尔顿·弗里德曼与妻子罗丝合著并出版了一本畅销书，书名为《自由选择》(*Free to Choose*)。这本书为自由市场经济做出了大胆热烈、毫不胆怯的辩护，并且在里根时代成为一部教科书——甚至是一首颂歌。在维护政府放任主义的原则不受到平等主义的反驳时，弗里德曼做出了一种令人惊讶的让步。他承认，那些成长于富裕家庭并进入名校上学的人，比起那些来自拥有较少特权的背景的人，拥有一种不公平的优势。他还承认，那些拥有才能和天赋的人——尽管这不是他们自己行为的结果——比起其他人拥有一种不公平的优势。与罗尔斯不同，弗里德曼坚持认为，我们不应当试着去纠正这种不公平。相反，我们应当学会去适应它，并享受它所带来的益处：

> 生活是不公平的。认为政府能够纠正自然的产物的观点确实很吸引人，但是认识到以下这点同样重要：我们从自己强烈

反对的这种不公平中获得了多少利益。穆罕默德·阿里天生拥有使他成为一个伟大的拳击手的技能……这里没有什么公平可言……穆罕默德·阿里一夜能赚好几百万美元，这当然也不公平。但是，如果为了追求某种抽象的平等理想，而不允许穆罕默德·阿里在一个晚上的比赛中所赚的钱，比一个处于社会最底层的人在码头上做一天没有技术含量的活儿所赚的更多，那么这对那些喜欢看阿里比赛的人而言，不是更加不公平吗？[24]

在《正义论》中，罗尔斯反对弗里德曼的观点所体现的那种自鸣得意式的建议。在一段鼓舞人心的话中，罗尔斯表达了一个尽人皆知，却经常被我们忘却的真理：事物所表现的形式，并不决定它们应当表现的形式。

我们应当反对这样一种论点：制度的安排总是有缺陷的，因为自然才能的分配和社会环境的偶然性因素是不正义的，而这种不正义不可避免地必然要转移到人类的制度安排之中。这种思想有时候被看作对不正义熟视无睹的借口，仿佛拒绝默认不正义的存在和不能接受死亡一样。（我认为）自然的分配无所谓正义不正义，人们降生于社会的某一特殊地位也说不上不正义。这些只是自然事实。正义或不正义在于制度处理这些事实的方式。[25]

罗尔斯建议我们这样处理这些事实：同意“与他人分享命运”，

并且“只有当利用那些自然和社会环境的偶然性能够有利于整体时，我们才能这么做”。[26] 无论罗尔斯的正义理论最终能否成功，它都代表了美国政治哲学中迄今为止所提出的最具说服力的支持一个更加平等的社会的理由。

第七章

反歧视政策之争

谢里尔·霍普伍德来自一个并不富裕的家庭。她由一个单身妈妈抚养成人，并努力读完了中学、社区大学及位于萨克拉门托的加州州立大学。然后她移居得克萨斯州，并申请就读得克萨斯大学法学院，这是得州最好的法学院，也是全美最好的法学院之一。尽管霍普伍德的年平均绩点为 3.8，并且在该法学院的入学考试中表现得还不错（位居第 83 个百分位），可是她没有被录取。[1]

霍普伍德是个白人，她认为自己被拒绝是不公平的。有些被录取的申请者是非洲裔的美国学生和墨西哥裔的美国学生，他们的大学成绩比她低，入学考试分数也没有她高。该学院有一个反歧视的政策，该政策偏向那些少数民族的申请者。事实上，所有与霍普伍德的大学成绩和入学考试分数差不多的少数民族学生，都被录取了。

霍普伍德将自己的情况上告至联邦法院，声称自己是被歧视的受害者。该大学回应称：其法学院的部分任务在于，增加得克萨斯州法律职业（不仅包括法律事务所，也包括州立法部门及法庭）中的种族多样性和民族多样性。“一个公民社会中的法律，在很大程度上依赖于这个社会愿意接受它的裁决。”该法学院院长迈克尔·沙洛特说道，“如果我们看不到各类团体的成员都在司法行政部门中起作用，我们就很难达到这一目标。”[2] 在得克萨斯州，非洲裔美国人和墨西哥裔美国人占总人口的 40%，可是在法律职业中所占的比例却小得多。当霍普伍德申请的时候，得克萨斯大学法学院运用了一项反歧视行动的录取政策，其目标在于使该届新生中被录取的少数民族学生达到总数的 15%。[3]

为了达到这一目标，该大学给少数民族的申请者设定了比非少数民族申请者低的录取标准。然而，该大学的领导们声称，所有被录取的少数民族学生都是合格的，他们大多数人都顺利地从法学院毕业且通过了律师资格考试。可是这对霍普伍德来说只是微不足道的安慰，她认为自己受到了不正义的对待，她应当被录取。

霍普伍德对反歧视行动的挑战并不是首例上告到法院的，也不会是最后一例。30 多年来，法院一直在与反歧视政策所引发的各种棘手的道德和法律问题做斗争。1978 年，在“巴克案”① 中，美国最高法院勉强支持了加州大学戴维斯分校医学院的反歧视行动录取政策。[4] 2003 年，在涉及密歇根大学法学院一案中，最高法院以几乎对等的票数裁决：在录取时可以将民族作为一个考虑因素。[5] 与此同时，加州、华盛顿州及密歇根州的选民最近自发地投票表决，反对在公共教育和

① 巴克是一名白人男性，连续两年被加州大学戴维斯分校医学院拒绝录取，但该医学院却录取了一些在各方面都比巴克差的黑人学生，巴克因此将学校上告到美国最高法院。——译者注

就业领域中存在民族不平等待遇。

对这些法庭而言，问题在于，反歧视行动的雇用和录取政策是否违反了美国宪法所保证的“人人都受到法律平等的保护”。但是，让我们搁置宪法上的问题而直接关注这一道德问题：在雇用或大学录取中将民族和种族作为考虑因素，是否正义呢？

为了回答这一问题，让我们看一下反歧视行动的拥护者所提出的赞同将民族和种族纳入考虑因素的三个原因：纠正标准化考试中的偏见、补偿过往之错和促进多样性。

校正考试的不足

将民族和种族纳入考虑因素的原因之一就是：纠正标准化考试中可能存在的偏见。SAT 和其他类似的预测学术和职业成功可能性的考试，长期以来都遭到人们的非议。1951 年，波士顿大学神学院博士项目的一位申请者提交了一份很差的 GRE（美国研究生入学考试）成绩单。年轻的马丁·路德·金——后来成为美国历史上最伟大的演说家之一——当时在语言表达能力测试中的分数低于平均分。[6] 幸运的是，他还是被录取了。

有些研究表明，黑人学生和拉丁裔学生在标准化考试中的总体分数要低于白人学生，这甚至根据经济阶层而有所不同。可是，无论导致这种考试成绩差异的原因是什么，要用这种标准化的考试来预测学术上的成功与否，就需要人们在阐释这些分数时考虑到学生的家庭、社会、文化及教育上的背景。一个就读于南布朗克斯区破旧的公立学校的学生在 SAT 中所得的 700 分，比曼哈顿上东区的一个就读于名牌私立学校的学生在 SAT 中所得的 700 分更有含金量。但是，在评估考试分数时考虑到学生们的民族、种族和经济背景，并没有质疑这样一种观念：学院和大学应当录取那些拥有最好的学术前景的学生。它只是试图找出那种最精确的衡量每个个体学术前景的标准。

真正与反歧视政策有关的争论，涉及另外两个理由——补偿的理由和多样性的理由。

补偿过往之错

补偿性的理由将反歧视行动看作对过往错误的一种纠正。它认为少数民族的学生应该得到偏爱，以补偿那段将他们置于一种不正义的不利处境的歧视史。这一论点主要将录取看作接受者的一种利益，并且试图以一种补偿过往的不正义及其残留影响的方式来分配这种利益。

可是这种补偿性的论证遇到了一种严峻的挑战：批评者们指出，那些受益人未必就是曾经的受害者，那些提供补偿的人也很少是造成被纠正之错误的人。许多反歧视行动的受益人都是中产阶级的少数民族学生，他们并没有遭受贫民区的那些年轻的非洲裔美国人及拉丁裔美国人所遭受的苦难。为什么一个来自富裕的休斯敦郊区的非洲裔美国学生，应当比谢里尔·霍普伍德占有优势呢？后者可能实际上面临着更加严峻的经济困难。

批评者们认为，如果反歧视行动的要点在于帮助那些不利者，那么它应当基于阶层而不是种族。如果种族偏好意在补偿历史上奴隶制和种族隔离制的不正义，那么从像霍普伍德这样的人这里强行索取补偿又怎么能说是公平的呢？他们在这些不正义的行为中没有起任何作用。

支持反歧视行动的补偿性理由能否回答这一反驳，取决于“集体责任”这一令人费解的观念：我们是否具有一种道德责任来纠正前一辈人所犯下的错呢？为了回答这一问题，我们需要更多地了解道德责任是如何产生的。我们是仅仅作为个体来承担责任，还是某些责任要求我们作为具有历史身份的共同体的成员来承担呢？由于我们在本书的后面会讨论这个问题，所以让我们此刻先搁置这个问题，并转向多样性的理由。

促进多样性

支持反歧视行动的多样性理由，并不依赖于具有争议性的集体责任的观念，也不依赖于证明那些在录取时受到偏爱的少数民族学生本人遭受过歧视或阻碍。它并不将录取看作对接受者的奖励，而是将其看作一种促进达成社会上值得追求的目标的手段。

这种多样性理由是一种以共同善——学校本身的共同善，以及更广阔的社会的共同善——为名义的理由。首先，它认为一个民族融合的学生团体是值得追求的，因为它使得学生们相互之间能够比他们都来自相似的背景的情况下学习到更多。正如一个来自国内同一个地方的学生团体在其理智上和文化上的观点会存在限制性一样，一个反映相同民族、种族和阶层特征的学生团体在理智上和文化上的观点也存在限制性。其次，这种多样性理由坚持认为，使那些处于不利地位的少数民族具备在重要的公共领域和职业角色中担任重要位置的能力，推进了该大学的公民性目标，并对共同善做出了贡献。

这种多样性理由是众多大学和学院最经常提出的理由。当得克萨斯大学法学院院长面对霍普伍德的挑战时，他援引了他们学校的反歧视行动政策所要达到的公民目的。该法学院的部分使命就在于帮助增加得克萨斯州法律职业中的多样性，并使非洲裔美国人和拉丁裔美国人能够在政府和法律部门承担领导性的角色。他认为，通过这种手段，该法学院的反歧视行动项目是成功的："我们看到，我们那些少数民族的毕业生或被选为政府官员，或在优秀的法律事务所工作，或成为得克萨斯州立法机关和联邦法院的成员。可以说，已经到了这样一种地步：如果在得克萨斯州的重要部门有少数民族，那么他们通常是我们的毕业生。"[7]

当联邦最高法院在审理"巴克案"的时候，哈佛学院作为与案件无关而被法官要求提供意见的第三者，提交了一份简短的说明，它出于教育的原因维护反歧视行动。[8] 这说明，成绩和考试分数从来都不是录取的唯一标准。"如果学术上的卓越成就是唯一的或占主导地位的标准，那么哈佛学院就将失去很多活力和理智上的卓越成就……给所有学生提供的教育背景的品质也会受损。"在过去，多样性曾经意味着"学生们来自加利福尼亚州、纽约州和马萨诸塞州，城市居民和农场小伙子，小提琴家、画家和足球运动员，生物学家、历史学家和古典学者，有潜力的证券经纪人，学者和政客"。现在，哈佛学院也关心民族和种族的多样性。

一个来自爱达荷州的农场小伙子可以给哈佛学院带来波士顿人所不能提供的东西。同样，一个黑人学生通常可以带来白人学生所不能提供的东西。哈佛学院中所有学生的教育背景的品质，部分地取决于这些学生所带来的背景和观点上的差异。[9]

多样性理由的批评者们提出了两种反驳：一种是实际性的，另一种是原则性的。实际性的反驳质疑反歧视行动政策的有效性。它认为，运用民族偏好并不会产生一个多元的社会或减少偏见和不平等，但会损害少数民族学生的自尊，从各方面增加民族意识，加剧民族张力并在白人种族团体内部引发怨恨之声，他们感觉自己也应当得到一个喘息的机会。这种实际性的反驳并不认为反歧视行动是不正义的，而是认为它不可能达到其目标，并且有可能弊大于利。

民族偏好侵犯了权利吗？

原则性的反驳认为，无论一届更加多样化的学生或一个更加平等的社会具有多大的价值，也无论反歧视行动政策在实现这一目标时有多成功，在录取中将民族或种族作为一种考虑因素就是不正义的。原因如下：这样做侵犯了像谢里尔·霍普伍德这样的申请者的权利，他们没有任何责任，却被置于一个不利的竞争地位。

对于功利主义者而言，这种反驳不会具有太大的分量。支持反歧视行动的理由，将仅仅取决于权衡它所产生的教育的和公民的利益是否大于它所导致的像霍普伍德和其他处于被淘汰边缘的白人申请者的失望。可是许多反歧视行动的拥护者并非功利主义者，他们是康德式的或罗尔斯式的自由主义者。他们相信，即使是值得追求的目的也不能践踏个体权利。对他们而言，如果在录取中将民族作为一种考虑因素而侵犯了霍普伍德的权利，这样做就是不正义的。

罗纳德·德沃金是一位以权利为导向的法学哲学家，他认为在反歧视行为政策中运用民族偏好并没有侵犯任何人的权利，并以此与这种反驳对质。[10] 他质问道，霍普伍德的什么权利被否定了呢？可能她认为，人们有权利不被基于一些超出他们掌控的因素（如民族）评判。可是，大多数大学传统的录取标准都涉及一些超出人们掌控的因素。我来自马萨诸塞州而不是爱达荷州，或者我是一个糟糕的足球运动员，或者我五音不全，这都不是我的错。我没有能力在 SAT 中取得好成绩也不是我的错。

可能这里受到威胁的是这样一种权利，即仅仅根据学术标准——而不是因为善于踢足球、来自爱达荷州、在救济院当过志愿者等——被考量的权利。基于这种观点，如果我的成绩、考试分数及其他学术前景的衡量标准将我置于申请者的顶层，我就应当被录取。换言之，学校应该仅仅根据我的学术实力考量我。

可是，正如德沃金所指出的，并不存在这样的权利。有些大学可能仅仅根据学术资格录取学生，不过大多数大学并非如此。各所大学都以不同的方式来界定自己的录取标准。德沃金认为，没有哪一个申请者拥有以下权利：该大学以一种首先奖励某些特殊才能——无论是学术技能、运动才能还是其他——的方式来设定自己的使命，规划自己的录取政策。一旦这所大学设定了自己的使命，并设置了录取标准，那么只要你比其他申请者更加符合这些标准，你就拥有一种被录取的合法期望。那些位于前列的申请者（算上学术前景、种族和地理的多样性、体育特长、课外活动、社区服务等）有资格被录取，将他们排除在外是不公平的。可是没有人从一开始就拥有根据一系列标准被考量的权利。[11]

在反歧视政策的多样性理由的核心，存在着一种有争议但却深刻的主张：录取并不是一种授予最高美德或德性的荣誉。那些拥有最高考试分数的学生，以及来自一个处于不利地位的少数民族团体的学生，在道德上都不应得录取资格。只要申请者对满足该大学的社会目的有所贡献，那么他的录取资格就是正当的，这一点并不因为该大学奖赏学生们的那些被单独界定的优点与美德而成立。德沃金的重点在于：录取中的正义并不是在奖赏优点与德性，只有当一所大学界定了自己的使命时，我们才能知道，什么才算是分配大学新生名额的公平方式。该使命界定了相关的美德，而不是相反的情况。德沃金关于大学录取的论证，与罗尔斯关于收入分配的论证类似，它与道德应得无关。

种族隔离与反犹太人制度

这是否就意味着，各大高校能够自由地、如其所愿地界定自己的使命呢？是否任何一种与这种声明的使命相符的录取政策都是公平的呢？如果是这样，现代美国南部的一些校园中的种族隔离又怎么说呢？得克萨斯大学法学院曾经刚好处于早期质疑宪法的中心地带。1946 年，当这所学校还实行种族隔离制度的时候，它拒绝录取希曼·马里昂·斯韦特，原因是该学校不录取黑人。他的挑战成为联邦最高法院的一个标志性的案件——“斯韦特诉佩因特案”（1950），这给了高等教育中的种族隔离制度一记重击。

然而，如果录取政策公平性的唯一衡量标准就在于它是否符合该学校的使命，得克萨斯大学法学院在当时提出的论点又有什么问题呢？它的使命就是为得克萨斯律师事务所培养律师。该法学院认为，由于得克萨斯律师事务所当时并不雇用黑人，录取黑人就不能满足该学校的使命。

你可能会争论说，作为一所公立学校，得克萨斯大学法学院在使命的选择范围上应当比私立学校更广。当然，那些著名的在宪法上对高等教育中反歧视政策的挑战，确实涉及一些公立大学——加州大学戴维斯分校（“巴克案”）、得克萨斯大学（“霍普伍德案”）及密歇根大学（“格鲁特案”）。但是，既然我们是在试着判断使用民族偏好是否正义而不是其合法性，那么公立大学和私立大学之间的区别就不重要。

私立协会和公立团体都可能由于不正义而受到批判。让我们回忆一下，在实施种族隔离的美国南部，那些室内静坐的抗议者坐在午餐柜台前面，抗议种族歧视。这些午餐柜台是私人拥有的，尽管如此，它们所实施的种族歧视却是不正义的。（事实上，1964年的《民权法案》确认了这种歧视是非法的。）

或者让我们来考虑一下，一些常春藤联盟高校在20世纪20年代和30年代正式或非正式采用的反犹太人制度。是否仅仅因为这些学校是私立的而非公立的，这些制度在道德上就是可辩护的呢？1922年，哈佛大学校长劳伦斯·洛厄尔以减少反犹太主义者的名义提议，要将犹太人的录取率控制在12%。“学生中反犹太人的情绪日益高涨，”他说，“这种情绪的高涨与犹太人数量的增长成正比。”[12] 20世纪30年代，达特茅斯学院的招生办主任给一位抱怨校园里犹太人数量增长的校友写了一封回信。“我很乐意接受你关于犹太人问题的评论，”这位主任写道，“如果在1938级学生中的犹太人超过了5%或6%，那么我的悲恸之情将无以言表。”1945年，达特茅斯校长援引该学校的使命为限制录取犹太人做辩护：“达特茅斯是一所基督教学院，其建立目的是使学生们信仰基督教。”[13]

如果像支持反歧视政策的多样性理由所认为的那样，大学可以设定任何促进完成自身界定的使命的录取标准，那么我们是不是有可能谴责种族主义的排斥和反犹太人的限制呢？在种族隔离主义的南方地区使用民族偏好来排除学生，与当今使用民族偏好来录取学生的反歧视政策，这两者之间有着本质上的区别吗？最显而易见的答案是：在种族隔离时期，得克萨斯大学法学院将种族当作一种低劣的标志，而如今的种族偏好并没有侮辱或污蔑任何人。霍普伍德认为自己被拒绝是不公平的，可是她不能说这表达了一种仇恨与蔑视。

这是德沃金的回答。种族隔离时期的种族排外基于“这样一种卑劣的观点—— 一个民族可能内在地比另外一个民族更有价值”。而反歧视政策则不涉及偏见，只是主张，考虑到在关键职业中促进多样性的重要性，黑人或拉丁裔“可能有一种社会性的有用的特征”。[14]

像霍普伍德这样被拒绝的申请者，可能并不会觉得这一区别是令人信服的，不过这确实具有一种特定的道德力量。该法学院并不是说霍普伍德更加低劣，或那些代替她被录取的少数民族学生应得一种优势而她不应得。它只是说，一届学生和法院里的民族和种族的多样性，满足了该法学院的教育目的。除非对这些目的的追求在某种程度上侵犯了那些失败者的权利，否则那些失望的申请者就不能合法地说他们受到了不正义的对待。

偏袒白人的反歧视政策?

有一个关于多样性论点的测试：它有时候能为白人的种族偏好做辩护吗？让我们看一下“小星城”（Starrett City）的情形。这个楼群位于纽约的布鲁克林区，有两万名居民，是全美最大的由政府资助的中等收入者住房项目。它启动于 20 世纪 70 年代中期，目的在于成为一个种族融合的社区。它通过使用“占有率控制”来达到这一目的，“占有率控制”将非洲裔美国人和拉丁裔美国人的人口限制在总数的 40%，试图平衡该社区的民族和种族的构成。简而言之，它使用了一种定额体制。这种定额并不是建立在偏见和蔑视的基础之上，而是建立在一种来自城市经验的关于种族“临界点”的理论基础之上。该项目负责人希望避免这种临界点，因为它导致了其他社区中的“白人逃跑”现象，并破坏了种族融合。通过维持民族和种族的平衡，他们希望能维持一个稳定的、具有种族多样性的社区。[15]

这起了作用。该社区变得令人非常满意，许多家庭都想搬进来，于是“小星城”便确立了一份等候名单。在一定程度上，由于那种定额体制——它分配给非洲裔美国人的公寓比分配给白人的少——黑人家庭不得不比白人家庭等更长的时间。到 20 世纪 80 年代中期，一个白人家庭必须等 3~4 个月以获得一套公寓，而一个黑人家庭则需要等上两年。

那么，这里的定额体制偏袒白人申请者，但并不是基于种族的偏见，而是基于“维持一个种族融合的社区”的目标。有些黑人申请者发觉这种有意识的种族政策是不公平的，并提起了一项种族歧视的诉讼。在其他情形中支持反歧视政策的全美有色人种协进会（NAACP）可以作为他们的代表。最后，他们达成了协议，协议允许“小星城”保留其定额体系，同时要求该州增加少数种族进入其他住房项目的机会。

“小星城”所采用的这种有意识的、分配公寓的种族方式是否正义呢？不，除非你接受了支持反歧视政策的多样性理由。民族和种族的多样性在住房项目和大学教室中所起的作用并不相同，在此处受到损害的事物也不尽相同。但是，从公平的进路来看，这两种情形共存亡。如果多样性满足了共同善，并且没有人受到基于仇恨和蔑视的歧视，民族偏好就不侵犯任何人的权利。为什么呢？因为，根据罗尔斯关于道德应得的观点，没有人能根据自己那些被独立界定的优点，应得一所公寓或新生中的一席之地。只有当住房管理人士或学校领导设定了自己的使命时，才能确定什么才算是优点。

正义能够脱离道德应得吗？

拒绝承认道德应得作为分配正义的基础，这在道德上是有吸引力的，但同时是令人不安的。它之所以具有吸引力，是因为它打消了存在于优绩主义的社会中人们所熟悉的那种自鸣得意的妄想：成功乃美德之冠，富人之所以富有，是因为他们比穷人更加应得。正如罗尔斯提醒我们的："没有人应得更好的自然能力，也没有人在社会中应得一个更好的起点。"我们居住于一个恰好奖励我们特殊强项的社会也并非自身作为的结果，这是对我们好运气而非德性的一种衡量。

隔断正义与道德应得之间关联的令人不安之处，并不容易描述。"工作与机会是对那些应得者的奖励"这一观念深入人心，可能在美国比在其他社会更加深入人心。政治家们经常宣称那些"努力工作并按规则行事"的人应当能够跻身社会前列，并鼓励那些实现了自己美国梦的人将自己的成功看作对自身美德的折射。这一观念至多是一种混合性的鼓励，它的持续性存在对社会稳定性来说是一种障碍。我们越多地将自己的成功看作自己的行为结果，就会越少地感觉到自己对那些落后者负有责任。

可能这种持续性的观念——成功应当被看作对德性的奖励——就是个错误，是一个我们应当努力消除的神话。罗尔斯关于财富的道德任意性的论点，强有力地质疑了这一观念。可是，从政治上和哲学上来说，我们不可能使关于正义的论证像罗尔斯和德沃金所认为的那样，决然地脱离关于应得性的争论。下面让我来解释原因。

首先，正义通常具有表示敬意的一面。关于分配正义的争论并不仅仅与谁得到了什么有关，同时也与什么品质值得尊敬和奖励有关。其次，"只有当社会制度确立了自己的使命时，优点才会产生"这种观念，容易遇到以下复杂的情形：在关于正义的争论中，那些最引人注目的社会机构——如中小学、大学、职务、职业、公共职务等——并不能自由地以自己喜欢的方式来界定自己的使命。这些机构至少部分地由它们所推崇的独特的善来界定。我们仍然有余地来讨论，在特定时刻，一所法学院、一支军队或一支管弦乐队的使命应当是什么，可是与此同时，并非任何事情都是这样的。特定的善与特定的社会制度相适应，忽视这些善在分配中的作用可能就是一种腐败。

通过回忆霍普伍德的案例，我们可以看清楚正义与荣誉交织在一起的方式。让我们假设德沃金是对的，即谁应当被录取与道德应得并无关联。以下就是那所法学院应当发给霍普伍德的拒绝信[16]：

亲爱的霍普伍德小姐：

我们很遗憾地通知你，你的录取申请被拒绝了。请你谅解，我们的决定丝毫没有冒犯之意。我们并没有蔑视你，事实上，我们甚至认为你跟那些被录取的学生同样应得。

你进入了一个碰巧不需要你所提供的各种才能的社会，这并非你的过错。那些取代你被录取的人，并不应得一席之地，也不因为那些使他们能够被录取的因素而值得表扬。我们仅仅是将他们和你作为一种满足更广阔的社会目的的工具来考量。

我们知道你会觉得这一消息是令人失望的。但是，你的失望不应当被这样一种想法夸大：这种拒绝以某种方式反映了你的内在道德价值。我们在以下意义上对你表示同情：当你申请的时候，你恰好没有拥有社会正好需要的那些特征，这太糟糕了。祝你下次好运。

你真诚的……

以下是某所在哲学上直言不讳的法学院给那些被录取的学生发送的缺乏尊敬意味的录取信：

亲爱的成功的申请者：

我们很高兴地通知你，你的录取申请被接受了。结果表明，你恰好拥有社会现在需要的那些特征，因此，我们打算让你学习法律，从而利用你的资质以满足社会的利益。

你值得祝贺，但并不是在你拥有那些使你被录取的各种品质的意义上应得奖励——你并不应得，而是在这样一种意义上，即彩票的中奖者应当得到祝贺。你在恰当的时机获得了恰当的特质，这是非常幸运的。如果你选择接受我们的邀请，你最终将有资格获得一些利益，因为你选择了以这种方式发挥你的潜力。你应该为此而庆祝。

你——或更可能是你的家人，可能想要在更深层的意义上庆祝，即你认为，这次录取如果不是有力地反映你的天赋，也至少反映了你在培养这些能力时付出的有意识的努力。然而，"你应得那些对你的努力而言非常必要的优秀品格"这一观念同样是有问题的，因为你的品格取决于各种各样的幸运的环境，而你是没有资格拥有这些的。应得的观念在此并不适用。

尽管如此，我们仍然期待着与你相见于金秋时节。

你真诚的……

这样的信可能会缓解那些被拒者的痛苦，并打击那些被接受者的狂妄自大。那么，为什么大学仍然发送（申请者也期望）一些充满祝贺和尊敬言辞的录取信呢？可能是因为各所大学不能完全消除这样一种观念——它们的作用并不仅仅在于促进某些目的，也在于尊敬和奖励某些德性。

为什么不拍卖大学录取资格呢？

这将我们引入了第二个问题，即学院和大学是否能够如其所愿地界定自己的使命。让我们暂时搁置民族和种族偏好，转而考虑另一种反歧视政策的争议——关于“余荫录取”（legacy preference）的争论。许多学校允许校友的孩子们在录取时占有优势，这样做的理由之一是，随着时间的推移而建设社区和学校精神；另一个理由就是，希望那些感激涕零的校友父母为他们的母校提供慷慨的经济援助。

为了孤立这个经济上的理由，让我们来考虑一下大学所说的“发展性的录取者”（development admit），也就是那些并非校友的孩子，但都是拥有能够给学校提供数目可观的经济贡献的富有父母的申请者。许多大学会录取这些学生，即使他们的成绩和考试分数没有所要求的那样高。为了将这一观念发展至极致，让我们想象一下，一所大学决定将一届新生中 10% 的名额拍卖给那些出价最高的人。

这种录取制度是否公平呢？如果你认为，优点仅仅意味着以各种方式为学校的使命做贡献的能力，那么答案将是肯定的。无论其使命是什么，所有的大学都需要钱来完成这一使命。

借助于德沃金关于优点的宽泛定义，一个被某所学校因为 1 000

万美元建设校园新图书馆的馈赠而录取的学生，是值得称赞的，他的入学满足了大学这个整体的善。那些由于是慈善家的孩子而被拒绝的学生，可能会抱怨自己受到了不正义的待遇。可是，德沃金对霍普伍德的回应对他们同样适用。公平所要求的是：没有人由于偏见和蔑视而被拒绝，申请者们由那些与大学为自己所设定的使命相关的标准来判断。在这种情况下，那些条件得到了满足。失败的学生并非偏见的受害者，他们没被录取只是因为运气不好，没有愿意并有能力捐赠一座图书馆的父母。

可是这一标准太无力了。富有的家长能够给自己的孩子购买一张通往常春藤联盟高校的门票，这似乎仍然是不公平的。可是，这种不正义在于什么呢？不会是这样一个事实：那些来自贫困或中产家庭的申请者被置于一种超出自己掌控的不利处境。正如德沃金所指出的，很多超出我们掌控的因素在录取时都是合法的因素。

可能这种拍卖的问题与申请者的机会无关，而与该大学的整体性有关。将座位卖给出价最高的人，这对一场摇滚音乐会或体育比赛来说比教育机构更加合适。正当地分配某一事物的方式，可能与这个事物的本质及其目的相关。有关反歧视政策的争论反映了不同的关于“大学是为了什么”的观念：它们在何种程度上应当追求学术上的卓越，在何种程度上应当追求公民美德，以及该如何平衡这些目的。尽管大学教育达到了为学生们通往成功人生做准备的目的，但其主要目的并不是商业性的。因此，将教育当作一种消费品出售，就是一种腐败。

那么，什么才是大学的目的呢？哈佛大学并不是沃尔玛，也不是布鲁明戴尔百货公司。其目的并不是使财政收入最大化，而是要通过教学和研究服务于共同善。教学和研究的花销确实很大，各所大学也都投入了很大精力来筹集资金。但是，当赚钱的目标占据主导地位，甚至影响录取工作时，这所大学就远远偏离了学术的和公民的善，而这些是其存在的首要原因。

“大学入学名额分配中所体现的正义，与大学适当追求的善有关”这种观念，解释了为什么我们很难将正义和权利的问题脱离荣誉和德性的问题。大学授予荣誉学位，以祝贺那些展示了大学所要推行的各种德性的人。但是，在某种程度上，大学所授予的每一个学位都是一种荣誉学位。

那种将关于正义的论点与关于荣誉、德性及善的意义的论点联系在一起的尝试，看起来似乎是解决那种毫无希望的分歧的一剂良方。人们对荣誉和德性持有不同的观点。各种社会制度——无论是大学、公司、军队、职场，还是一般性的政治共同体——都是有争议的和令人担忧的。因此，为正义和权利寻求一种远离这些争论的基础，是有诱惑力的。

许多现代政治哲学都试图这样对待正义问题。正如我们已经看到的，康德和罗尔斯的哲学都大胆地试着为正义和权利找到一种基础，这一基础中立于各种不同的关于良善生活的观点。是时候看看他们的谋划是否成功了。

第八章

谁应得什么？/亚里士多德

考利·斯马特是西得克萨斯安德鲁中学的一名非常受欢迎的啦啦队队长。她患有大脑瘫痪症，只能借助于轮椅四处走动，可这一事实并没有抑制她出现于高三代表队的比赛现场并使橄榄球运动员和球迷产生的热情。但是，这次赛季之后，考利却被踢出了啦啦队。[1]

在其他啦啦队队长及其父母的强烈要求下，学校领导告诉考利，来年要是还想参加啦啦队，她将不得不像其他人一样，在一套严格的常规体育项目中参加选拔，内容包括劈叉和翻跟头。该啦啦队主队长的父亲强烈反对考利加入啦啦队，他说自己担心考利的安全。但是考利的妈妈则怀疑，他们是对考利所获得的欢迎心存怨恨，因而产生这种反对的。

考利的故事引发了两个问题。其一为公平问题。学校应当要求她去参加体育项目选拔以便合格地成为一名啦啦队队长吗？或者，考虑到她的残疾，这一要求是不是不公平的呢？回答这一问题的方式之一，就是援引无歧视原则：只要考利能在该位置发挥好作用，就不能仅仅因为她缺乏身体能力（尽管这不是她自己的过失）来完成常规的体育项目，而将她排除在啦啦队之外。

可是这种无歧视原则并没有太大的帮助，因为它回避了此争论的核心问题：扮演好啦啦队队长这一角色意味着什么？考利的竞争对手认为，要成为一个好的啦啦队队长，你就必须会劈叉和翻跟头。毕竟，这是啦啦队队长让观众兴奋起来的传统方式。而考利的支持者们则认为，这将啦啦队队长的目的与达到目的的方式混淆了。啦啦队队长的真正目的在于激励学校精神并活跃球迷。当考利在轮椅中欢呼、挥舞着球花并绽放灿烂笑容的时候，她很好地做到了啦啦队队长所需要做的事情——点燃观众的激情。因此，为了决定啦啦队队长应当具备什么样的条件，我们需要确定，对啦啦队而言，什么是必不可少的，什么才是次要的。

考利的故事所引发的第二个问题与怨恨有关。什么样的怨恨可能刺激啦啦队主队长的父亲呢？为什么考利在啦啦队中的存在让他备受困扰呢？不可能是考利的加入剥夺了他自己女儿的一席之地，因为他的女儿已经在啦啦队中了，也不仅仅是他可能对一个在常规体育项目中超过自己女儿的女孩感到嫉妒，考利当然并没有这样。

以下是我出于直觉的想法：他的怨恨很可能反映了一种感觉，即考利被授予一种她不应得的荣誉，这以某种方式嘲笑了女儿领导啦啦队的专长给他带来的骄傲感。如果出色的领导啦啦队的工作能够在轮椅上完成，那么，那些在翻跟头和劈叉方面非常出色的人所获得的荣誉在某种程度上便受到了贬低。

如果考利之所以应当成为一名啦啦队队长是因为她尽管残疾却展现了与这一角色相配的美德，那么，她所获得的荣誉确实对其他啦啦队队长所获得的荣誉构成了某种威胁。她们所展示的体育技能，在成功地领导啦啦队这一事务当中似乎不再是必不可少的，而只是使观众兴奋的方式之一。这名主队长的父亲尽管不是那么宽宏大量，但他却正确地把握了那些受到威胁的东西。多亏了考利，一种曾经被看作具有特定目的、被授予的荣誉也较为固定的社会行为，现在被重新定义了。她的事迹表明，成为啦啦队队长的方式不止一种。

我们要注意，与公平有关的第一个问题和与荣誉及怨恨有关的第二个问题之间具有关联。为了判定哪一种分配啦啦队领导位置的方式是公平的，我们需要判定领导啦啦队的本质和目的，否则我们就无法说，哪些品质对它而言必不可少。可是，判定领导啦啦队的本质可能是具有争议性的，因为这使我们卷入一些有关什么品质值得尊敬的争论。什么算作领导啦啦队的目的，部分地取决于你认为什么样的德性应得承认和奖励。

正如本章所要展示的，类似于领导啦啦队这样的社会行为，不仅仅只有一种工具性的目的（鼓舞啦啦队），同时也有一种荣誉性的或模范性的目的（庆祝某种卓越或德性）。在选择自己的啦啦队队长的时候，中学不仅仅是在促进学校精神，同时也表达了它希望学生们去钦佩和学习的品质。这就解释了为什么这一争论如此激烈，也解释了一个令人困惑之处——那些已经在啦啦队之中的学生（及其家长）在考利的合法性争论当中，为何能感觉到一种危及自身的危险。这些家长希望啦啦队队长这一位置能尊重自己女儿所拥有的那些传统啦啦队队长所具有的德性。

正义、目的与荣誉

从这种方式来看，西得州关于啦啦队队长的纷争就是亚里士多德正义理论的一种缩影。亚里士多德政治哲学的核心是两种观念，它们都体现于有关考利的争论当中：

（1）正义是目的论的。对权利的界定要求我们弄明白所讨论的社会行为的目的。

（2）正义是荣誉性的。为了推理一种行为的目的（或加以讨论），至少要部分地推理或讨论它应当尊敬或奖励什么样的德性。

理解亚里士多德的伦理学和政治学的关键在于，弄明白这两种考量的力量及两者之间的关联。

现代的各种正义理论，都试图将公平和权利的问题与荣誉、德性和道德应得的问题分离开来。它们寻求那些中立于各种目的的正义原则，并使人们能够自己选择和追求他们的目的。亚里士多德并不认为，正义可以以这种方式保持中立。他认为，关于正义的争论，不可避免地就是关于荣誉、德性及良善生活本质的争论。

弄明白为什么亚里士多德认为正义与良善生活必然相关，将会帮助我们弄明白那种企图分开这两者的努力所具有的危险。

对亚里士多德而言，正义意味着给予人们应得之物，给予每个人所应得的东西。可是，什么才是一个人应得的呢？优点与应得之间关联的基础是什么呢？这取决于我们要分配什么。正义包括两个因素：

物品和被分配到这些物品的人。总的来说，我们认为“那些同等之人应当被分配到同等之物”。[2]

可是这里便产生了一个棘手的问题：在哪个方面平等呢？这取决于我们在分配什么，也取决于那些与被分配物品相关的美德。

假设我们在分配长笛，那么，谁应当得到最好的长笛呢？亚里士多德的回答是：那些最好的长笛吹奏者。

正义根据优点和相关的卓越之处有差别地对待。在吹长笛这一情形中，相关的优点就是吹得好的能力。如果基于任何其他因素，比如财富、贵族身份、美貌及机会（抽奖）等有差别地对待，那将是不正义的。

> 贵族身份及美貌，与吹长笛相比，可能是更大的优势。那些拥有这些优势的人，总的来说，可能在这些方面超过那个长笛吹奏者，这比该长笛吹奏者所超越于他们的地方多。可是，此处的事实仍然是：该长笛吹奏者是那个应当得到长笛的最佳人选。[3]

在广阔的、不同的维度来比较各种优越性就有很多可笑之处。这样询问的话会毫无意义：“我是不是比作为一个优秀的长曲棍球运动员的他更帅？”或者：“贝比·鲁斯与身为作家的莎士比亚相比，是不是一个更好的棒球运动员？”类似这样的问题可能仅仅作为室内游戏才有意义。亚里士多德的意思是，在分配长笛的时候，我们不应当寻找那些最富有的、最好看的，甚至在各方面都最好的人，而是应当寻找最佳的长笛吹奏者。

人们对这一观念非常熟悉。许多管弦乐队在幕后进行试听会，以便人们不带偏见或干扰地对音乐的质量进行评判。可是，人们对亚里士多德的理由却不甚熟悉。将最好的长笛给最佳长笛吹奏者的最显而易见的理由是，这样做将会产生最好的音乐，对听众有利。然而，这并不是亚里士多德的理由。他认为，最好的长笛应当归于最佳长笛吹奏者的理由是，这是长笛存在的目的——被很好地吹奏。

长笛的目的在于产生动听的音乐，那些能够最好地实现这一目的的人，就应当拥有最好的长笛。

同样真实的是：将最好的乐器给予最好的音乐家会带来受人欢迎的结果——产生最好的音乐，这是每个人都喜欢的，也就是给大多数人带来了最大幸福。不过，重要的是，我们要明白，亚里士多德的理由超越了这种功利主义的考量。

他从一个物品的目的推导出该物品恰当的分配方式，他的这种推理方式是目的论推理的一个例子。[“目的论”（teleology）源自希腊语 telos，意指意图、目的或目标。] 亚里士多德认为，为了决定某物品的正当分配方式，我们需要研究被分配之物的目的或意图。

目的论思维：网球场和小熊维尼

目的论的推理似乎是一种奇怪的思考正义的方式，但它确实具有某种合理性。假设你不得不决定如何分配使用某大学校园里的网球场，你可能会设定一个高额费用，给那些能支付最高价格的人优先权，或者你可能会将优先权给校园里的那些大人物——比如校长或诺贝尔奖获得者。可是，让我们来假设一下：两位著名的科学家正在打一场水平很一般的网球比赛，他们几乎都不能将球打过网，这时，校网球队走了过来，想要使用这个球场。难道你不会说，这两位科学家应当转移到一个差一点儿的网球场去，以便校网球队队员能够使用最好的网球场吗？你此时的理由难道不是：最好的网球运动员能够最佳地利用最好的网球场，而最好的网球场对那些打球水平一般的人来说是一种浪费？

或者让我们假设，一把斯特拉迪瓦里小提琴正在待售，一位富有的收藏家的出价高于小提琴家伊扎克·帕尔曼。这位收藏家想要把这把小提琴挂在客厅展示。难道我们不会认为这是一种损失，甚至可能是一种不正义吗？——并不是因为我们觉得这种拍卖不公平，而是这一结果不合适。在这种反应背后可能潜藏着一种（目的论的）思考：一把斯特拉迪瓦里小提琴是用来演奏的，而不是用来展示的。

目的论的思维方式在古代比当今更加盛行。柏拉图和亚里士多德认为，火焰之所以向上蹿，是因为它要接近天空，那是它的天然之乡；石头之所以往下落，是因为它们在奋力接近地球，这是它们的所属之地。人们将自然看作拥有某种意义的秩序。要理解自然及我们在其中的位置，就要抓住它的意图和本质性的意义。

随着现代科学的来临，自然不再被看作一种有意义的秩序。相反，它开始被机械地理解，受制于物理法则。如今，将自然现象用各种意图、意义和目的加以解释，会被看作一种天真幼稚的做法或拟人化比喻。尽管有这种转变，可是将这个世界看作有目的论秩序和有意图的整体的这种诱惑力并没有完全消失。它持续存在着，尤其是在孩子们中间，他们接受的教育是不要以这种方式看待这个世界。当我的孩子们很小的时候，我在给他们读 A. A. 米尔恩所著的《小熊维尼》时注意到了这一点。这个故事展现了一种孩子般的观点——自然充满神奇和魔力，是由意义和目的推动的。

在这本书的开始，小熊维尼走进森林，来到一棵大橡树下。从这棵树的顶端“传来了一阵阵嗡嗡的声音”。

> 小熊维尼坐在树下，用两只熊掌托住脑袋开始思考。
>
> 首先它在想：“这种嗡嗡的声音意味着某种东西。你不会听到一种只是这么嗡嗡在响，而不意味着某种东西的声音。如果有嗡嗡的声音，就有人在制造这种嗡嗡的声音。我知道，有这种嗡嗡声音的唯一原因就在于你是一只蜜蜂。”
>
> 然后它又想了很长时间，说：“我知道，成为一只蜜蜂的唯一理由就在于酿蜜。”
>
> 接着，它站了起来，说：“酿蜜的唯一理由就是我能吃蜜。”于是它开始爬树。[4]

小熊维尼那种孩子般的关于蜜蜂的思维方式，是目的论推理的一个很好的例子。到我们成年的时候，大多数人都已经长大而放弃了这种看待自然世界的方式，认为这种方式虽然具有吸引力，但却是离奇的。在科学领域拒绝了目的论的思维方式之后，我们也倾向于在政治领域和道德领域拒绝它。但是，在思考社会制度和政治行为的时候，要想摒弃目的论的推理方式却并非易事。如今，没有哪个科学家拜读亚里士多德关于生物或物理的著作并以严肃认真的态度对待它们。但是，伦理学和政治学专业的学生仍然在阅读和思考亚里士多德的道德哲学与政治哲学。

大学的目的是什么？

我们可以通过回应亚里士多德关于长笛的论述，来修正有关反歧视政策的争论。我们从寻求正义的分配标准开始：谁有权利被录取呢？在表述这一问题时，我们发现自己（至少含蓄地）在问："一所大学的意图或目的到底是什么？"

目的经常并不明显却具有争议性，这很常见。有些人说大学的存在就是为了促进学术成就，因此学术上的前景应当是录取的唯一标准。而另一些人则说，大学的存在也应当服务于某些公民目的，例如在一个多样化的社会成为领导的能力，因此，就应当成为录取的标准之一。辨别一所大学的目的似乎对确定恰当的录取标准来说是必不可少的，这便凸显了大学录取正义问题所具有的目的论特征。

与大学目的的争论紧密相连的是一个关于荣誉的问题：大学要适当地尊敬和奖赏什么样的德性或成就？那些认为大学的存在仅仅是为了称赞和奖励学术上有所成就的人，很可能会反对反歧视政策；那些认为大学的存在也应当促进某种公民理想的人，可能会很好地接受它。

那些自然地以这种方式进行的关于大学、啦啦队队长及长笛的争论，都证明了亚里士多德的观点：关于正义和权利的争论，经常都是关于某种社会制度的意图和目的的争论，这反过来又反映了关于这一制度应当尊敬和奖励何种美德的不同观点。

如果人们在所讨论的行为目的或意图上存在分歧，那么我们能做什么呢？我们是否有可能推理出一项社会制度的目的？或者说，大学的目的仅仅就是学校创始人或校管理委员会所声称的那样？

亚里士多德认为，我们有可能推理出各种社会制度的目的，它们的本质并不是一经确定就一成不变的，但也不仅仅是一个观点的问题。（如果哈佛学院存在的目的仅仅由创始人的意图决定，那么它的主要目的仍然是培训公理会的牧师。）

我们怎么能在面对各种分歧的时候推理出一种社会制度的目的呢？我们又如何引入那些与尊敬和德性相关的观念呢？亚里士多德在关于政治的讨论中，为这些问题提供了最连贯一致的回答。

政治的目的是什么？

当我们现在讨论分配正义的时候，我们主要关心的是关于收入、财富和机会的分配。而对亚里士多德来说，分配正义并非主要涉及钱财，而是涉及职务和荣誉。谁应当拥有统治权？应当如何分配政治权威？

乍一看，答案似乎同样明显：一人一票。任何其他的方式都将是一种歧视性的行为。可是亚里士多德提醒我们，所有关于分配正义的理论都具有歧视性。问题在于：哪一种歧视是正义的？而这一问题的答案则取决于上述行为的目的。

因此，在我们说政治权利和权威应当被怎样分配之前，我们必须研究政治的意图或目的。我们必须提出疑问："建立政党是为了什么？"

这似乎是一个无法回答的问题。不同的政治共同体关心不同的事物。讨论一支长笛或一所大学的目的是一回事，尽管在细枝末节上有所分歧，可是它们的目的都被限制在一定范围内。一支长笛的目的与创造音乐有关，而一所大学的目的则与教育有关。然而，我们真的能判定政治行为的目的或目标吗？

如今我们不再认为政治拥有某种特定的、实质性的目的，而是认为政治应该考虑公民可能拥护的多种目标。这不就是我们拥护选举制度的原因——为了在任何时候都能够选择我们集体想要追求的各种意图和目的——吗？如果我们事先将某种意图和目的施加给政治共同体，就似乎取代了公民自己做决定的权利。这样也有一种危险，即将那些并非每个人都接受的价值观强加于人。我们不情愿赋予政治某种特定的目的或目标，这反映了我们对个体权利的关心。我们将政治看作一种程序，它使每个人都能够选择自己的目标。

亚里士多德并不这样看。对他而言，政治的目的并不在于建立一套中立于各种目的的权利框架，而是塑造好公民、培育好品质。

> 任何一个真正的城邦——而不仅仅是名义上的城邦，必须致力于促进善这一目的，否则，一个政党就会沦为一个单纯的联盟……法律也就变成一种联盟……"是对人们权利的一种担保"，而不是它应当成为的那种例如能使城邦的成员变得善良和正义的生活规则。[5]

亚里士多德批判了两种主要的会对政治权威提出要求的制度——寡头制和民主制。他认为每种制度都有一种主张，不过都是部分的主张。寡头制认为，城邦应当由富人统治，而民主制则认为，自由的出身是公民身份和政治权威的唯一标准。但是两者都夸大了各自的主张，因为他们都误解了政治共同体的目的。

寡头制之所以错误，是因为政治共同体不仅仅是为了保护财产和促进经济繁荣。如果它仅仅是为了这些目的，那么财产的拥有者就应得最高的政治权威。对他们而言，民主制之所以错误，是因为政治共同体不仅仅在于给予大多数人自己的生活方式。亚里士多德所谓的“民主制”就是我们所说的多数主义。他反对这样一种观念：政治的目的就在于满足大多数人的各种偏好。

以上两者都忽视了政党的最高目的，对亚里士多德而言，这一最高目的就是培养公民德性。国家的目的并不是“为相互间的防御提供一种联盟……或疏通经济贸易及推进经济交往”。[6] 在亚里士多德看来，政治关乎某种更高的事物，它关乎怎样试着去过一种好生活。政治的目的在于使人们能够发展各自独特的人类能力和德性——能够慎议共同善，能够获得实际的判断，能够共享自治，能够关心作为整体的共同体的命运。

亚里士多德承认其他较低一级的联盟的有用性，比如防御同盟和自由贸易协定。但是他坚持认为，这种联盟并不算真正的政治共同体。为什么呢？因为它们的目的是受限的。像北大西洋公约组织（NATO）、北美自由贸易协定（NAFTA）及世界贸易组织（WTO）这样的组织，仅仅关心安全问题或经济贸易，并不构成一种可以塑造参与者品质的共享的生活方式。我们也可以同样评论一个仅仅关心安全问题和贸易而忽视公民道德和公民教育的城市或国家。“如果当它们聚集到一起后，它们交往的精神仍然与各自分开的时候一样，”亚里士多德写道，“那么，它们的联盟就不能被真正地看作一个城邦或政治共同体。”[7]

“一个城邦并不是居住于同一地区的居民的联盟，也不是为了防止相互间的不正义或疏通交易。”尽管这些条件对一个城邦来说是必要的，但它们却并不是充分的。“一个城邦的目的和意图是促进良善生活，各种社会生活制度也就是达到这一目的的手段。”[8]

如果政治共同体的存在是为了促进良善生活，那么职务和荣誉的分配又具有什么样的含义呢？亚里士多德对待政治如同对待长笛一样：他从物品的目的来推理分配它的恰当方式。“那些对这种联盟贡献最大的人”，就是具有卓越的公民美德的人，也是那些最善于慎议共同善的人。那些具有最高公民成就的人——而非那些最富有、数量最多的或最帅的人——就应该得到最多的政治认可和影响力。[9]

由于政治的目的就是促进良善生活，那么最高的职务和荣誉就应当归于像伯里克利这样的人，他们拥有最高的公民德性，并且最善于鉴定什么是共同善。财产的所有者应当有发言权，大多数人的考量应当具有某种程度上的重要性。但是，最大的影响力应当归于那些具有良好品质和判断力的人，以便决定是否与斯巴达作战、何时作战，以及如何作战。

像伯里克利（以及亚伯拉罕·林肯）这样的人之所以应当拥有最高职务和荣誉，不仅仅在于他们会执行明智的政策，使每个人都过得更好，也是因为政治共同体的存在至少部分就是为了尊敬和奖赏公民德性。将公共认可赋予那些展示了公民成就的人，就满足了这个良好城市所起的教育性作用。在这里，我们再一次看到了，正义的目的论的一面是如何与它荣誉性的一面交织在一起的。

如果不参与政治，你能成为一个好人吗？

如果亚里士多德是对的，即政治的目的就是促进良善生活，那么，我们便能很容易地推断说：那些展示了最高公民德性的人，应当得到最高的职务和荣誉。但是，当他说政治就是为了促进良善生活时，他是否正确呢？这最多是一种有争议性的主张。如今，我们一般将政治看作一种必要的恶，而不是良善生活的本质特征。当我们想到政治的时候，我们想到的是妥协、装腔作势、特殊利益和腐败。即使是最理想地运用政治——将其作为达到社会正义的工具，作为一种使这个社会变得更好的途径——也都是将政治作为达到一种目的的手段，是众多职业中的一种，而不是人类善的一个本质性的方面。

那么，为什么亚里士多德会认为，参与政治在某种程度上对过一种好生活而言必不可少呢？为什么我们不能在没有政治的情况下，完美地过一种好的、有德性的生活呢？

这些问题的答案源于我们的本性。只有生活在一个城邦之中并参与政治，我们才能完全地实现我们作为人类的本性。亚里士多德认为我们“注定为了政治联盟而存在，比蜜蜂和其他群居动物更高级”。他所给出的原因如下：自然不会徒劳地创造任何事物，与其他动物不一样，人类拥有语言能力。其他动物能发出声音，声音能够表明快乐与痛苦。可是，语言是一种与众不同的人类能力，它不仅仅是为了表达快乐与痛苦，还要声明何谓正义、何谓不正义，并在对错之间做出区分。我们并不是先默默地理解这些事物，然后用词语表达出来。语言是我们识别、慎议善的介质。[10]

亚里士多德认为，我们只有在政治联盟中才能使用人类独特的语言能力，因为我们只有在城邦中才能与他人慎议正义与不正义，以及良善生活的本性。“我们因此明白，城邦出于自然而存在，并且要先在于个体。”他在《政治学》第一卷中如此写道。[11]他这里所说的“先在”是指功能上或目的上的先在，而非时间顺序上的先在。个体、家庭及宗族存在于城市之前，可是只有在城邦之中，我们才得以实现自己的本性。当我们孤独自处的时候，我们是不自足的，因为我们不能发展自己的语言能力和道德慎议能力。

> 一个孤独自居的人——一个不能分享政治联盟的利益，或由于自身已经自足而不需要分享政治联盟利益的人——并不是城邦的一部分，因此肯定要么是野兽，要么是神。[12]

因此，只有当我们运用语言能力的时候，我们才能实现自己的本性，这反过来要求我们与他人慎议什么是对与错、善与恶以及正义与不正义。

你可能会奇怪，为什么我们只能在政治领域运用这种语言能力和慎议能力呢？为什么我们不能在家庭、宗族或俱乐部里这样做呢？为了回答这一问题，我们需要考虑亚里士多德在《尼各马可伦理学》中对德性和良善生活所做的说明。尽管这一工作主要与道德哲学相关，但它却说明了德性的获得是如何与成为一个公民紧密相关的。

道德生活的目标是幸福，但是亚里士多德所说的幸福并不是功利主义所说的意思——使抵消痛苦所剩下的那部分快乐最大化。有德性的人就是在正当之事中获取快乐和痛苦的人。如果有人从观看斗狗中获得快乐，我们就认为这是一种需要克服的恶，而不是一种真实的幸福之源。道德上的卓越并不在于累积快乐与痛苦，而在于校正它们，以使我们从高尚的事物中获得快乐而从卑贱的事物中遭受痛苦。幸福并不是一种心态，而是一种存在方式，是"一种灵魂与德性相符的行为"。[13]

可是，为什么我们有必要居住在一个城邦中并过一种有德性的生活呢？为什么我们不能在家里或在一堂哲学课上，或者读一本关于伦理学的书来学习正确的道德原则，然后在需要的时候运用它们呢？亚里士多德认为，我们并不能以这种方式成为有德性之人。"道德德性产生于习惯的结果。"它是我们通过行动学到的。"我们首先通过运用这些德性来获得它们，这种情况同样适用于艺术。"[14]

学成于行

从这个方面来说，成为有德性之人就像学习吹奏长笛。没有人能够通过读一本书或听一次讲座就学会怎样演奏一种乐器。你得去练习。聆听水平高超的音乐家演奏，并听出他们是如何演奏的，这很有用。可是，你不可能不拉小提琴就成为一名小提琴家。道德德性也是如此："我们通过做出正当的行为以成为正当之人，通过做出有节制的行为以成为有节制之人，通过做出勇敢的行为以成为勇敢之人。"[15]

这与其他行为和技能，比如烹饪，十分相似。市面上出版了很多烹饪类的书，可是没有一个人能仅仅通过读这些烹饪书而成为一个优秀的厨师，你得花很多时间练习烹饪。讲笑话是另外一个例子。你不能靠读笑话书和搜集好笑的故事来成为一个喜剧家，也不能仅仅通过学习喜剧的原则来成为一个喜剧家。你得练习——练习节奏、时间、姿势及语调，同时也要观摩杰克·本尼、强尼·卡森、艾迪·墨菲和罗宾·威廉姆斯的表演。

如果道德德性是某种从行动中学到的东西，那么，我们在某种程度上就得首先养成正当的习惯。对亚里士多德而言，这就是法则的首要目的——培养那些形成好品质的习惯。"立法者通过在公民中培养习惯而使他们成为好公民，这是每一个立法者的希冀。那些对这一希冀起不了任何作用的法律，就没有达到目标，一个好的宪制也正是在这一方面区别于一个坏的宪制。"道德教育并不是在宣传各种规则，而是在培养习惯和塑造品质。"我们在年轻的时候是否养成各种习惯所产生的不是微不足道的差别，而是非常重要的差别，抑或是全部的差别。"[16]

亚里士多德对习惯的强调，并不意味着他认为道德德性是一种机械的行为。习惯是道德教育的第一步，如果一切进展顺利，那么习惯最终会起作用，我们也会明白习惯的意义所在。礼仪专栏作家朱迪丝·马丁（Judith Martin）曾经抱怨人们丧失了写感谢信的习惯。她注意到，人们现在认为感觉胜过礼仪，只要感到很感激，你就没有必要拘泥于礼节。马丁对此表示反对："与此相反，我认为，我们能更有保障地期望，实践恰当的行为最终能够鼓励有德性的感觉。如果你写了足够多的感谢信，那么你可能最终会感觉到感激之情。"[17]

这就是亚里士多德关于道德德性的看法。专心于有德性的行为，有助于我们获得那种根据德性行动的性情。

人们通常认为，根据德性行动就意味着根据一种戒律或规则行动。可是亚里士多德却认为，这种看法丢失了道德德性的一个显著特征。你很可能了解正当的规则却仍然不知道如何以及何时应用它。道德教育就在于学着去辨别环境的具体特征，这样做要求运用这种而非那种规则。"与行为和什么有益于我们这一疑问相关的问题，并不是一成不变的，关于健康的问题同样如此……主体自身必须在每一种情形中考虑，什么对这一情形来说是恰当的。正如在医学和航行领域所发生的那样。"[18]

亚里士多德告诉我们，关于道德德性，我们所能说的唯一一个一般性的方面就是：它由各种极端之间的中道构成。不过他也很乐意承认，这种一般性并不能帮到我们什么，因为在一个特定的情形中辨别出中道并非易事。其挑战在于："对适当的人，在适当的分寸上，在适当的时间，出于适当的动机，以适当的方式"[19]，做适当的事情。

这就意味着，习惯无论有多重要，都不是道德德性的全部。不断会有新的情境出现，而我们需要知道在这些情况下，哪一种习惯是恰当的。因此，道德德性就需要判断，这是被亚里士多德称为"实践智慧"的一门知识。与涉及"普遍的、必要的事物"[20]的科学知识不同，实践智慧与如何行动有关。它必须“认识到特殊性，因为它是实践性的，而实践与特殊性有关”。[21] 亚里士多德将实践智慧界定为“一种合乎逻辑的、真实的、根据人类善而行动的能力”。[22]

实践智慧是一种带有政治意味的道德德性。具有实践智慧的人不仅能够为自己，也能为同胞和全人类很好地探讨什么是善。探讨并不是哲学化的，因为它关注的是那些多变的、特殊的事物，它所面对的是此时此地的行动。但它不只是一种算计，它还试图甄别在这些情境中所能达到的最高的人类善。[23]

政治与良善生活

现在我们能够更加明白，为什么对亚里士多德而言，政治并不是众多职业中的一种，但对良善生活来说却必不可少。首先，城邦的法律灌输好习惯、塑造好品质并促使人们形成公民德性。其次，公民生活使人们能运用慎议和实践智慧的能力，否则它就会处于休眠状态。这不是我们能在家里做到的事情。我们可以坐在场外考虑，如果我们需要做出决定，自己会支持什么样的政治。但这不同于参与有意义的行动，并为整个共同体的命运承担责任。只有进入场地，权衡各种备选项，争论我们的理由，统治与被统治——简言之，只有成为公民，我们才能善于慎议。

亚里士多德的公民身份与我们的相比要更加崇高、更加热烈。对他而言，政治并不是变相的经济学，其目的高于使功利最大化，也不只是追求个体利益提供公平的规则。与此相反，政治是我们本性的一种表达，是一个展现我们人类能力的场合，是良善生活的一个必不可少的方面。

亚里士多德对奴隶制的辩护

并不是每个人都被包括在亚里士多德所赞颂的公民身份当中，妇女不是，奴隶也不是。根据亚里士多德的观点，妇女和奴隶的本性并不适合成为公民。我们现在将这种排斥看作一种明显的不正义。值得我们回忆的是，这些不正义在亚里士多德论述之后，持续了两千多年。奴隶制在美国直到 1865 年才被废除，妇女直到 1920 年才获得选举权。然而，这些不正义在历史上的持续存在，并不能为亚里士多德开脱。

在奴隶制的情形中，亚里士多德不仅仅接受了它，还为它提供了一种哲学上的论证。他为奴隶制进行的辩护值得我们检验一番，以便窥斑见豹地弄明白他的整个政治理论。有些人将亚里士多德对奴隶制的论证看作目的论思维的一个瑕疵，有些人则将其看作这种思维的错误应用，认为他被那个时代的偏见蒙蔽了。

我认为亚里士多德对奴隶制的辩护并没有体现一种足以非难其整个政治理论的瑕疵。不过，弄明白这种细致深入的主张所具有的力量，也十分重要。

对亚里士多德而言，正义就是一种适合。分配权利就是为了寻找社会制度的终极目的，是为了使人们符合那些适合他们的、能够使他们实现自己本性的职责。给予人们应当所得的，就意味着给予他们所应得的职务和荣誉，以及那些与他们的本性相符的社会职责。

现代政治理论对适合这一观念感到惴惴不安。持自由主义正义理论的人，从康德到罗尔斯，都担心目的论的观念与自由冲突。对他们来说，正义与适合无关，而与选择有关。权利的分配并不是使人们符合那些适合他们本性的职责，而是为了让人们自主地选择他们的职责。

基于这种观点，目的和适合的观念是可疑的，甚至是危险的。由谁来决定什么样的职责适合我或我的本性呢？如果我不能自由地为自己选择社会职责，我的本意就很可能会被违背，我会被迫服从于一种职责。因此，如果那些掌握权力的人决定某些人在某种程度上适合一种从属性的职责，那么适合的观念便很容易滑入奴隶制。

被这种担忧推动，自由主义的政治理论认为，社会职责应当通过选择而非适合来被分配。我们应当使人们能够为自己选择职责，而不是使人们符合那些我们认为适合他们本性的职责。从这种观点来看，奴隶制是错误的，因为它强迫人们承担那些他们并没有选择的职责。对此的解决方案就是，反对那种目的论的、强调适合的伦理，而支持一种选择和同意的伦理。

不过这一结论却过于草率了。亚里士多德对奴隶制进行的辩护并不是一种反对目的论思维的证据。与之相反，亚里士多德的正义理论为批判自己在奴隶制上的看法提供了丰富的资源。实际上，他的关于适合的正义观念，比那些基于选择和自由的理论在道德上更为苛刻，并且潜在性地对现存的工作分配更具有批判性。为了弄清楚为何如此，让我们来考察一下亚里士多德的论证。

对亚里士多德而言，奴隶制要成为正义的，就必须满足两个条件：它必须是必要的；它必须是自然的。亚里士多德认为，奴隶制是必要的。因为，如果公民要花费时间在集会中慎议共同善，就必须有人照顾家庭杂务。城邦需要一种劳动力的划分。除非我们能够发明一些会处理各种卑贱任务的机器，否则有些人就不得不照料生活必需品，以便他人能够自由地参与政治。

因此，亚里士多德推论说，奴隶制是必要的。不过必要性并不够。奴隶制要成为正义的，就必须符合这样一种情形——有些人出于本性就适合担任这一职责。[24] 因此，亚里士多德问道："是否有这样一些人，对他们而言，奴隶制是更好的、正义的境况？或者其对立面也成立：是不是所有的奴隶制都违背本性？"[25] 除非存在这样一些人，否则政治或经济对奴隶制的需要都不足以证明奴隶制的正义性。

亚里士多德推论说，这些人是存在的。有些人生来就是奴隶，他们区别于普通人，正如身体区别于灵魂。这些人"出于本性成为奴隶，并且对他们来说……被一个主人统治更好"。[26]

"如果一个人能够成为（正因为如此他也确实成为）他人的财产，如果他出于理性理解了发生于他人身上的事情——唯独不理解他自身，那么这个人在本质上就是一名奴隶。"[27]

"正如有些人天生就是自由的，有些人天生就是奴隶。对后者而言，奴隶制的境况不仅仅是有益的，而且是正义的。"[28]

亚里士多德似乎在他所提出的主张中感觉到了一些引人质疑之处，因为他很快就减弱了语气："不过，我们也很容易看出，那些持相反观点的人在某种程度上也是正确的。"[29] 眼看着他那个时代在雅典存在的奴隶制，亚里士多德不得不承认，这种批评也有道理。许多奴隶发觉自己是由于一个完全偶然的原因而处于这种状态的：他们以前是自由人，后来在战争中被俘。他们作为奴隶的状态与他们适合这一职责无关。对他们而言，奴隶制不是自然的，而是坏运气的结果。借助于亚里士多德自己的标准，他们的奴隶制就是不正义的："并不是所有的在现实中是奴隶或自由人的人，在本性上就是奴隶或自由人。"[30]

你怎么能甄别谁适合成为一个奴隶呢？亚里士多德这样问道。原则上，你可能必须明白，谁（如果有）在当奴隶的时候比较活跃，谁比较烦躁或试图逃跑。如果需要强迫，那么就很好地说明，我们所讨论的这个奴隶并不适合这一职责。[31]对亚里士多德而言，强迫标志着不正义，这并不是因为同意使所有的职责都合法化，而是因为如果需要强迫，那就暗示了一种违背自然的适合。那些担任着一种适合自己本性的职责的人，并不需要被强迫。

对自由主义的政治理论而言，奴隶制之所以不正义，是因为它是强制性的；对目的论理论而言，奴隶制之所以不正义，是因为它与我们的本性不一致。强迫是不正义的一种症状，而非原因。我们完全能够在关于目的和适合的伦理中解释奴隶制的不正义性，亚里士多德给出了某种这样做的方式（尽管不是所有的方式）。

这种关于目的与适合的伦理实际上给工作场所中的正义设定了一个道德标准，该标准比自由主义的选择和同意的伦理所设定的更为苛刻。[32]让我们考虑一种重复性的、危险的工作，例如在一家鸡肉加工厂的组装线上长时间地操作。这种形式的劳动是正义的还是不正义的呢？

对自由至上主义者而言，这个问题的答案取决于工人们是否自由地为了工资而交换自己的劳动力：如果回答是肯定的，那么这项工作就是正义的。对罗尔斯而言，只有当这种劳动力的自由交换发生于公平的背景条件下时，这种安排才是正义的。对亚里士多德而言，即使是基于公平的背景条件下的同意也不够——这项工作要是正义的，就得符合做这项工作的那些工人的本性。有些工作没有通过这一检验，它们过于危险、重复并使人麻木，因此并不适合人类。在这些情形当中，正义要求人们重新组织这项工作以符合人们的本性。否则，这项工作就如同奴隶制一样是不正义的。

凯西·马丁的高尔夫球车

凯西·马丁是一名职业高尔夫球手，他的一条腿有残疾。由于血液循环系统的紊乱，在比赛场地走动会给马丁造成剧痛，并有大出血和骨折的严重危险。尽管身有残疾，马丁却在这项体育中始终有卓越表现。他在上大学时曾在斯坦福大学的冠军队打球，后来转为职业运动员。

马丁请求职业高尔夫球协会（PGA）允许他在联赛中使用高尔夫球车，可是PGA援引其禁止在顶级职业联赛中使用高尔夫球车的规定，拒绝了他。马丁将这一情况上诉至法院，他认为，根据《美国残疾人法案》，只要没有“从根本上改变这一活动的本质”[33]，残疾人就有理由要求适当的调整。

一些高尔夫球场上的大腕在本案中出庭做证。阿诺德·帕尔默、杰克·尼克劳斯和肯·温图利都不赞成使用球车。他们认为，在高尔夫球联赛中，疲劳是一项很重要的因素，开车而不走路，会给马丁带来优势，这对其他人不公平。

案子上诉到了联邦最高法院，法官们发现自己在跟一个似乎很愚蠢的，既低于其尊严又高出其专业知识的问题做斗争："一个在高尔夫球赛场上坐车从这一挥杆到另一挥杆的人，是不是一个真正的高尔夫球员？"[34]

实际上，这一案例引发了一个古典的亚里士多德式的正义问题：为了裁决马丁是否有权使用高尔夫球车，法庭不得不判定所讨论的这一活动的本质。在赛场上走路对打高尔夫球来说必不可少，还是仅仅出于偶然？如果像 PGA 所说的那样，走路是这项运动的一个必不可少的方面，那么让马丁坐球车就会"从根本上改变这一活动的本质"。为了解决这个与权利有关的问题，该法庭不得不判定这一比赛的目的或本质。

联邦最高法院以 7∶2 的比例判定，马丁有权利使用高尔夫球车。约翰·保罗·史蒂文斯代表大多数法官撰写了判决书，分析了高尔夫球的历史，并推论说，球车的使用与这一游戏的根本性特征并不矛盾。"最初，这项游戏的本质就是挥杆——以尽可能少的击球次数，用球杆使球从发球区前进至一个洞口附近。"[35] 针对那种认为走路能检验高尔夫球运动员的身体耐力的主张，史蒂文斯引用了一位生理学教授的证词。该教授计算了一下，走 18 个洞口大概只需要耗费 500 卡路里，"在营养上不超过一个麦当劳巨无霸汉堡"。[36] 由于打高尔夫球是一种"低强度的活动，这项活动所带来的疲劳主要是一种心理现象，其中压力和刺激是关键性的因素"。[37] 该法庭推断，通过让马丁坐球车而调整他的残疾劣势，并不会根本性地改变这项游戏，也不会给他一种不正义的优势。

安东宁·斯卡利亚法官对此表示反对。在一份措辞激烈的反对意见中，他反驳了这样一种观念：法庭可以判定高尔夫球运动的本质。他的意思不只是说，法官缺乏权威与能力来裁决这一问题，他还质疑那种暗含于最高法院的观点之中的亚里士多德式的前提，即我们有可能推理出一项游戏的目的或本质：

> 说某物是“必不可少的”，在通常情况下也就是说它对达到某种目的而言是必要的。但是由于“没有目的，只有娱乐”（这是游戏与生产活动的区别所在）正是一项游戏的本质，我们就不可能说，游戏的任何一项任意性规则是“必不可少的”。[38]

由于高尔夫球的各种规则“（如同所有的游戏一样）是完全任意的”，斯卡利亚写道，所以就没有任何理由去批判由 PGA 订立的各种规则。如果球迷们不喜欢它们，“他们可以撤销赞助”。可是没有人会说，各种规则与高尔夫球注定要检验的那些技能无关。

斯卡利亚的论点在几个方面引人质疑。首先，它贬低了运动。没有一个真正的球迷会这样谈论运动，即把运动看作完全由任意性的规则掌控，并且没有真正的目的和意义。如果人们真的认为，他们最喜爱的运动的规则是任意的，而不是经过策划以激励和赞扬某些令人艳羡的技能和才能，他们就很难关心比赛结果。运动也就会堕落成壮观的场面，成为一种娱乐而非欣赏的对象。

其次，我们完全有可能讨论不同规则的优劣，并质疑它们是否提升或腐蚀了游戏。这些争论一直在发生——发生于广播的访谈节目中，以及那些掌控游戏规则的人当中。让我们看一下那个关于棒球比赛中指定击球员的规则的争论。有些人认为，此规则使最佳击球员能够击球，免去对弱投球手的残酷考验，从而提升了该游戏；其他人则认为，此规则由于过分强调击球，并去除了复杂的策略成分，因此破坏了该游戏。每一种立场都基于某种特定的关于棒球到底是什么的观念：它考验什么样的技能，称赞和奖励什么样的才能和德性？因此，关于指定击球员这一规则的争论，最终是关于棒球之目的的争论——正如关于反歧视政策的争论，是关于大学之目的的争论一样。

最后，斯卡利亚由于否认高尔夫球运动具有某种目的，丢失了该争论体面的一面。这一持续了四年的关于高尔夫球车的争论到底是关于什么的呢？从表面看来，它是关于公平的争论。PGA 以及多位高尔夫球名将认为，允许马丁坐车会给他一种不公平的优势；马丁则回应说，考虑到他的残疾，坐球车只是使比赛场地变平坦一些而已。

如果在这里受到威胁的只是公平，那么，有一种简单且显而易见的解决方案，即让所有的高尔夫球运动员在联赛中都使用球车。如果每个人都能坐车，这种公平性的反驳便消失了。但是这一解决方案对职业高尔夫球运动员来说是极其讨厌的事情，甚至比允许为凯西·马丁破例更加难以想象。这是为什么呢？因为这一争论较少涉及公平，更多的是关于荣誉和认可的争论——具体来说，也就是 PGA 和高尔夫球高手们所期望的——他们的运动作为一种体育竞赛项目被认可和尊重。

让我来尽可能细致地阐明这一点：高尔夫球运动员对他们的运动状态过于敏感。它没有跑动和跳跃，球也是静止的。没有人质疑高尔夫球是一种对技能要求较高的运动，但是，那些奖励给高尔夫球高手们的荣誉和认可，都取决于他们的运动被看作一项对体力要求很高的体育比赛。如果在这项他们能在其中表现卓越的运动里，有人坐在车上就能玩，那么他们作为运动员的认可就会遭到质疑或贬低。这就解释了为什么有些职业高尔夫球运动员强烈反对凯西·马丁使用球车。以下是25岁的美国高尔夫球职业联赛老手汤姆·凯特在《纽约时报》上发表的一篇专栏文章的节选内容：

> 在我看来，那些支持凯西·马丁拥有使用球车的权利的人，忽略了这样一个事实，即我们是在谈论一项具有竞争性的比赛……我们是在谈论一个体育项目。任何认为职业高尔夫不是一项体育运动的人，都没有去过高尔夫球场或没有打过高尔夫球。[39]

不管谁在关于高尔夫球的本质问题上是正确的，联邦法院的这起关于凯西·马丁和球车的案件，都生动地阐明了亚里士多德的正义理论。关于正义和权利的争论，经常不可避免地是关于社会制度的目的、社会制度所分配的物品以及它们所尊敬和奖励的德性的争论。尽管我们尽最大努力地使法律在这些问题上保持中立，可是我们如果不讨论良善生活的本质，就不可能说明何谓正义。

第九章

我们对彼此有什么义务？/忠诚之难

开口说“对不起”并非易事，而代表一个民族在公共场合说抱歉更困难。近几十年，人们为是否应该针对历史上的不正义进行公开道歉而进行了许多痛苦的争论。

道歉与补偿

许多为道歉感到忧虑的政治观点，都涉及在第二次世界大战中犯下的那些历史错误。德国以向个体幸存者赔款和向以色列赔款的形式，为大屠杀做出了价值数十亿美元的补偿。[1]这些年来，德国的政治领导人都表达了歉意，并不同程度地承担了过去纳粹的责任。在1951年联邦议会上的发言中，德国总理康拉德·阿登纳声称：“绝大多数的德国人都憎恨对犹太人所犯下的那些罪恶，他们并没有参与其中。”他也承认，“以德国人民的名义犯下了这么多让人难以启齿的罪恶，这要求道德上和物质上的赔偿”。[2] 2000年，德国总统约翰内斯·劳在以色列的议会上发表演讲，为大屠杀表示道歉，并请求“宽恕德国人的所作所为”。[3]

日本一直不太情愿为其在战争时期所犯下的暴行道歉。在20世纪三四十年代，成千上万名韩国和其他亚洲国家的妇女和女孩被迫进入妓院，被日本士兵当作性奴隶加以虐待。[4] 从20世纪90年代开始，日本就面临日益高涨的国际压力，被要求向“慰安妇”正式道歉并给予赔偿。在20世纪90年代，某私人基金给那些受害者支付赔款，日本领导人也做出了有限的道歉。[5] 但是，在2007年，日本首相安倍晋三坚持认为，日本军队并不对强迫妇女成为性奴隶负责。美国国会通过一项解决方案做出回应，要求日本政府正式承认其军队奴役“慰安妇”，并为此正式道歉。[6]

其他关于道歉的争论涉及历史上对原住民所做的不公之事。在澳大利亚，近年来人们关于政府对原住民的责任争论不休。从20世纪初到70年代早期，那些混血原住民的子女被迫与他们的母亲分开，并被安置在白人收养家庭或定点营地中。（在大多数这种情况中，孩子们的母亲是原住民，而父亲是白人。）这项政策试图使孩子们融入白人社会，并加速原住民文化的消亡。[7] 电影《末路小狂花》（*Rabbit-Proof Fence*）刻画了这种政府支持的绑架。该电影讲述了这样一个故事：1931年，三个女孩从一个定点营地逃跑，踏上长达1 200英里的返乡寻母的旅途。

1977年，澳大利亚的一个人权委员会为发生在“被偷的一代”的原住民身上的那些残忍事件提供了文件证明，并提议将每年的某一天作为全国道歉日。[8] 当时的总理约翰·霍华德反对正式道歉，于是这一道歉问题成为澳大利亚政坛上一个容易引起争论的事件。2008年，新任总理陆克文对原住民发表了一份官方道歉。尽管他没有提出要对个体进行赔偿，但是他承诺，将使用多种手段来弥补原住民所遭受的各种社会上的和经济上的不便。[9]

在美国，近几十年，关于公开道歉和补偿的争论也日益凸显。1988 年，总统罗纳德·里根签署生效了一份官方致歉，向那些在第二次世界大战中被监禁在西海岸拘留营中的美籍日本人道歉。[10] 除了道歉，这项法律还向在拘留营中存活下来的每个人提供两万美元的补偿，并提供基金支持以促进美籍日本人的文化和历史发展。1993 年，美国国会为一个更为久远的历史错误道歉——为一个世纪以前推翻独立的夏威夷王国而道歉。[11]

在美国，最严重的道歉问题与奴隶制的遗留问题有关。内战对那些获得自由的奴隶所承诺的“四十英亩①土地和一头骡子”从未兑现。20 世纪 90 年代，补偿黑人的运动获得了新的关注。[12] 从 1989 年开始，国会议员约翰·科尼尔斯每年都会提议成立一个委员会，以研究对非裔美国人的补偿问题。[13] 尽管这种补偿的想法得到了很多非裔美国人组织及民权团体的支持，但是它并没有在普通公众中流行起来。[14] 问卷调查显示，大多数的非裔美国人支持补偿，而支持补偿的白人则只有 4%。[15]

尽管补偿运动可能已经终止，可是近些年却掀起了正式道歉的浪潮。2007 年，曾经是最大蓄奴州的弗吉尼亚州第一个为奴隶制道歉。[16] 许多其他的州，包括亚拉巴马州、马里兰州、北卡罗来纳州、新泽西

① 1 英亩约为 4 047 平方米。——编者注

州及佛罗里达州，都相继效仿。[17] 2008 年，美国众议院通过一项决议，为奴隶制以及延伸至 20 世纪中期的歧视黑人时代的种族隔离而道歉。[18]

国家应当为历史上的过错道歉吗？为了回答这一问题，我们需要考虑一些关于集体责任和共同体主张的棘手问题。

为公开道歉进行的主要辩护是：为了尊重一些人的记忆，他们曾遭受那种来自政治共同体（或以政治共同体的名义实施）的不正义；为了认识到不正义对受害者及其后代的持续性影响；为了补偿那些行不义之事或没有阻止行不义之事的人所犯下的过错。官方道歉作为一种政治姿态，有助于愈合以往的伤口，并为道德上和政治上的和解提供一个基础。补偿或其他形式的经济赔偿，可以基于同样的理由得到辩护，它们也有助于缓解那些不义行为对受害者及其后代的影响。

这些考虑能否足够强烈地证明一个道歉是正当的，取决于具体情境。在某些情况中，促成公开道歉或补偿有可能弊大于利——煽动过往的仇恨，强化历史的恩怨，巩固一种受害感或产生憎恨。反对公开道歉的人经常表达类似的担忧。如果考虑周全，一种道歉或补偿行为是更可能治愈一个政治共同体，还是更可能毁坏一个政治共同体呢？这是一个很复杂的政治判断。对这一问题的答案也因具体情形而有所不同。

我们应当弥补前辈所犯的罪吗？

我想集中关注另一个经常由反对为历史上的不正义道歉的人所提

出的论点—— 一种原则性的、并不依赖于具体情境之偶然性的论点。该论点是：当代的人们不应当——实际上也不能——为前辈所犯的过错道歉。[19] 毕竟，为一种不正义道歉，就是为其承担相应的责任。你不能为那些你没有做过的事情道歉，因此，你如何能够为那些在你出生之前就已经发生了的事情道歉呢？

澳大利亚前总理约翰·霍华德用这一论点来反对向原住民正式道歉："我并不认为当代的澳大利亚人应当为前一辈人的行为正式道歉，并承担相应的责任。"[20]

在美国关于奴隶制补偿问题的争论中，也产生了类似的论点。亨利·海德是一名共和党的国会议员，他基于以下几种理由反对这种补偿观念："我从未拥有过奴隶，也从来没有压迫过任何人。我不知道自己还得为在我出生之前几代曾经拥有奴隶的那些人还债。"[21] 反对补偿的非裔美国经济学家沃尔特·威廉姆斯发表了一个类似的观点："如果政府能从圣诞老人或牙仙①那里获得这笔钱，那还可以。可是政府却不得不从公民那里获得这笔钱，并且那些对奴隶制负有责任的公民都已经驾鹤西去了。"[22]

向当今的公民征税以补偿过往的错误，似乎会引发一个特殊的问题。但是，在那些不涉及经济补偿的关于道歉的争论当中，也产生了同样的问题。

在道歉时，起作用的是思想，这里受到威胁的思想是承认责任。任何人都能谴责不正义的行为，但只有那些在某种程度上与这种不正

---

① 牙仙（tooth fairy），又译牙齿仙女，英美童话中的人物。她会半夜在孩子的枕头下放一些钱，以作为对那些乳牙脱落的孩子的一种补偿。——译者注

义有关的人，才能为之道歉。道歉的批评者们正确地抓住了这里的道德风险，他们还反对认为当代人在道德上能够对他们的前辈所犯下的过错负责。

2008 年，当新泽西州立法委员会为道歉问题争论的时候，一名共和党的议员问道："有哪个活着的人因蓄奴而有罪，并因此能够为此道歉？"在他看来，答案很明显——没有人。"新泽西州现在的居民，即使是那些能够追溯到祖先是蓄奴者的人，对那些他们个人并没有参与其中的不正义的行为，都不负有任何集体性的罪恶感或责任。"[23]

当美国众议院准备投票表决是否要为奴隶制和种族隔离而道歉时，一位反对这种方式的共和党人将这种行为比作"为你的曾曾曾祖父的行为而道歉"。[24]

道德个人主义

这种对官方道歉的原则性的反对并不容易被驳倒。它基于这样一种观念——我们只对自己的行为负责，而不对他人的行为或那些我们无法掌控的事件负责。我们对自己父母、祖父祖母及同胞的罪行并没有责任。

不过这就将这一问题负面化了。这种对官方道歉的原则性的反对之所以有影响力，是因为它援引了一种强有力的、有吸引力的道德观念。我们可以将这种观念称为"道德个人主义"。这种道德个人主义的学说并不假设人们是自私的，相反，它是一个关于"什么意味着自由"的主张。对道德自由主义者而言，自由就意味着仅仅服从那些我自愿承担的责任；我亏欠别人的任何东西，都是出于某种同意的行为——我做出的一个选择、一个承诺，或我签订的某个协议（无论它是心照不宣的还是明确表达的）——而亏欠。

“我的责任仅局限于那些我自己承担的”这一观念，是一个具有解放性意味的观念。它假设：作为道德主体的我们，是自由而独立的自我，不受任何先在的道德纽带的约束，能够自主地为自己选择各种目的；唯一约束我们的道德责任的来源，并不是习俗、传统或继承状态，而是每一个个体的自由选择。

现在你能够明白，这种自由观给集体责任或那种承担我们的祖先在历史上所做的不正义行为的道德责任的义务，留下了极少的余地。如果我对祖父做出承诺说会偿还他的债务，或为他的罪行道歉，那将会是另一回事。我完成偿还的义务，将是一种建立在同意基础之上的义务，而不是那种跨越几代人的集体身份所产生的义务。没有这些承诺，道德个人主义者就不能明白那种为祖先赎罪的义务。毕竟，这些罪恶是他们的，而不是我的。

如果这种道德个人主义的自由观是正确的，那么那种对官方道歉的批评之声就有可取之处，我们对祖先的过错并没有任何责任。可是，不只是道歉和集体责任处于危险的境地。这种个人主义的自由观，体现于当代政治领域中最为人熟知的诸多正义理论当中。如果这种自由观是有缺陷的——正如我所认为的——我们就需要重新思考我们公共生活的一些根本性特征。

正如我们所看到的，同意和自由选择的观念，在当代政治领域和现代正义理论中都非常突出。让我们回顾一下，并弄明白各种各样的有关选择和同意的观念如何影响了我们当代的各种观念。

出现在我们面前的一个较早版本的选择性的自我，来自约翰·洛克。他认为，合法的政府必须建立在同意的基础之上。这是为什么呢？因为我们是自由的、独立的存在，不受制于家长式的权威或国王的神圣权利。由于我们“在本性上都是自由的、平等的和独立的，因此没有什么能不经过当事人的同意就使他们脱离这种状况，并受制于另一种政治权力”。[25]

一个世纪以后，伊曼努尔·康德提出了一种更有力的选择性的自我。与主张功利主义及经验主义的哲学家们相反，康德认为，我们必须将自己看作超越于各种偏好和欲望的存在。要成为自由的，就是要成为意志自由的；要成为意志自由的，就要受制于我们给自己设定的法则。康德式的意志自由比同意更为苛刻。当我命令道德法则时，我不是仅根据我的偶然性欲望或认同选择，相反，我远离我的各种特殊的利益和情感，而作为纯粹实践理性的参与者来命令。

到20世纪，约翰·罗尔斯沿用了康德的意志自由的自我观，并将它运用到自己的正义理论当中。和康德一样，罗尔斯注意到，我们所做出的选择经常反映道德上的任意偶然性。例如，某个人之所以选择在一家血汗工厂工作，可能反映了他急需钱，而不是任何意义上的自由选择。因此，我们如果希望社会成为一种自愿的安排，就不能将它建立在实际的同意基础之上，相反，我们应当提出疑问：如果我们搁置自己各种特殊的利益和优势，在“无知之幕”的背后做出选择，我们会同意什么样的正义原则？

康德的意志自由观念和罗尔斯的在“无知之幕”背后的假想的契

约观念，在以下这一点上是相通的：两者都将道德主体看作独立于自身的各种特殊目的和情感。在命令道德法则（如康德）或选择正义原则（如罗尔斯）的时候，我们并不是带有那些使我们置身于这个社会，并使我们成为独特个体的角色和身份的。

如果我们在思考正义的时候，必须从我们的各种特殊身份中抽离出来，那么就很难说当代的德国人肩负着一种弥补大屠杀之罪过的特殊责任，也很难说这一代的美国人肩负着纠正奴隶制和种族隔离制度之不正义的特殊责任。为什么呢？因为一旦我搁置了我作为德国人或美国人的这样一个身份，并将自己看作自由的、独立的自我，就没有理由说，我纠正这些历史性不正义的责任比别人更大。

将人们看作自由的、独立的自我，不仅使代与代之间的集体责任问题有所不同，还有一个影响深远的含义：以这种方式思考道德主体，会给我们更为一般性地思考正义问题的方式带来影响。“我们是自由选择的、独立的自我”这一观念，支持了这样一种观念：那些界定我们各种权利的正义原则，不应当建立在任何一种特殊的道德和宗教的观念之上，相反，它们应当中立于各种不同的良善生活观。

政府应当在道德上保持中立吗？

“政府应当试图中立于良善生活的意义”这一观念，体现了一种对古代政治观念的背离。对亚里士多德而言，政治的目的并不仅仅是疏通经济贸易，提供共同防御，还有培养良好品质和塑造好公民。因此，关于正义的争论就不可避免地是关于良善生活的争论。“在能够研究一种理想宪制的本性之前，”亚里士多德写道，“我们有必要首先决定那种最佳生活方式的本性。只要这一点是模糊的，理想宪制的本性就肯定也是模糊不清的。”[26]

如今，“政治就是培养德性”这一观念作为一种奇怪的，甚至是危险的观念，使很多人感到震惊。由谁来决定要涵盖什么样的德性呢？如果人们不同意怎么办呢？如果法律试图推进某种道德和宗教理想，这不是给不宽容和强迫开了方便之门吗？当我们想到那些试图推进德性的国家时，我们首先想到的并不是雅典式的城邦，而是过去和现在的宗教激进主义——例如对通奸者施以石刑、强迫妇女身着长袍、对“塞勒姆女巫”进行审判①等。

对康德和罗尔斯而言，基于某种良善生活观念的正义理论，无论是宗教的还是世俗的，都与自由冲突。由于将某些人的价值观强加给他人，这些理论都没有将人们尊重为自由的、独立的、能够选择自己的意图和目的的自我。因此，这种自由选择的自我与中立型政府是一致的：正是由于我们是自由的、独立的自我，所以我们需要一个中立

---

① 塞勒姆是马萨诸塞州的一个小镇，1692 年，在这里发生过一起举世瞩目的案件——塞勒姆女巫受审案。事件的起因是这样的：两个小女孩由于玩弄魔法，渐渐出现了病态反应。她们有时会盯着空旷的天空出神，剧烈地咳嗽，甚至透不过气来，有时又会双膝跪在地上，像动物一样怪叫。医生诊断她们是中了巫术。牧师于是给她们施加压力，要她们说出给她们施用巫术的人。后来，越来越多的小孩出现这种病症，整个社会都开始关注这件事。小女孩最后把提图巴（Tituba）、萨拉·古德（Sarah Good）和萨拉·奥斯本（Sarah Osborne）指控为女巫。后来，被控为女巫的人越来越多，由女性扩展到男性。于是，塞勒姆进行了举世瞩目的女巫审判，25 人被处死，受到牵连的远不止这个数。而他们基本上都是无辜的人。——译者注

于各种目的的、拒绝在各种道德和宗教争论中偏袒任何一方的，并且让公民们自由选择各种价值观的权利框架。

有些人可能会反驳说，没有哪一种正义和权利理论能够在道德上保持中立。在一个层面上，有一点显然是正确的：康德和罗尔斯都不是道德相对主义者。“人们应当自由选择自己的目的”这一观念本身就是一个强有力的道德观念。不过，它并没有告诉你如何去生活，而只是要求：无论你追求什么样的目的，你追求的方式都应该尊重他人也这样做的权利。一个中立性框架的吸引力正在于，它拒绝肯定一种更为可取的生活方式和良善观念。

康德和罗尔斯并不否认，他们是在推进某种道德理想，是在与那些从某种关于善的观念中推论出权利的正义理论做斗争。功利主义就是一种这样的理论。它认为，善就在于使快乐或福利最大化，并追问什么样的权利体系可能实现这一点。亚里士多德提出了一种截然不同的有关善的理论。它并不在于使快乐最大化，而在于实现我们的本性，发展我们独特的人类能力。亚里士多德的推理是目的论的，因为他是从一种特定的有关人类善的观念开始推理的。

这种推理模式正是康德和罗尔斯所反对的。他们认为，权利优先于善。那些将我们的义务和权利具体化的原则，不应当建立在任何特殊的关于良善生活的观念之上。康德写到了“哲学家们对道德最高原则的混淆”。古代的哲学家们犯了这样的错：“将他们的伦理研究完全投入对最高善观念的定义”，并接着使这种善成为“道德法则的决定性基础”。[27] 但是，根据康德的观点，这样就本末倒置了，而且与自由冲突。如果我们要将自己看作意志自由的存在，我们就必须首先命令道德法则。只有当我们达到了那界定我们的各种义务和权利的原则之后，我们才能询问，什么样的善的观念能与之兼容。

罗尔斯本着对正义原则的尊敬做出了与康德类似的论断："当平等公民身份的各种自由建立在目的论原则之上时，这些自由就是不可靠的。"[28] 我们很容易就能明白，将权利建立在功利主义的思考之上，会使权利变得不牢靠。如果人们尊重我的宗教自由权利的唯一理由是促进总体的善，那么，如果某一天大多数人鄙视我的宗教并想要禁止它，该怎么办?

但是，功利主义的正义理论并不是罗尔斯和康德的唯一批判目标。如果权利优先于善，那么亚里士多德思考正义的方式也是错误的。对亚里士多德而言，推理正义就是从所讨论的事物的目的或本性来推理；要思考一种正当的政治秩序，我们就不得不从良善生活的本性来进行推理。我们只有弄明白最佳的生活方式，才能构建一个正义的宪制。罗尔斯对此表示反对："目的论学说的结构完全是一种误解，即从一开始，它们就将权利与善以错误的方式连接起来。我们不应当试图首先依靠被独立界定的善来规划我们的生活。"[29]

正义与自由

在这一争论中岌岌可危的不只是那个抽象的"我们应当怎样推理正义"的问题。这个关于权利对善的优先性的争论，最终是一种关于人类自由的意义的争论。康德和罗尔斯之所以反驳亚里士多德的目的论，是因为它似乎没有给我们留下余地以自主地选择自己的善。我们很容易弄明白，亚里士多德的理论是如何引起这种担忧的：他将正义看作人们和那些适合他们本性的各种目的或善之间的适合。可是，我们倾向于将正义看作一种选择，而非适合。

罗尔斯认为权利优先于善的理由反映了这样一种信念："一个有道德的人，就是一个拥有他所选择的各种目的的主体。"[30]作为道德主体，我们并非由自己的目的界定，而是由自己的选择能力界定。"主要揭示我们本性的并不是我们的各种目标"，而是那种我们如果能够抽离出自己的各种目的就会选择的权利框架。"由于自我优先于那些由它来认定的目的，因此，即使是一种主导性的目的，也必须从多种可能性中被选择出来……因此，我们应当将目的论学说所提出的权利与善之间的关系反转过来，将权利看作优先的。"[31]

"正义应当中立于各种良善生活观念"这一观点，反映了一种人的观念，它将人看作自由选择的自我，不受任何先在的道德约束。这些观念集合起来，就是现代自由主义政治思想的特征。我这里所说的自由主义，并不是与保守主义相对的那个概念，因为这些术语被应用于美国政治争论当中。实际上，美国政治争论的显著特征之一就是，人们能够在政治领域当中发现那种中立型政府和自由选择性的自我理想。许多关于政府和市场作用的争论，就是关于如何最好地使个体自主地追求自己目的的争论。

平等主义的自由主义者们，支持公民自由以及基本的社会和经济权利——医疗权利、教育权利、工作权利、收入保障权利等。他们认为，要想使个体能够追求他们自己的目的，就需要政府保障真正自由选择所需要的那些物质条件。自罗斯福新政开始，美国福利制度的倡导者就很少以社会团结和相互责任的名义，而更多地以个体权利和自由选择的名义进行论证。当富兰克林·罗斯福于 1935 年推行社会保障制度时，他并没有表明该制度表达了公民间的相互责任，与之相反，他将它设计成一种与私人保险相似的、由薪水供款而非一般性税收资助的方案。[32] 1944 年，在筹划一项美国福利制度的议程时，他称之为“经济权利法案”。富兰克林·罗斯福并没有提出一种公共性的理由，与此相反，他认为，这些权利对“真正的个体自由”而言是必不可少的，并补充道：“处于贫困境地的人，并不是自由的人。”[33]

从他们这一方来看，自由至上主义者（在当代政治领域中，至少是在经济问题上，他们通常被称为保守主义者）也呼吁一种尊重个人选择的中立型政府。（自由至上主义哲学家罗伯特·诺齐克写道，政府必须“在其公民中间小心翼翼地……保持中立”。[34]）不过，他们不同意平等主义自由主义者们在“这些理想需要什么样的政策”这一问题上的观点。批评福利制度而支持政府放任主义的自由至上主义者们维护自由市场，并认为人们有权保留自己所赚的钱。巴里·戈德华特是 1964 年共和党总统候选人，同时也是一名自由至上主义的保守主义者，他质问道：“如果一个人的劳动果实不能任由自己支配，而是被当作共同财富的一部分，这个人怎么能是真正自由的呢？”[35] 对自由至上主义者而言，一个中立型的政府需要公民自由及严格的私有财产权制度。他们认为，福利制度并不能使个体选择自己的目的，却为了一些人的利益而去强迫另一些人。

无论是平等主义者还是自由至上主义者，那些追求中立性的正义理论都具有一种强大的吸引力。他们提出了这样一种希冀：政治和法律能够避免陷入多元主义社会的各种道德和宗教的争论之中。它们也表达了一种令人兴奋的人类自由观——它将我们看作唯一束缚我们的道德责任的创立者。

然而，尽管这种自由观具有吸引力，但它却是有缺陷的。那种对找到能中立于各种不同良善生活观念的正义原则的期望，也是有缺陷的。

这至少是我从其中得出的结论。在与我置于你们面前的各种哲学争论较量之后，在关注这些争论在公共生活中的展开方式之后，我认为自由选择——即使是在平等条件下的自由选择——并不是一个正义社会的充分基础。再者，那种试图找到中立性的正义原则的尝试，在我看来也具有误导性。我们不可能总是不涉及重大的道德问题，而界定我们的各种权利和义务——即使这是可能的，也不是值得追求的。我将试着解释原因。

共同体的主张

这种自由主义的自由观的薄弱之处，与它的吸引力密切相关。如果我们将自己看作自由的、独立的自我，不受任何未经我们选择的道德纽带的束缚，我们就不能理解很多我们通常认可甚至奖励的道德义务和政治义务。这包括团结和忠诚的义务、历史性的记忆和宗教信仰—— 一些产生于那塑造我们身份的、共同体的和传统的道德主张。除非我们将自己看作受约束的自我，对一些我们并不想要的道德主张开放，否则我们就很难理解我们的道德和政治经验中的这些方面。

20世纪80年代，距罗尔斯的《正义论》给美国自由主义提供一种最详尽的哲学表达已有10年，许多批评家（我也是其中之一）依据我刚刚所表明的，对这种自由选择、无约束的自我观念提出了疑问。他们反对权利优先于善的主张，并且认为，我们不能抽离于自己的各种目标和情感而推理正义。他们作为当代自由主义的“共同体主义”批评者闻名于世。

大多数批评者对这一标签感到惴惴不安，因为它似乎暗示了那种相对主义的观点——正义不过是任何一个特殊的共同体所界定的那样。但是，这种担忧却提出了重要的一点：那种公共性的束缚可能具有压迫性。自由主义的自由是作为一种对某些政治理论的纠正发展起来的，这些政治理论将人交付给受种姓、阶层、身份、登记、习俗、传统或继承身份等决定的命运。因此，我们怎么才能既承认共同体的道德分量，又给人类自由留有余地呢？如果说意志论关于人的观念过于狭隘——如果我们所有的义务都不是我们意志的产物，我们又怎么能将自己看作情境性的、自由的呢？

讲故事的存在

阿拉斯戴尔·麦金太尔对这一问题给出了一个强有力的回答。在其著作《追寻美德》（*After Virtue*）中，他说明了作为道德主体的我们达到自身意图和目的的方式。麦金太尔提出了一种叙述性的观念，来替代意志论的人格观念。人类是讲故事的存在，我们作为叙述性的探求者生活着。“如果我能回答一个先在的问题——‘我自己处于什么样的故事之中？’那么，我才能回答这个问题——‘我要做什么？’”[36]

麦金太尔论述道，所有作为叙述者存在的人，都有某种目的论特征。这并不意味着他们拥有一个由外在权威设定的、固有的意图或目的。目的论与不可预测性共存。“像那些在叙述性的小说中的人物一样，我们不知道接下来会发生什么，可是，我们的生活依然具有一种特定的形式，这种形式自身朝着我们的将来做出谋划。”[37]

过一种生活就是进行一种叙述性的探求，它追求某种功利或连贯性。当我面临不同的选择道路时，我会试图弄明白，哪一条道路能最好地理解我的整个生活，理解我所关心的各种事物。道德慎议更多的是阐释我的生活故事，而不只是运用我的意志。它涉及选择，可是这种选择源自阐释，它并不是一种独立自主的意志行为。在任何时候，他人都可能会比我更加清楚地明白，在我眼前的各条道路中，哪一条道路更加符合我的生命轨迹。我经过考虑可能会说，我的朋友比我更加了解我。对道德主体的这种叙述性的长处就在于，它能够给这种可能性留有余地。

它也说明了道德慎议是如何在那种更宏大的生活故事中进行反思以及反思这种更宏大的生活故事本身的——我的生活是这种宏大的生活故事的一部分。正如麦金太尔所言：“我永远也不能仅仅通过个人来寻求善和运用各种德性。”[38] 我只有通过进入我自身所处的那些故事，才能理解那种对我的生活的叙述。对麦金太尔（以及亚里士多德）而言，道德反思的这种叙述性的、目的论的方面，与成员身份和归属感紧密相关。

> 我们都是作为某种特殊的社会身份的承担者进入自己的各种环境的。我是某人的儿子或女儿、表兄表妹或叔叔；我是这个或那个城市的公民，是这个行业或那个职业的成员；我属于这个家族、那个部落或这个民族。因此，那些对我有益的，也得对担任这些角色的人同样有益。同样地，我从我的家庭、城市、部落和国家的历史中，继承了各种各样的债务、遗产、正当的期望和义务。这些构成了我生活中的特定成分和我的道德起点。这在某种程度上给予了我自己的生活以某种道德独特性。[39]

麦金太尔很乐意承认，这种叙事性的说明与道德个人主义冲突。“从个人主义的进路而言，我是我自己选择成为的那个人。”在个人主义者看来，道德反思要求我搁置或抽离于我的身份和束缚：“人们不能认为我对国家的所作所为或已经做出的行为负有责任，除非我暗示性地或明确地选择去承担这样的责任。这种个人主义由现代的一些美国人表达，他们拒绝为奴隶制给美国黑人带来的影响承担任何责任，并扬言‘我从来都没有拥有过奴隶’。”[40]（我们应当注意，大约在国会议员亨利·海德在反对补偿时明确地表达这一点的 20 年前，麦金太尔就已经写下了这些文字。）

麦金太尔还提出了一个更进一步的例子：“一些年轻的德国人相信，在 1945 年后出生就意味着，纳粹对犹太人所做的一切与他们自己和同辈犹太人的关系，没有任何道德关联。”麦金太尔在这种观点中看到了一种道德上的肤浅，它错误地假设：“自我脱离了社会的和历史的角色和状态。”[41]

> 它与叙述性的自我观之间的对比非常明显。因为我的生活故事总是内嵌于那些共同体的故事之中——从这些共同体中，我获得了我的身份。我生而带有一种历史；个人主义模式中的那种试图割断我自己与这种历史的尝试，就是破坏我现存的关系。[42]

麦金太尔的叙述性的人的观念，与意志论的“作为自由选择的、无约束的自我”的人的观念形成鲜明的对比。我们在两者之间如何裁决呢？我们可能会扪心自问，哪一种更好地捕捉了道德慎议的经历，但这是一个难以抽象地回答的问题。另一种评价这两种观点的方式就是询问，哪一种为道德义务和政治义务提供了更有说服力的说明。我们是不是与某些未经选择的、无法追溯到某个社会契约的道德纽带紧密相关呢？

超越同意的义务

罗尔斯的回答将是否定的。在自由主义的观念当中，义务只能产生于两种方式——我们对人类负有的一些自然的责任，以及出于我们的同意而产生的自愿的责任。[43] 自然的责任是普遍性的。我们作为人、作为理性的存在负有这些责任。它们包括尊重他人的义务、做正义之事的义务、避免做出残忍行为的义务等。它们产生于一种意志自由（康德）或一种假想的社会契约（罗尔斯），因此它们并不需要同意。没有人会说，只有当我向你承诺过不杀你时，我才有义务不杀你。

与自然的义务不同，自愿的义务是特殊的而非普遍的，并且产生于同意。如果我已经同意去给你的房子刷漆（比如为了换取工资或为了报答你曾给我的帮助），我就有义务这样去做。不过我并没有义务去给每个人的房子刷漆。基于自由主义的观念，我们必须尊重所有人的尊严。但是，越过这一层面，我们仅仅亏欠那些我们同意亏欠的东西。自由主义的正义要求我们尊重人们的权利（由中立性的框架界定的权利），而不要求我们促进他们的善。我们是否必须关心他人的善，取决于我们是否与谁已经达成了协议去这样做。

这种观点的一个令人震惊的含义就是："严格说来，公民一般没有政治义务。"尽管那些竞选公职的人自愿地承担一种政治义务（也就是如果被选上就要为国效力），但普通公民无须如此。正如罗尔斯所写的："我们并不清楚那必不可少的、应该履行的事项是什么，或是谁履行了它。"[44] 因此，如果自由主义关于义务的论点是正确的，那么一般公民对其同胞就没有那种超出普遍的、自然的不作恶之义务的特殊义务。

从叙述性的关于人的观念来看，自由主义关于义务的论证过于浅薄。它没有说明我们作为公民对同胞所具有的特殊义务；再者，它没有捕捉到那些忠诚和责任，它们的道德力量部分地来自这样一个事实：依靠它们生存，与将我们理解为已然存在的特殊的人——作为这个家庭、国家或民族的成员，作为那种历史的承担者，作为这一共和国的公民——不可分割。基于这种叙述性的论证，这些身份并不是偶然的，并不是我们在慎议道德和正义时应当搁置的，它们是我们自身的一部分，并因此正当地与我们的道德责任有关。

因此，在唯意志论的人的观念和叙述性的人的观念之间做出裁决的一种方式就是：询问自己是否认为有第三种不能在契约论术语中得到解释的义务——所谓的团结的义务或成员的义务。与自然的义务不同，团结的义务是特殊的而非普遍的，它涉及我们对与自己共享某种历史的人（而非理性存在）亏欠的一些道德责任。但是与自愿的义务不同，团结的义务并不取决于同意的行为。与之相反，它们的道德力度源于道德反思的情境性的方面，源自这样一种认知：我的生活故事暗含于他人的故事之中。

三种道德责任

（1）自然的义务：普遍的；不需要同意

（2）自愿的义务：特殊的；需要同意

（3）团结的义务：特殊的；不需要同意

团结与归属

以下是一些团结的义务或者说成员的义务的可能性事例，看看你是否认为它们具有道德分量，如果有，它们的道德力量能否用契约式的术语加以说明？

家庭的义务

最基础性的事例就是家庭成员之间的特殊义务。假设有两个孩子快要被淹死了，而你只有时间救上来一个。一个是你自己的孩子，另一个是陌生人的孩子。你救自己的孩子有错吗？抛硬币来决定是不是更好呢？大多数人会说，救自己的孩子并没有什么错，他们也会认为，“公平要求抛硬币来决定”的想法十分怪异。在这种反应的背后是这样一种思想：父母对自己孩子的幸福具有一种特殊的责任。有些人认为这种责任源自同意。选择生育孩子的父母自愿同意给予他们特殊照顾。

让我们将同意搁置一旁，而考虑孩子对父母的责任。假设有两名老人需要照顾，一位是我的母亲，另一位是别人的母亲。大多数人会同意说，如果我能照顾两位，那将是令人称赞的，但是，我有一种特殊的照看自己母亲的责任。在这一情形当中，我们不清楚，同意能否解释为何如此。我并没有选择我的父母，我甚至没有选择要拥有父母。

可能有人会争论说，我照顾自己母亲的道德责任源自这样一个事实：她在我很小的时候照顾了我。由于她抚养了我、照顾了我，所以我有义务偿还这一好处。由于接受了她给我带来的好处，我就心照不宣地同意，在她需要的时候我就去偿还她。有些人可能会发现这种关于同意和互惠的算计过于冷漠而无法解释家庭责任。但是，假设你接受了它，你会怎样评价父母疏忽大意或冷漠无情呢？你能说，抚养子女的好坏，决定了子女在父母需要帮助时所负责任的多少吗？就孩子们有义务去赡养哪怕是有劣迹的父母而言，这种道德主张可能超越了互惠和同意的自由主义伦理。

法国抵抗运动

让我们从家庭转移至集体的责任。第二次世界大战时期，法国抵抗运动的成员对被纳粹占领的法国地区发动了一系列的轰炸。尽管他们针对工厂和其他军事目标，可是他们并不能避免平民的伤亡。有一天，一名轰炸机飞行员在接到命令后发现，他的轰炸目标是他家所在的村庄。（这个故事可能不足为信，但是它却引发了一个引人关注的道德问题。）他请求将自己排除在这次军事行动之外。他承认，轰炸这座村庄与他前一天执行的任务对达到解放法国的目标来说同样必要，并且他知道，如果他不执行，其他人也会执行。但是他基于这样的理由迟疑：他不能成为那个轰炸自己家乡并可能炸死一些乡亲的人。他认为，即使是在一个正当的情境中，由他来执行这次轰炸也将是一个特殊的道德错误。

你如何理解这名飞行员的看法呢？你是敬佩这种看法还是认为它是一种软弱？让我们搁置这样一个宏大的问题——在解放法国的情形中，多少平民伤亡是正当的。这名飞行员并不是在质疑这次军事行动的必要性或将要损失多少生命，他的要点在于，他不能成为那个夺去这些特殊生命的人。这名飞行员的不情愿是过分拘谨，还是反映了某些具有道德重要性的东西呢？如果我们敬佩这名飞行员，那么肯定是因为我们在他的观点中看到他认同了自己作为村庄成员的这种受约束的身份，我们敬佩他的不情愿所反映的品质。

拯救埃塞俄比亚的犹太人

20 世纪 80 年代初，埃塞俄比亚的一场饥荒迫使大约 40 万个难民涌入邻国苏丹，他们在那里的难民营中饱受困苦。1984 年，以色列政府发起了一次被称为“摩西行动”（Operation Moses）的空运转移，以解救埃塞俄比亚的犹太人，即法拉沙人，并将他们带到以色列。[45] 在阿拉伯国家对苏丹施压、要求它不要配合以色列的撤离行动之后，这项行动停止了，大约有 7 000 名埃塞俄比亚的犹太人获救。当时的以色列总理西蒙·佩雷斯说道：“直到我们所有的兄弟姐妹从埃塞俄比亚安全地回到家中，我们才会停下来。”[46] 1991 年，当内战和饥荒威胁到余下那些在埃塞俄比亚的犹太人时，以色列执行了一次更大的空运，将 1.4 万名法拉沙人带到了以色列。[47]

以色列拯救埃塞俄比亚的犹太人的行为，是不是一种正当行为呢？我们很难不将这种空运看作英勇的行为。那些法拉沙人当时处于绝望的境况之中，他们希望能够回到以色列。以色列作为一个在大屠杀之后建立的犹太人国家，它的建立就是为了给犹太人提供一个家乡。但是让我们假设有人提出了以下这种疑问：有成千上万的埃塞俄比亚难民正遭受饥荒，假设考虑到有限的资源，以色列只能救走一小部分人，为什么它不应当抽签决定拯救哪 7 000 名埃塞俄比亚人呢？只空运埃塞俄比亚的犹太人，而非一般的埃塞俄比亚人，为什么不是一种不公平的歧视呢？

如果你接受了团结和归属的义务，那么该问题的答案就是显而易见的：以色列拥有一种特殊的责任来援救埃塞俄比亚的犹太人，这超越它（以及所有国家）帮助一般难民的义务。每一个国家都有义务尊重人权，这要求它根据自己的能力给那些在任何地方正遭受饥荒、迫害或背井离乡的人提供帮助。这是一种能够根据康德式的理由得到辩护的普遍义务，是我们作为人、作为人类同胞对他人具有的义务（义务种类一）。我们在这里试图解决的问题是，国家是否具有更进一步的特殊的义务来关心自己的人民。通过将埃塞俄比亚的犹太人称为“我们的兄弟姐妹”，这位以色列总理援引了一种人们熟悉的团结的隐喻。除非你接受这种观念，否则你很难解释为什么以色列不应该通过抽签来实施空运救援，你也有可能很难去维护爱国主义。

爱国主义是一种美德吗?

爱国主义是一种备受争议的道德情感。有些人将爱国看作一种不容置疑的美德，而另一些人则将它看作无知服从、沙文主义和战争的源头。我们的问题则更为特殊：公民相互间是否具有一些义务，这些义务超越了那种对这个世界上的其他人的义务？如果是这样，这些义务能否仅仅基于同意得到解释？

让-雅克·卢梭是爱国主义坚定的维护者，他认为，这种集体的情感和身份是对我们普遍人性的必要补充。“似乎人类的情感在被延展至整个世界时，便蒸发了或变弱了；似乎鞑靼地区或日本的灾难对我们的影响，不会像欧洲人的灾难对我们的影响一样大。利益和同情肯定在某种程度上受到了限制和约束而不起作用。”他认为，爱国主义是一种限制性的原则，它增强了同胞们的感情。“这是一件好事：集中于公民同胞之间的人性，通过相互观望对方的习惯和那种使他们联合起来的利益，呈现了新的力量。”[48] 但是，如果公民同胞被忠诚和共性绑在一起，那么这就意味着，他们相互间所亏欠的要比亏欠他人的多。

> 我们希望人们成为有德性的吗？我们首先要让他们爱国。但是，如果他们的国家对他们与对外国人一样，只分配给他们那些和外国人的份额一样的东西，他们又怎么能爱这个国家呢？[49]

国家确实要给自己的人民比给外国人提供更多的东西。比如美国公民就有资格享有多种形式的公共设施和服务——公共教育、失业补贴、职业培训、社会保障、医疗、福利、食品券等，而外国人则没有资格享受这些。事实上，那些反对更宽松的移民政策的人，就是担心这些新的加入者会分享美国纳税人所支付的那些社会项目。但是，这就引发了一个问题：为什么美国的纳税人对自己那些需要帮助的同胞所负的责任，大于他们对住在其他地方的那些需要帮助的公民所负的责任？

有些人不喜欢任何形式的公共补助，而想要按比例缩减国家福利；另一些人则认为，美国在给发展中国家的人们提供国际援助时，应当比现在更加慷慨。但是，几乎所有的人都认识到福利与国际援助之间的区别，而且大多数人都同意，我们有一种特殊的义务来满足自己公民的需求，但这种义务并不扩展至世界上的每一个人。这种区别在道德上是可辩护的，还是仅仅是一种对自己人的偏袒和偏见？国家边境的道德意义究竟是什么？如果完全从需要的进路来说，世界上近10亿每日消费不到1美元的人，比美国的穷人状况更糟糕。

得克萨斯州的拉雷多与墨西哥的华雷斯是两个相邻的小城市，由格兰德河隔开。一个出生于拉雷多的孩子有资格享有美国福利制度所有的社会和经济利益，并且长大后，他有权利在美国的任何一个地方找工作。而出生在河对岸的孩子则对这些东西没有任何权利，也没有权利越过这条河。尽管这些并不是他们自己的行为结果，可是两个孩子仅仅由于出生地的缘故，将会拥有完全不同的生活前景。

国家之间的不平等使国家共同体的理由变得非常复杂。如果所有的国家都拥有对等的财富，如果每一个人都是这个或那个国家的公民，特殊照顾自己人民的那种义务就不会有问题——至少从正义的进路来看没有问题。可是，在一个贫国和富国之间差距巨大的世界当中，共同体的主张可能会与平等的主张形成张力。那反复无常的移民事件就反映了这种张力。

边境巡逻队

移民政策改革是一个政治雷区。美国唯一赢得广泛的政治上支持的移民政策内容，就在于它决心巩固美国与墨西哥边境的安全，以限制非法移民的潮流。得克萨斯的县治安官发明了一种新颖的使用网络来帮助他们看守边境的方法。他们在那些广为人知的非法入境地区安装了摄像头，并将摄像头的实时录像放在一个网站上。那些想要帮助监视边境的公民，可以在网上当“事实上的得克萨斯警官”。他们如果看到有人企图穿越边境，就可以给县治安官的办公室发送一份报告，有时候该办公室会在美国边境巡逻队的帮助下采取下一步的行动。

当我在美国国家公共广播电台上听到这个网址时，我很好奇，想知道是什么促使那些人坐在电脑屏幕前盯着。这肯定是一份相当沉闷的工作，长时间不活动，还没有报酬。记者采访了得克萨斯州南部的一名卡车司机，他是成千上万个登录那个网站的人之一。在一天的辛苦工作之后，这个卡车司机“回到家中，将自己高6英尺①、重250磅的身躯置于电脑前，打开一罐红牛……然后开始保卫他的祖国”。他为什么要这么做呢？记者问道。“这给我一种优越感，”卡车司机回答道，“就像是我在为执法部门和我们的国家贡献一份力量。”[50]

这可能是爱国主义的一种怪异的表达方式，但是它却引发了一个有关移民争论的核心问题：基于什么样的理由，国家阻止外人进入其疆域是正当的？

限制移民的最佳理由是一个集体的理由。正如迈克尔·沃尔泽所写的，管理公民身份条件的能力，设定准入和排外的这种能力，是“集体独立性的核心所在”。否则“那些共同体的特质，以及人们带着对彼此的特殊承诺和对集体生活的某种特殊情感而成立的各种协会，就不会具有历史稳定性”。[51]

然而，对富国而言，限制移民政策同样为了保护特权。许多美国人害怕，大量墨西哥人移民到美国会对社会服务产生巨大负担，也会降低现有公民的经济利益。我们不清楚这种担心是否正当，但是，让我们为了论证而假设：开放移民政策会降低美国人的生活标准。这是限制移民的足够的理由吗？除非你认为，那些在格兰德河富裕的河岸出生的人，有资格享有他们的好运气。然而，由于出生的偶然性并不是资格的基础，所以我们很难看清，限制移民的政策如何能够以维持富裕的名义得到辩护。

限制移民的一个更强的论证就是保护低技能的美国人的工作和工

---

① 1英尺约为0.3米。——编者注

资水平，他们最容易被大量涌入的愿意为较少工资而工作的移民取代。但是，这种理由将我们带回我们正试图解决的那个问题：如果保护美国那些最脆弱的工人，就意味着不给那些来自墨西哥的更贫穷的人提供工作机会，那么美国为什么应当保护他们呢？

从帮助最不利者的进路来看，可以得出一个支持开放移民的理由。但是，即使是同情平等主义的人也不情愿接受它。[52] 这种不情愿是否具有道德基础呢？是的，但是只有当你接受以下这一点时，答案才是肯定的：由于公共生活和共同分享的历史，我们对同胞的幸福肩负着一种特殊的责任。而这也依赖于我们接受那种叙述性的人格观念，根据这种人格观念，我们作为道德主体的身份与我们所居住的共同体紧密相关。正如沃尔泽所写的："只有当爱国情感具有道德基础时，只有当集体的凝聚力促进了责任和共享的意义时，只有当既有成员又有陌生人时，政府官员才有理由特别担心自己人民的幸福……以及自己文化和政治的成就。"[53]

"购买美国货"是不公平的吗？

移民并不是美国的工作会丢失给外人的唯一途径。如今，资本和商品比人更加容易穿越国家边境，这也引发了一些关于爱国主义的道德状况的问题。让我们来考虑一下那个广为人知的口号——"购买美国货"。买福特汽车而不买丰田汽车是不是一种爱国呢？随着汽车和其他制造业的商品越来越多地通过全球供应链被生产出来，我们更难明确地知道，什么才算作一辆美国制造的汽车。但是，让我们假设自己能够甄别出那些给美国人带来工作的商品，这是一个很好的购买它们的理由吗？为什么美国人应当对给美国工人——而不是日本的、印度的或中国的工人——创造工作机会更感兴趣呢？

2009年年初，美国国会通过并由奥巴马总统签署了一项7 870亿美元的经济刺激计划。该法案包括一项要求：由该法案资助的公共工作，比如道路、桥梁、学校及公共建设等，都要使用美国制造的钢铁。“这只是说明了，我们可能刺激我们自己经济的哪一个方面，而不是别的国家的经济。”参议员拜伦·多尔根是一个“购买美国货”口号的支持者[54]，他如此解释道。这一口号的反对者们害怕它会促进别的国家报复美国的商品，从而加剧经济的下滑，并最终导致美国工作的丧失。[55]但是没有人会质疑这样一种设想：这一刺激计划的目的，应当是为了在美国而不是在国外创造就业机会。这一设想生动地体现于“渗透”这个术语当中，经济学家们开始用它来描述一种危险：美国的政府支出会资助国外的工作。《商业周刊》的一则封面故事就聚焦于这一渗透问题：“奥巴马的巨大的经济刺激会有多少渗透至国外，而在中国、德国或墨西哥创造比在美国更多的工作机会？”[56]

在每个地方的工人都面临失业时，我们能够理解美国的政策制定者们将保护美国人的工作当作他们优先考虑的事情。但是，渗透的言论将我们带回爱国主义的道德状况。如果仅仅从需要的进路来看，那我们很难呼吁人们去帮助那些失业的美国工人，而不是其他国家的失业者。但是却很少有人反对这样一种观念：在美国人面临困难的时候，他们有一种特殊的义务去帮助自己的同胞。

我们很难从同意的进路来解释这一义务。我从来都没有同意过要帮助印第安纳州的钢铁工人或加利福尼亚州的农场工人。有些人可能会认为，我已经隐而不宣地同意了。由于我从一个国家经济所体现的相互依赖的复杂计划中受益，我就对这种经济的其他参与者负有一种互惠的义务——尽管我从来都没见过他们，实际上从来没有跟他们中的大多数人交换过任何商品和服务。但这是一种歪曲。如果我们试着去追溯当代世界中那广泛分布的经济交换的关节点，我们就很可能会发现，美国人对那些居住在半个世界之外的人非常依赖，就像他们依赖印第安纳州的人一样。

因此，如果你相信爱国主义具有一个道德基础，如果你相信我们对同胞的幸福负有特殊的责任，你就必须接受这第三种义务——不能被归纳为一种同意的行为的团结的义务或成员的义务。

团结是对自己人的一种偏袒吗？

当然，并不是每个人都同意，我们对自己的家庭、同事和同胞负有特殊的责任。有些人认为，所谓团结的义务实际上不过是集体自私的范例，是对自己人的一种偏袒。这种批评承认我们一般比关心他人更加关心自己的家庭、朋友和同事。但是，他们质问道："难道对自己人的更多关心不是一种我们应当克服的倾向，而是以爱国主义或兄弟会的名义加以维持的、目光狭隘的、越来越封闭的倾向吗？"

不，未必如此。团结和成员的义务既向外也向内。我可能对同胞负有某些特殊的义务，其中有些源自我所生活的独特的共同体，但是我可能对另一些人负有别的义务——我的共同体对这些人具有一种道德上的历史负担，就像在德国人和犹太人、美国白人与非裔美国人之间的关系中体现的那样。集体性的对历史不正义的道歉和补偿，便是这种方式的很好例证：团结能够为共同体而不是个人产生各种道德责任。改正我的国家的过往错误，是一种确定我忠诚于它的方式。

有时候，团结能够给予我们特殊的理由来批评我们自己人或政府的行为。爱国主义能够产生不同的意见。让我们以两种不同的引导人们反对和抗议越南战争的理由为例。一种理由认为，这场战争是不正义的；另一种则认为，这场战争不值得美国人去打，并且与美国人作为一个民族的概念冲突。第一条理由可以为无论居住于何处的任何反对这场战争的人所用，而第二种理由则只能由对该战争负责的国家的公民有感而发。一个瑞典人可能会反对越南战争并认为这场战争是不正义的，但是只有美国人才会为它感到羞愧。

骄傲与羞愧这类道德情感预设了一种共享的身份。当那些在外国旅游的美国人见到美国旅客的粗鲁行为时，他们会感到尴尬，即使他们本人并不认识这些旅客。非美国人可能认为这一行为是不体面的，但是他们却不会为它感到尴尬。

那种对家庭成员和同胞的行为感到骄傲和羞愧的能力，与集体责任的能力密切相关。这两种能力都要求我们将自己看作情境性的自我——这种自我受制于那些我们并没有选择的道德纽带，并暗含于那些塑造我们作为道德主体的身份的各种叙述当中。

考虑到骄傲与羞愧的伦理与集体责任的伦理之间的紧密联系，我们很困惑地发现，政治保守主义者们（比如亨利·海德、约翰·霍华德及前面提到的其他人）居然基于个人主义的理由反对集体道歉。如果我们坚持认为，作为个体的我们仅仅对自己所做出的选择和行为负责，我们就很难为自己国家的历史和传统感到骄傲。任何人在任何地方都会敬佩《独立宣言》、宪法、林肯的葛底斯堡演说、在阿灵顿国家公墓中长眠的英雄等。但是，爱国主义的骄傲却需要一种穿越时间而延续的对某个共同体的归属感。

伴随归属感而来的是责任。如果你不愿意承担任何将自己国家的故事带入当今的责任，以及可能伴随着这一故事而来的各种道德负担，那么你就不可能真正为自己的国家及其历史感到骄傲。

忠诚能否凌驾于普遍道德原则之上？

在我们考虑的大多数情形中，忠诚的要求似乎补充了各种自然义务或人类权利，而不是与之冲突。因此，我们可能会认为，这些情形凸显了自由主义哲学家很乐意承认的一点：只要不侵犯任何人的权利，我们就能通过帮助身边的那些人——比如家庭成员或公民同胞——履行普遍的帮助他人的义务。一个家长救自己的孩子而不救他人的孩子并没有什么错，只要他在救孩子的路上不撞到陌生人的孩子。与此类似的是，一个富裕的国家为自己的公民制定一种慷慨的国家福利也并没有什么错，只要它尊重任何一个地方的人权。只有当团结的义务导致我们侵犯一种自然义务时，它才是值得反驳的。

然而，如果那种叙述性的人的观念是对的，那么团结的义务可能会比自由主义的论证所提出的要求更为苛刻——甚至会与自然义务冲突。

罗伯特·李

让我们看一下南部联军的指挥官罗伯特·李的事例。在南北战争爆发之前，李是北方联邦军队的士官。他反对南方脱离联邦——实际上，他认为这是一种谋反。当战争逼近的时候，林肯总统任命李领导北方军队，但李拒绝了。他认为，他对弗吉尼亚州的义务要超过他对联邦的义务，同时他也声明自己反对奴隶制。他在给儿子们的信中解释了他的决定：

> 尽管我对联邦无限忠诚，可我还是不能下定决心举起双手攻打我的亲戚、我的孩子、我的家乡……如果联邦解散了，政府瓦解了，我会回到我的本州，分担我的人民的痛苦。只有在需要保护家乡的时候，我才会拔出我的利剑。[57]

与法国抵抗运动的飞行员一样，李不能赞成那种可能要求他加害自己的亲戚、孩子和家乡的职责。但是他的忠诚要更进一步，甚至达到了这样一种程度：以自己所反对的理由领导他的人民。

由于南部邦联的目标不仅仅是脱离联邦，还包括保护奴隶制，所以我们很难为李的选择进行辩护；我们同样很难不敬佩那种使他陷入两难境地的忠诚。可是，我们为什么应当尊敬那种对不正义目标的忠诚呢？你可能会很想知道，在这些情境中，忠诚是否应当具有道德分量。你可能会询问，为什么忠诚是一种德性，而不仅仅是一种遮蔽了我们的道德判断，并使我们难以做出正当之事的情感、感觉或强烈的感情呢？

原因是这样的：除非我们认真地将忠诚看作一种具有道德重要性的要求，否则我们根本不能将李的两难境地理解为一种道德上的两难。如果忠诚是一种没有真正的道德分量的情感，李的困境就仅仅是道德和情感或偏见之间的冲突。不过，我们如果这样理解，就误解了这里的道德利害关系。[58]

我们如果对李的困境仅仅进行心理学的解读，就丢失了这样一个事实：我们不仅仅同情像李这样的人物，还敬佩他们，不一定是因为他们所做出的选择，而可能是因为他们的审慎所体现的性格品质。我们所敬佩的是一种性情，这种性情将自己的生活环境看作一种反思性的、情境性的存在，并且能够接受这种环境（受那种将我置于一种特殊生活中的历史的制约），却能意识到它的特殊性，并因此能注意到各种不同的主张和更开阔的视野。要具有性格品质，就要接受自己的（有时候是互相冲突的）各种束缚而生活。

兄弟的守护者一：伯格兄弟

近期一项对忠诚的道德分量的考验涉及两对兄弟间的故事：第一个是威廉和詹姆斯·“威蒂”·伯格的故事。威廉和威蒂在南波士顿安居工程中的一个有九个孩子的家庭中一起长大。威廉是一名勤勤恳恳的学生，他学习经典并在波士顿学院获得了法学学位。他的哥哥威蒂则中学辍学，整日游荡在街头干一些偷鸡摸狗的勾当。

这两个人在各自的领域都逐渐发展、变得强大。威廉·伯格进入政界，成为马萨诸塞州的参议院主席（1978—1996），然后当了七年的马萨诸塞大学的校长。哥哥威蒂则因为抢劫银行而在联邦监狱中度过了一段时间，然后成为冬山帮（Winter Hill Gang）的领袖人物——冬山帮是波士顿的犯罪团伙，从事敲诈、操控毒品交易及其他非法行为。威蒂被指控犯有 19 项谋杀罪，为了免遭逮捕，他于 1995 年潜逃。他现在仍然逍遥法外，并在美国联邦调查局的“十大通缉犯”名单中占据一席之地。[59]

尽管威廉 · 伯格与他的哥哥通过电话，但是他却声称自己并不知道哥哥的下落，并拒绝协助警方调查。2001 年，当威廉在陪审团面前做证时，一名联邦检察官对他施压，要求他提供哥哥的消息：“让我们明确一下，你对你哥哥的忠诚，大于你对马萨诸塞州人民的忠诚吗？”

“我从来都没有这样想过，”威廉回答道，“但是我确实对我的哥哥有一种诚实的忠诚，我关心他……我希望自己永远都不要对那些反对他的人有所帮助……我没有义务帮助任何人去抓他。”[60]

在南波士顿的酒馆里，老主顾们对威廉的忠诚表达了一种敬佩之情。“我不怪他不告发他的哥哥，”一个居民告诉《波士顿环球报》的记者，“兄弟就是兄弟，你会揭发你的家人吗？”[61] 编委会和报纸记者们则更具批判性。一位专栏作家写道：“他放弃了阳光大道，而选择了独木桥。”[62] 由于拒绝协助调查，威廉在公众的压力之下，于 2003 年辞去了马萨诸塞大学的校长一职，尽管他并没有由于阻碍调查而被起诉。[63]

在大多数情况下，正义之事就是帮助人们将犯罪嫌疑人绳之以法。对家人的忠诚能够凌驾于这一义务之上吗？威廉 · 伯格显然是这样认为的。但是，在很多年之前，另一个有着任性不羁的哥哥的人，却做出了不同的选择。

兄弟的守护者二：炸弹客

17 年来，当局一直试图找到那个国内恐怖分子，他制造了导致 3 人死亡、23 人受伤的一系列包裹炸弹案。由于此人的目标包括科学家和其他学者，因此，这个让人难以捉摸的炸弹制造者以“炸弹客”著称。为了解释自己行为背后的原因，该炸弹客在网上发表了一份 3.5 万字的反科技宣言，并做出承诺：如果《纽约时报》和《华盛顿邮报》都刊发该宣言（它们确实这样做了）[64]，他就停止制造爆炸。

46 岁的社会工作者戴维·卡钦斯基在纽约的斯克内克塔迪工作，他在读到这份宣言的时候，产生了一种奇怪的熟悉之情。它包含了一些听起来像他哥哥泰德的风格的用语和观点。他的哥哥泰德 54 岁，是哈佛大学培养出来的数学家，后来成为一名隐士。泰德鄙视现代工业社会，居住在蒙大拿州山上的一个小木屋里。戴维已经有 10 年没有见到他了。[65]

在经历了一系列痛苦的挣扎之后，戴维于 1996 年告诉美国联邦调查局，他怀疑这名炸弹客是他的哥哥。联邦特工监视了泰德·卡钦斯基的小木屋并抓获了他。尽管戴维事前被告知，检察官不会判他哥哥死刑，可他们还是判了。因为自己的告发，哥哥被判死刑，这让戴维备受煎熬。最后，检察官允许泰德·卡钦斯基服罪以换取终身监禁，不得假释。[66]

泰德·卡钦斯基在法庭上拒绝认自己的弟弟，并在他写于监狱的书稿中将弟弟称为“另一个犹大”。[67] 戴维·卡钦斯基试图重新构建他的生活，这一情节已经在他的生活中留下了难以磨灭的印记。在努力取消哥哥的死刑之后，他成为一个反死刑组织的发言人。“兄弟之间理应互相保护，”他对一个听众描述了他的两难处境，“可是我的做法，却差点儿将哥哥送上断头台。”[68] 他接受了司法部悬赏 100 万美元协助抓获炸弹客的奖励，但是他将大部分钱给了那些被他哥哥杀死或伤害的人的家人。此外，他代表他的家族为哥哥的罪行道了歉。[69]

对于威廉·伯格和戴维·卡钦斯基对待自己哥哥的两种不同方式，你做何感想呢？对威廉·伯格而言，对家人的忠诚超过将罪犯绳之以法的义务；对戴维·卡钦斯基来说，则刚好相反。可能那位逍遥法外的哥哥是否继续造成威胁，会产生一种道德上的差异。这似乎对戴维·卡钦斯基而言非常沉重：“我想，公平地说，我感觉是被迫的。又一个人可能会死去，而我本来能够阻止它产生——这种想法让我无法忍受。”[70]

无论你怎样评判他们所做的选择，你在解读他们的故事的时候，很难不得出以下结论：只有当你承认忠诚和团结的主张能够与其他道德主张——包括将罪犯绳之以法的义务——具有同等的分量时，他们所面临的两难境地才能被理解为道德困境。如果我们所有的义务都建立在同意或我们作为人对他人所负有的普遍义务的基础之上，我们就很难说明这类手足之情的困境。

正义与良善生活

迄今，我们已经考量了一系列的事例，意图挑战契约论的这种观点：我们是唯一约束自己的道德义务的创立者。这些事例有：公共道歉与补偿，为历史上不义行为所负的集体责任，家庭成员和公民同胞之间的特殊责任，对同志的忠诚，对自己村庄、社区和国家的拥护，爱国主义、对自己国家和人民的自豪感和愧疚感，兄弟般和子女般的忠诚。在这些例子中所看到的团结的主张，是人们在道德和政治经验中熟知的特征。如果没有它们，我们将难以生活，或难以理解我们的生活。但是，我们同样难以用道德个人主义的语言去说明它们。它们不能被同意的伦理表达。这在某种程度上就是给予这些主张道德力量的东西。它们吸收我们的各种负担，并反映了我们作为讲故事的存在，作为情境性的自我的本性。

你可能想知道，这些跟正义有什么关系呢？为了回答这一问题，让我们回忆一下将我们引上这条道路的那个问题。我们一直在试图弄明白，我们所有的义务和责任，是不是都能够追溯到一种意志或选择的行为。我已经论证过，它们不能。团结的义务或成员的义务可能会出于与选择无关的理由——与我们借以阐释自己的生活，以及所居住的共同体的叙述密切相关的理由——而要求我们。

在关于道德主体的叙述性解释和那种强调意志和同意的解释之间，到底有什么东西受到了威胁呢？其中一个岌岌可危的问题就是：你如何看待人类自由。当你在考虑那些声称要阐释团结之义务和成员之义务的事例时，你可能会发觉自己在抵抗它们。如果你和我的许多学生一样，你可能会不喜欢或不相信这样一种观念——我们受制于各种未经自己选择的道德纽带的束缚。这种不喜欢可能会导致你反对爱国主义、团结、集体责任等主张，或者将这些主张重新改造为源自某种形式的同意。拒绝或改造这些主张是具有诱惑力的，因为这样做会使它们变得与一种人们熟知的自由观一致。也就是这样的观念：我们不受任何未加选择的道德纽带的束缚；要获得自由，就是要成为唯一能约束我们的义务的创立者。

我在试着通过本书列举的这些或那些事例来指出，这种自由观是有缺陷的。但是，在这里，自由并不是唯一受到威胁的东西，同样岌岌可危的是：我们如何思考正义。

让我们回忆一下我们已经考察过的两种思考正义的方式。对康德和罗尔斯而言，权利优先于善。那些界定我们的各种义务和权利的正义原则，应当中立于各种关于良善生活的观念。康德认为，为了达到这一道德法则，我们必须抽离于自己各种偶然的利益和目的。罗尔斯坚持认为，为了慎议正义，我们应当搁置我们各种特殊的目的、情感及各种关于善的观念，这是在“无知之幕”背后思考正义的关键。

这种思考正义的方式与亚里士多德思考正义的方式冲突。亚里士多德认为，正义原则不能够或不应当中立于良善生活。与之相反，他坚持认为，正义宪制的目的之一就在于养成好公民、培育好品质。他认为，如果我们不慎议社会所分配的物品（如职务、荣誉、权利和机会）的意义，我们就不可能慎议正义。

康德和罗尔斯反对亚里士多德思考正义的方式的一个原因在于，他们认为这没有给自由留下余地。一种试图培养好品质或肯定某种特定良善生活观念的宪制，有着将一些人的价值观强加给另一些人的危险。它也没有将人作为自由而独立的、能够自主地选择自己的目的的自我加以尊重。

如果康德和罗尔斯的这种构想自由的方式是正确的，那么他们关于正义的观点也是正确的。如果我们是自由选择的、独立的自我，不受任何先在于选择的道德纽带的束缚，我们就需要一个中立于各种目的的权利框架。如果自我优先于其目的，权利就必须优先于善。

然而，如果那种关于道德主体的叙述性的观念更有说服力，它就值得我们重新考虑一下亚里士多德思考正义的方式。如果关于我的善的慎议，要反映那些与我的身份绑定在一起的共同体的善，那种中立性的期望就可能是错误的。不慎议良善生活而慎议正义是不可能的，甚至是不值得追求的。

将关于良善生活的观念带入关于正义和权利的公众对话，这样的前景也许更让你震惊而不是着迷，甚至令你感到害怕。毕竟，处于像我们这样的多元社会中的人，在关于最佳生活方式这一问题上存在分歧。自由主义政治理论的诞生，是一种试图避免政治和法律卷入各种道德和宗教纷争的尝试。康德和罗尔斯的哲学，是这一目标最充分、最明确的表达。

不过这一目标不可能实现。我们不可能不带着那些具有争议性的道德和宗教问题，去讨论许多最热门的关于正义和权利的问题。在决定如何界定公民的权利和义务时，我们并不总是能搁置各种不同的关于良善生活的观念。即便它是可能的，也可能是不值得追求的。

要求民主社会的公民在进入公共领域时，将他们的道德和宗教信仰抛于脑后，可能是一种保证宽容和相互尊重的途径。然而，实际上其反面却可能是真实的。一边裁定重要的公共问题，一边假装存在一种无法达成的中立性，是对强烈反抗和怨恨的一剂处方。缺乏实质性道德参与的政治，会产生一种贫瘠的公民生活。同时，它也容易引入狭隘的、不宽容的道德主义。宗教激进主义分子会涌进自由主义者不敢涉足的地方。

如果关于正义的争论，不可避免地要使我们陷入各种实质性的道德问题，我们仍然要问，这些争论会如何推进。我们是否有可能在公共领域推理善，而不陷入宗教战争之中？一个道德参与更多的公共对话是什么样的？它如何区分于那种我们已经习惯的政治争论？这些不仅仅是哲学问题，还是任何一种振兴政治对话、更新我们公民生活的尝试的核心部分。

第十章

正义与共同善

1960年9月12日，民主党总统候选人约翰·肯尼迪在得克萨斯州的休斯敦发表了一篇关于宗教在政治中的作用的演讲。“宗教问题”一直纠缠于他的竞选活动当中。肯尼迪是一名天主教教徒，以前从来没有天主教教徒当选过总统。有些选民心里怀有一种未说出口的偏见，而另一些选民则表达了这样一种恐惧：肯尼迪可能会在公务处理上表达对梵蒂冈的感激，或者将天主教的教义强加于公共政策。[1]寄希望于消除这些恐惧，肯尼迪答应对一群新教牧师发表演讲，演讲内容为：如果他当选总统，他的宗教信仰将会在其总统任期内起什么样的作用。他的回答非常简单：没有任何作用。他的宗教信仰是一个私人问题，与他的公共责任没有任何关系。

“我相信有这样的总统——他的宗教观是他自己的私人事务。”肯尼迪说道，“当身为总统的我面对任何问题，例如节育、离婚、审查制度、赌博及其他问题时，我都会根据我的良心告诉我的国家利益做出决定，而不涉及外在的宗教压力或命令。”[2]

肯尼迪并没有说，他的良心是否或怎样受到其宗教信仰的塑造。

不过他似乎是在暗示说，他关于国家利益的信念与宗教没有多少关系——这里他将宗教与“外在的压力”和“命令”联系在了一起。他想要打消新教牧师和美国公众的顾虑，称不会将自己的宗教信仰（无论它们是什么）强加给他们。

人们普遍认为这次演讲是一次政治上的成功，肯尼迪继而赢得了总统职位。杰出的总统竞选记录者西奥多·怀特称赞这次演讲界定了“民主社会中一位现代天主教教徒的个人教义”。[3]

46年之后，巴拉克·奥巴马很快被所属的党派提名为总统候选人。2006年6月28日，就“宗教在政治中的作用”这一话题，他发表了一场截然不同的演讲。他一开始便回忆了两年前在竞选美国参议员的活动中，自己处理宗教问题的方式。奥巴马的对手是一位非常尖锐的宗教保守主义者，他攻击了奥巴马对同性恋权利和堕胎权利的支持，声称奥巴马不是一位好的基督教教徒，耶稣基督也不会投他的票。

“我当时的回答，后来成为自由主义在这类争论中的一般性回应。”奥巴马在回顾过去的时候说道，“我回答说，我们居住于一个多元的社会，我不能将自己的宗教观点强加于人。我是在竞选伊利诺伊州的参议员，而不是伊利诺伊州的牧师。”[4]

尽管奥巴马在参议员的角逐中轻松地赢得了胜利，但在竞选总统时，他却认为他当年的回答是不充分的，并且“没有充分地说明，我的信仰在引导我的价值观和信念中所起的作用”。[5]

他接着描述了自己的基督教信仰，并为宗教与政治争论的关联辩护。他认为，那些进步人士在政治中“抛弃宗教对话的领域”的做法是个错误。“某些进步人士对任何一种宗教暗示的不安，经常阻止我们有效地用道德术语来表达问题。”如果自由主义者们提供一种缺乏宗教内容的政治对话，他们就“丧失了数百万个美国人赖以理解自己的个人道德和社会正义的意象和专用术语”。[6]

宗教不只是一种引起共鸣的政治修辞。我们对某些社会问题的解决，需要道德的转化。“我们害怕变得‘爱说教’……这导致我们低估各种价值观和文化在一些极其紧要的社会问题中所起的作用。”奥巴马如是说。处理“贫困与种族、没有保险及失业”这类问题，需要“心灵上和思想上的改变”。[7]因此，那种坚持认为道德和宗教信念在政治和法律中不起作用的想法，是一种谬误。

> 世俗主义者要求有信仰的人在进入政治领域时将自己的宗教置之度外，在这一点上，他们是错误的。事实上，美国历史上大多数伟大的改革家——弗雷德里克·道格拉斯、亚伯拉罕·林肯、威廉·詹宁斯·布赖恩、多萝西·戴伊、马丁·路德·金——都不仅仅受到信念的激发，同时也反复运用宗教的语言来为自己的理由做辩护。因此，那种认为人们不应当将自己的“个人道德”注入公共政策争论的想法，是一种现实的荒诞。美国的法律在定义上就是一种道德的汇编，它的很多成分都基于犹太教与基督教共有的传统。[8]

很多人都注意到了约翰·肯尼迪和巴拉克·奥巴马之间的相似之处：两个人都是年轻有为、能言善辩、鼓舞人心的政治人物，他们的当选都标志着向一个新的领导时代的转型，并且他们都努力召集美国人进入一个公民参与的新纪元。但是，他们在“宗教在政治中的作用”这一问题上的观点却截然不同。

对中立性的渴望

肯尼迪将宗教看作一个私人的而非公共的事务，这不仅反映了那种解除反天主教的偏见的需要，同时还反映了一种公共哲学，这种公共哲学在20世纪六七十年代得到了充分的表达，它认为政府应当中立于各种道德和宗教问题，以便每个个体都能自由地选择自己关于良善生活的观念。

两大主要政治党派都诉诸中立性的观念，但却是以不同的方式。一般说来，共和党人在经济政策上援引这一观念，而民主党人则将它应用于社会和文化事务。[9]共和党人基于以下理由反对政府干预自由市场：个体应当能自由地做出经济选择，并如自己所愿地花自己的钱。政府花纳税人的钱或为了公共的目的而控制经济行为，就是在强加一种由政府认可的、并不是人人共享的关于共同善的观点。减税对政府花销来说是更为可取的，因为减税使个体能够自由地为自己决定追求什么样的目的，以及如何花自己的钱。

民主党反对“自由市场中立于各种目的”这样一种观点，而支持政府在更大程度上干预经济。然而，当论及社会和文化问题时，他们也援用那种中立性的言论。他们坚持认为，政府不应当在性行为或决定生育等领域“为道德立法”，因为这样做就是将某些人的道德和宗教观念强加于他人。政府不应当限制堕胎和同性恋的亲密行为，而应当在这些会在道德上引起激烈争论的问题当中保持中立，并让个体自由选择。

1971 年，约翰·罗尔斯的《正义论》为肯尼迪的演讲所透露的那种自由主义中立性的观念[10]提供了一种哲学上的辩护。20 世纪 80 年代，批判自由主义中立性的共同体主义者，对作为罗尔斯的理论基础的那种自由选择的、不受约束的自我观念提出了疑问。他们不仅为更强的共同体和团结的观念辩护，还为一种更强健有力的对各种道德和宗教问题的公共参与辩护。[11]

1993 年，罗尔斯出版了《政治自由主义》，它在某些方面改进了罗尔斯的理论。罗尔斯承认，在私人生活中，人们通常拥有"一些他们认为自己不会、确实不可以也不应当脱离的情感、奉献和忠诚……他们可能认为，使自己脱离某种宗教、哲学及道德信念，或某种持久的拥护与忠诚，是不可思议的"。[12]在这种程度上，罗尔斯接受了那种构成深厚的、道德上受约束的自我的可能性。但是他坚持认为，这种忠诚和拥护应当与我们作为公民的身份无关。在讨论正义和权利时，我们应当搁置自己的个人道德和宗教信念，而以一种"政治的人的观念"为起点，独立于任何特殊的忠诚、情感或良善生活观念来展开讨论。[13]

为什么我不应当带上自己的道德和宗教信念，以影响关于正义和权利的政治对话呢？为什么我们应当将自己作为公民的身份与那种被更广泛地认可的、作为道德的人的身份区分开来呢？罗尔斯认为，我们之所以应当这样做，是为了尊重关于良善生活的"合理多元主义的事实”，它在现代社会盛行。现代民主社会中的人在道德和宗教问题上存在分歧，再者，这些分歧是合理的。“我们不能期望那些拥有全部理性能力的有良心的人，在充分讨论之后会得出同样的结论。”[14]

根据这一争论，支持自由主义中立性的理由源于那种在道德和宗教分歧面前对宽容的需求。罗尔斯写道：“如果考虑周全，那么哪一种道德判断是正确的就不是一个政治自由主义的问题。”为了在各种不同的道德和宗教学说中保持不偏不倚，政治自由主义不会“论及使这些学说产生分歧的道德话题”。[15]

让我们作为公民的身份脱离各种道德和宗教信念的那种要求，意味着当参与各种关于正义和权利的对话时，我们必须遵守自由主义公共理性的限制。不仅政府不可以接受一种特定的关于善的观念，甚至公民也不能将自己的道德和宗教信仰引入关于正义和权利的公共争论。[16]因为如果他们这样做，如果他们的论证盛行，他们实际上就给自己的同胞们强加了一种基于某种特殊的道德和宗教学说的法律。

我们怎么能知道自己的政治争论是否满足了公共理性的要求，并恰当地被剥离了对任何道德或宗教观念的依赖呢？罗尔斯提出了一种新颖的检验方式：“为了检验自己是否遵循公共理性，我们可以询问，当我们的理由作为一种最高法院的观点出现时，它将给我们怎样的印象？”[17]正如罗尔斯所解释的，这是一种保证我们的论证在自由主义公共理性所要求的那种意义上保持中立的方式：“法官们当然不能援引自己的私人道德，也不能援引一般的道德理想和道德德性。他们必须将这些看作毫不相干的东西。同样地，他们也不能援引自己或他人的各种宗教或哲学观点。”[18]当我们作为公民参与公共讨论时，我们应当注意到一种类似的约束。像最高法院的法官们一样，我们应当搁置自己的各种道德和宗教信念，并将自己局限于那些可以指望所有公民都接受的论点。

这是约翰·肯尼迪援引的，而巴拉克·奥巴马反对的自由主义中立性的理想。20 世纪 60—80 年代，民主党人偏向于这种中立性的理想，并在很大程度上在他们的政治对话中排除了道德和宗教的争论。以下是一些著名的例外：马丁·路德·金在提出公民权利的理由时，援引了道德和宗教的论证；反越战运动由于道德和宗教对话而充满活力；罗伯特·肯尼迪在 1968 年角逐民主党总统提名时，试图唤起美国追求那种要求更高的道德和公民理想。然而，到 20 世纪 70 年代，自由主义者们接受了中立性和选择的言论，而将道德和宗教对话转让给了新兴的基督教右派①。

随着 1980 年罗纳德·里根参加总统竞选，基督教保守主义者在共和党的政治中成为主导性的发声者。杰里·福尔韦尔所说的“道德的大多数”、帕特·罗伯逊的“基督教联盟”就是旨在填充那“赤裸裸的公共空间”[19]，并与他们所认为的美国生活中的道德放任做斗争。他们支持校园祈祷，在公共场所的宗教展示，以及对色情、堕胎和同性恋的法律限制。在他们看来，自由主义者们并不是通过逐个挑战道德判断而反对这些政策，与此相反，他们是通过主张道德和宗教判断在政治领域中毫无地位，而反对这些政策。

---

① 基督教右派大多数是犹太基督教教徒或基督教犹太复国主义者。20 世纪 70 年代以来，“基督教新右派”的出现，在美国社会政治、家庭与女权、宗教信仰等领域产生了重要影响。——译者注

这种论证模式很好地满足了基督教保守主义者们，并给自由主义带来了坏名声。在 20 世纪 90 年代和 21 世纪初，自由主义者们出于自卫论证道：他们也拥护各种“价值”，这里所说的“价值”是指宽容、公平及选择的自由。（在一次令人尴尬的、引起共鸣的发言中，2004 年民主党总统候选人约翰·克里在民主党大会上的提名演讲中，使用“价值”或“价值观”这类词语多达 32 次。）但是，这些价值都与自由主义中立性及自由主义公共理性的约束相联系。它们与那种广泛的道德的和宗教上的渴望无关，也没有回应那种对具有更高意义的公共生活的期望。[20]

与其他民主党人不同，巴拉克·奥巴马理解这种渴望，并给予政治的表达。这就将他的政治与他所处的那个时代的自由主义区别开来。他能言善辩的关键并不仅仅在于他善于用词，还在于他往政治语言中注入了一种道德和宗教的维度，而这种道德和宗教的维度的指向超越了自由主义的中立性。

> 每一天，似乎成千上万的美国人都在为日常事务奔波——送孩子上学、开车上班、飞去参加一场工作会议、逛街购物、努力减肥，现在他们开始意识到自己缺失了某些东西。他们判断，自己的工作、财产、消遣、十足的忙碌其实并不够。他们想要一种目的感，一种关于自己生活的叙述性的进路……如果我们真的想与那些处于自己地位的人对话——以一种与他们自己的各种希望和价值观关联的方式，去交流我们的各种希望和价值观，那么作为先进者的我们就不能抛弃宗教对话的领域。[21]

奥巴马主张，先进者们应当接受一种更加宽泛的对信仰友好的公共理性。这反映了一种正确的政治本能，它同样也是一种好的政治哲学。那种试图使关于正义与权利的论证脱离关于良善生活的论证的做法，基于以下两点而是错误的：第一，我们并不总是可能在不解决实质性道德问题的情况下裁决正义与权利的问题；第二，即使这是可能的，它也不是值得追求的。

关于堕胎与干细胞的争论

让我们看看两个人们熟悉的、如果不在基础性的道德和宗教争论中表明立场就无法得到解决的政治问题——堕胎与胚胎干细胞研究。有些人认为，我们应当禁止堕胎，因为它涉及夺去一条无辜的人类生命；其他人则不同意这样做，理由是法律不应当在“人类生命源于何时”这一道德和宗教争论中表明立场。他们认为，发育中胎儿的道德状态是一个充满争议的道德和宗教问题，因此政府应当中立于这一问题，并允许妇女们自主决定是否堕胎。

第二种立场反映了那种人们熟知的关于堕胎权利的自由主义的论点。它主张，在解决堕胎问题时，要基于中立性和自由选择，而不介入这种道德和宗教争论。不过很少有人赞同这种论点，因为如果发育中的胎儿在道德上等同于一个孩子，那么堕胎在道德上就等同于杀婴。很少有人会坚持认为，政府应当让父母自己决定是否杀死自己的孩子。因此，在堕胎争论中主张妇女有权选择是否堕胎的立场，并非真正地中立于基础性的道德和宗教问题。它暗暗基于这样一种假设：天主教关于胎儿的道德状态的教义——它从怀孕那一刻起就是一个人——是错误的。

接受这种假设并不是为禁止堕胎论证，这只是承认，中立性和选择的自由并不是肯定堕胎权利的充分基础。那些维护妇女自主地选择是否终止妊娠的权利的人，应当介入这样的争论——发育中的胎儿等同于一个人，并努力说明为什么这一观点是不对的。认为法律应当中立于道德和宗教问题并不够，允许堕胎的理由与禁止堕胎的理由同样不能中立。两种立场都预设了某种对基础性的道德和宗教争论的回答。

关于干细胞研究的争论也是如此。那些支持禁止胚胎干细胞研究的人认为，无论其医学前景是什么，那些涉及毁灭人类胚胎的研究在道德上都是不被容许的。许多持有这种观点的人都认为，人格开始于怀孕，因此，即使是毁灭一个早期的胚胎，在道德上也等同于杀死一个孩子。

胚胎干细胞研究的支持者通过指出这一研究可能带来的医学益处，做出了回应，包括可能治疗或治愈糖尿病、帕金森病及脊髓损伤等。他们认为，科学不应当受到宗教或意识形态干预的制约；人们不应当允许那些持有宗教性反对意见的人借助于禁止有前景的科学研究的法律，而将自己的观点强加于人。

然而，正如关于堕胎的争论一样，人们也不可能不在“何时可以算作一个人”这一道德和宗教争论中表明立场，而得出允许胚胎干细胞研究的理由。如果早期的胚胎在道德上等同于一个人，那些反对胚胎干细胞研究的人可能就是有道理的：即使是有很好前景的医学研究，也不能为肢解一个人辩护。很少有人会说，从一个五岁的孩子身上获取器官以促进挽救生命的研究，应当是合法的。因此，那种允许胚胎干细胞研究的理由，在“何时可以算作一个人”这一道德与宗教争论中也不是中立的。它预设了一种对这个争论的回应——在胚胎干细胞过程中被毁坏的、着床前的细胞，不是一个人。[22]

我们不可能不在基础性的道德和宗教问题上表明立场，以解决堕胎和胚胎干细胞研究的合法性问题。在这两种情形中，中立是不可能的，因为这里的问题在于所讨论的行为是否涉及夺去一个人的生命。当然，大多数道德和宗教的争论并不涉及生死问题，因此，自由主义中立性的铁杆拥护者们可能会回应说：堕胎和干细胞研究是特殊情况；除非是那些危及人类定义的情况，否则我们就能不在道德和宗教争论中表明立场而解决各种关于正义与权利的争论。

同性婚姻

但是，这也是不对的。让我们看一下关于同性婚姻的争论。你能够不涉及那些关于婚姻的目的及同性恋的道德状态的争论，而判断出国家是否应当认可同性婚姻吗？有些人说可以，并基于自由主义的、不加评判的理由为同性婚姻辩护：无论一个人本人是支持还是反对男女同性恋的关系，个体都应当能自由地选择自己的婚姻伴侣；允许异性结婚而不允许同性结婚，就是对男同性恋者和女同性恋者的歧视，并否认了他们在法律面前的平等。

如果这是政府认可同性婚姻的一个充足的基础，这一问题就能够在自由主义公共理性的范畴内得到解决，而无须求助于各种有争议性的关于婚姻的目的及其所尊敬的善的观念。但是，我们也不能基于不加评判的理由做出支持同性婚姻的判定。这取决于一种特定的观念：婚姻的目的——婚姻的意图或意义。另外，正如亚里士多德提醒我们的，要讨论一项社会制度的目的，就要讨论它所尊敬和奖励的各种德性。关于同性婚姻的争论，在本质上就是这样一个争论——男女同性恋的结合，是否值得拥有在我们这个社会中由政府批准的那些婚姻所具有的荣誉和认可。因此，那种基础性的道德问题是不可避免的。

要弄明白为什么这样，我们就要记住：一个国家在婚姻问题上可以有三项可能的政策，而并非只有两项。它可以沿用传统的政策，只认可一个男人和一个女人之间的婚姻；它可以像许多国家已经做的那样，以认可一个男人与一个女人之间婚姻的同样方式，来认可同性婚姻；它可以拒绝认可任何形式的婚姻，而将这一职责留给私人性的组织。

我们可以将这三项政策总结如下：

（1）只认可一个男人与一个女人之间的婚姻。

（2）认可同性婚姻和异性婚姻。

（3）不认可任何形式的婚姻，而将这一职责留给私人性的组织。

除了婚姻法，国家还可以对那些居住在一起的未婚情侣，采用那些授予法律保护、继承权、医院探视权和孩子监护安排的公民联姻法或同居法，并进入一种法律的安排。美国有很多州已经给男女同性恋提供了这种安排。2003 年，马萨诸塞州经过州最高法院裁定，成为美国第一个赋予同性婚姻合法性认可的州。2008 年，加利福尼亚州最高法院也裁定：支持同性婚姻的权利。但数月之后，大多数选民在一次自发的全州范围内的投票表决中，推翻了该项决定。2009 年，佛蒙特州成为美国第一个通过立法而非司法裁决，使同性婚姻合法化的州。[23]

第三项政策完全是假想的，至少在美国是这样。至今没有哪一个州宣布放弃将认可婚姻当作一项政府职能。但是这项政策却值得我们研究，因为它能为支持或反对同性婚姻的论证提供线索。

第三项政策是对婚姻争论的理想的自由至上主义解决方式。它并不废除婚姻，但是它确实废除了将婚姻作为一项政府认可的制度。我们最好称之为婚姻与政治制度的分离。[24] 政教分离意味着废除官方的教堂（同时允许教堂独立于国家而存在），与此类似，使婚姻与政治制度分离，就意味着不再将认可婚姻作为一种官方职能。

这一观点的创立者是迈克尔·金斯利（Michael Kinsley）。同性婚姻的支持者抱怨说，将婚姻限制为异性婚姻就是一种歧视；反对者则主张，如果政府认可同性婚姻，那么这就超越了对同性恋的宽容而接受了它，并给它贴上了“一枚政府同意的标签”。金斯利写道，对此的解决方式就是“终止政府认可婚姻的制度”，“将婚姻私人化”。[25] 让人们以自己喜欢的方式结婚，而不带有政府的认可或干涉。

> 让教堂和其他宗教机构继续提供婚姻仪式。如果百货公司和赌场愿意，让它们也介入这种行为……让夫妇们以自己选择

的任何方式来庆祝他们的结合，并允许他们在自己想要的任何时刻认为自己结婚了……是的，如果三个人想结婚，或一个人想与自己结婚，并且有其他人想要举行一场仪式并宣布他们结婚了，那就让他们去做吧。[26]

“如果婚姻完全是一件私人性的事，”金斯利推理道，“那么所有关于同性恋婚姻的争论都将成为毫不相干的。同性婚姻不会得到政府的官方认可，异性婚姻也不会得到。”金斯利提议，同居法可以解决在人们同居和共同抚养孩子的过程中产生的各种经济、保险、抚养孩子及继承等问题。他实际上提议，要用公民联姻来取代所有政府认可的同性婚姻或异性婚姻。[27]

从自由主义中立性的进路而言，金斯利的提议具有一种明显的超越其他两个标准的备选项（政策一和政策二）的优势：它不要求法官或公民参与关于婚姻目的及同性恋道德的各种道德和宗教的争论。由于政府不再将婚姻的荣誉性名称授予任何家庭联合体，因而公民得以避免介入关于婚姻目的及男女同性恋是否能够实现这一目的的争论。

相对而言，同性婚姻的争论双方都很少有人接受这种将婚姻与政治制度分离的提议。但是它却说明了现存争论当中的那种受到威胁的东西，它也帮助我们弄明白，为什么同性婚姻的支持者和反对者都必须苦于应付那些基础性的道德和宗教的争论，后者与婚姻目的及定义婚姻的各种善有关。这两种标准的立场，都不能在自由主义公共理性的范畴内得到辩护。

当然，那些认为同性婚姻认可罪恶、不尊重婚姻的真正意义而反对同性婚姻的人，并不会因为自己正在提出一种道德或宗教的主张而感到羞愧。可是，那些维护同性婚姻权利的人却经常试图将自己的理由建立在中立的基础之上，并避免对婚姻的道德意义做出评判。那种企图为同性婚姻找到一种不加评判的理由的尝试，在很大程度上利用了不歧视和自由选择的观念，但是，这些观念本身并不能为同性婚姻的权利辩护。要弄明白这是为什么，就让我们看一下马萨诸塞州最高法院大法官玛格丽特·马歇尔在审理“古德里奇诉公共卫生部”这桩同性婚姻案时写出的经过深思熟虑的略有不同的观点。[28]

马歇尔以认识到这一主题所引发的深层次的道德和宗教分歧为开始，并暗示该法庭不会在这场争论中表明立场：

> 许多人都持有根深蒂固的宗教、道德和伦理信念，认为婚姻应当局限于一个男人和一个女人的结合，同性恋行为是不道德的。许多人持有同样强烈的宗教、道德和伦理信念，认为同性情侣有资格结婚，同性恋者应当得到与异性恋者毫无差别的对待。这两种观点都没有回答摆在我们面前的问题。“我们的责任是界定所有人的自由，而不是强制执行我们自己的道德规范。”[29]

似乎是为了避免卷入关于同性恋的各种道德和宗教的争论，马歇尔用自由主义的术语在法庭上描述了这一道德问题——她把它当作一种意志自由和选择自由的问题。她写道，将同性情侣排除在婚姻之外，与“尊重个体的意志自由和法律面前人人平等”不一致。[30]如果政府可以“阻止个体自由地选择一个人，与之分享一种排外性的承诺”，那么那种“选择是否结婚以及与谁结婚”的自由就将是空洞的。[31] 马歇尔坚持认为，这一问题并不涉及选择的道德价值，而是个体做出选择的权利——原告们“与他们所选择的伴侣结婚”的权利。[32]

但是，意志自由与自由选择并不足以为同性婚姻的权利做辩护。如果政府真的在所有自愿的亲密关系的道德价值问题上保持中立，它就没有理由将婚姻限制在两个人之间——经过同意的一夫多妻制或一妻多夫制，同样也是合格的。事实上，如果政府真的想保持中立，并尊重个体愿意做出的任何选择，它就不得不接受迈克尔·金斯利的提议，脱离认可任何婚姻这一事务。

在同性婚姻的争论中，真正的问题并不在于选择的自由，而在于同性结合是否值得共同体的尊敬和认可——他们是否实现了婚姻这项社会制度的目的。用亚里士多德的话来说，这一问题在于职务和荣誉的正当分配，它是一种社会认可。

尽管马萨诸塞州的法院强调选择的自由，可是它并没有打算接受一夫多妻或一妻多夫的婚姻方式；它并没有质疑这样一种观念，即政府可以给予某些亲密联合而不是其他亲密联合社会认可。该法院也没有号召废除婚姻，或将婚姻与政治制度分离。

与之相反，大法官马歇尔的观点却将婚姻称赞为“我们这个共同体中最有益的、最珍贵的制度之一”。[33] 它认为，消除政府认可的婚姻“将会取消我们社会中的一项极为重要的组织原则”。[34]

马歇尔并不呼吁废除政府认可的婚姻，而是呼吁扩展婚姻的传统定义，以囊括同性伴侣。在这样做的时候，她已经立足于自由主义中立性的范畴之外，而肯定同性联合的道德价值，并提出了一种被恰当地构想的与婚姻目的相关的观点。她注意到，婚姻不仅仅是两个互相愿意的成人之间的一种私人性安排，而且是一种公共认可和同意的形式。“在其真正意义上，在每一个公民的婚姻当中都有三个参与者：两个愿意的配偶，外加一个同意的政府。”[35] 婚姻的特征带来了它荣誉性的一面：“公民的婚姻，是对另一个人的一种深层次的个人承诺，同时也是一种对相互关系、友情、性行为、忠诚和家庭的理想的高度的公共庆祝。”[36]

如果婚姻是一项表示敬意的制度，它尊敬什么样的德性呢？询问这个问题，实际上就是在询问婚姻作为一项社会制度的意图或目的。许多反对同性婚姻的人主张，婚姻的首要目的是繁衍后代。根据这种论点，由于同性配偶不能繁衍自己的后代，所以他们没有结婚的权利。可以说，他们缺乏相应的德性。

这种目的论的论证路线是反对同性婚姻的核心理由，玛格丽特也直截了当地采用了它。她并没有假装在婚姻的目的问题上保持中立，而提供了一种相反的阐释。她坚持认为，婚姻的本质并不是繁衍后代，而是伴侣之间——无论他们是同性恋还是异性恋——的一种排外性的、充满爱意的承诺。

现在，你可能会问，我们怎么可能在各种不同的关于婚姻的目的或本质的说明中做出裁决呢？我们有可能理性地讨论那些在道德上具有争议的社会制度（如婚姻）的意义和目的吗？或者，这是否仅仅是各种赤裸裸的断言之间的碰撞——有些人说它与生育有关，另一些人则说它与充满爱意的承诺有关——而且没有途径能够说明一种比另一种更加合理呢?

马歇尔的观点很好地阐释了这类论证是如何展开的。首先，她反驳了婚姻的首要目的是生育。她通过说明正如当前由政府实施和管理的，婚姻并不要求生育能力，反驳了以上观点。那些申请结婚证的异性恋夫妇，并没有被询问“他们通过性交孕育孩子的能力或意图。生育能力并不是婚姻的条件，也不是离婚的原因。那些从来没有圆房也不打算圆房的人，可能是已婚并维持婚姻状态的。那些行将就木之人也可以结婚”。“或许大多数已婚夫妇都有共同的孩子（通过辅助手段或不通过辅助手段），”马歇尔总结道，“可是，公民婚姻的必要条件是婚姻伴侣相互间那种排外性的、永久的承诺，而非生养孩子。”[37]

因此，马歇尔的部分理由是对现存婚姻目的和本质的一种阐释。当我们面对各种不同的关于一项社会行为的阐释——如作为生育的婚姻与作为排外性的永久承诺的婚姻——时，我们如何能决定哪一种更为合理呢？一种途径就是询问，哪一种说明在总体上更好地理解了现存的婚姻法。另一种途径就是询问，哪一种对婚姻的阐释颂扬了各种值得尊敬的德性。什么才算作婚姻的目的，这部分地取决于我们认为婚姻应当赞颂和肯定什么样的品质。这就使得我们无法避免那种基础性的道德和宗教的争论：男女同性恋关系的道德状态是什么?

马歇尔在这一问题上并没有保持中立。她认为，同性关系与异性关系一样值得我们尊重。将婚姻限制在异性恋者之间，就“在那种破坏性的固有看法上贴上了一枚官方同意的标签，这种固有看法认为：同性婚姻在本性上是不稳定的，比异性关系低级，因此不值得尊重”。[38]

因此，当我们仔细研究同性婚姻的案例时，我们会发现，它不能基于那些非歧视的、自由选择的观念之上。为了决定谁有资格结婚，我们就不得不考虑婚姻的目的及其尊敬的各种德性。而这就将我们带到了一个具有争议性的道德境地，在这里，我们不能在那些不同的关于良善生活的观念之间保持中立。

正义与良善生活

迄今为止，我们已经探索了三种考量正义的进路：第一种认为正义意味着使功利或福利最大化——为了最大多数人的最大幸福。第二种认为正义意味着尊重人们选择的自由——或者是人们在自由市场中做出的实际选择（如自由至上主义者的观点），或者是人们在平等的原初状态中可能做出的假想的选择（如平等主义者的观点）。第三种考量进路认为，正义涉及培养德性和推理共同善。正如你们所料，我支持第三种考量进路。现在让我试着说明原因。

功利主义的考量进路有两个缺陷：第一，它使正义和权利成为一种算计，而非原则；第二，由于将所有的人类善都纳入一个单一的、整齐划一的价值衡量标准，它对所有的人类善等量齐观，并没有考虑它们之间质的区别。

那种基于自由的理论解决了第一个问题而遗留了第二个。它认真看待权利，并坚持认为正义不仅仅是一种算计。尽管内部在“哪些权利应当超越功利主义的考量”这一问题上存在分歧，但它们一致认为，某些权利是根本性的，必须得到尊重。然而，在将一些权利划分为值得尊重的之后，它们接受人们现有的各种偏好。它们并不要求我们质问或怀疑我们带进公共生活的那些偏好和欲望。根据这些理论，我们追求的那些目的的道德价值、我们过的生活的含义和意义以及我们共享的共同生活的质量与品质，都存在于正义领域之外。

在我看来，这是错误的。不可能仅仅通过使功利最大化，或保障选择的自由，就形成一个正义的社会。为了形成一个正义的社会，我们不得不共同推理良善生活的意义，不得不创造一种公共文化以容纳不可避免的各种分歧。

如果我们能够找到一种原则或程序，能够一劳永逸地为任何产生于它的有关收入、权利及机会的分配原则辩护，那将是非常吸引人的。这一原则——如果我们能够找到——将能够使我们避免那些必定会由关于良善生活的讨论引起的混乱与争论。

然而，这些争论是无法避免的。正义不可避免地具有判断性。无论我们争论的是政府救助、紫心勋章、代孕母亲、同性婚姻、反歧视政策、军事服务、首席执行官的工资，还是使用高尔夫球代步车的权利等，正义问题都跟不同的关于荣誉和德性、自豪和认可的观念绑定在一起。正义不仅包括正当地分配事物，还涉及正确地评价事物。

共同善的政治

如果一个正义的社会涉及对良善生活的共同推理，我们仍然需要询问：什么样的政治话语能够如此指引我们？对这一问题，我并没有一个完备的答案，不过我能提出一些例证性的说明。首先是一种观察：如今，大多数政治争论都围绕着福利与自由——例如增加经济收益和尊重人权。对很多人来说，在政治领域谈论德性，会让他们联想到宗教保守主义者教导人们如何生活。然而，这并非德性观念和共同善能够表征政治的唯一途径。问题在于：我们很难构想出这样一种政治，它认真对待道德和精神性问题，并将这些问题应用于广泛的经济与公民关怀，而不仅仅是性和堕胎等问题。

在我的一生之中，我所听到的在这方面最有希望的言论，来自1968年罗伯特·肯尼迪在角逐民主党总统候选人时发表的言论。对他而言，正义不仅仅包括国民生产总值的数量和分配，还包括更高的道德目的。1968年3月18日，肯尼迪在堪萨斯大学发表演讲，他提到了越南战争、美国城市暴乱、民族不平等以及他在密西西比和阿巴拉契亚等地区看到的极度贫困。接着他从这些具体的正义问题转移开来，声称美国人已经开始珍惜错误的东西。肯尼迪说道："即使我们努力消除物资匮乏，也面临另一种更加艰巨的任务，那就是要面对满意度的匮乏……这让我们所有人都异常苦恼。"美国人让自己"仅仅限于算计物品"。[39]

> 目前我们一年的国民生产总值超过8 000亿美元。然而它包括空气污染和香烟广告，包括高速公路车祸的救护费用。它包括我们用来锁门窗和那些关押撬锁罪犯的监狱的专用锁，包括对红木的毁坏和在动乱中损失的那些自然奇迹，包括凝固汽油弹和核弹头、警用装甲车以镇压城市暴乱，还包括……那些为

> 了向我们的孩子销售玩具而美化暴力的电视节目。我们的国民生产总值并没有考虑到孩子们的健康，以及他们的教育质量或他们玩耍的乐趣，它也不包含诗歌之美和我们婚姻的力量、公共争论的智慧及公共官员的正直。它既不衡量我们的敏锐，也不衡量我们的勇气；既不衡量我们的智慧，也不衡量我们的学识；既不衡量我们的怜悯之情，也不衡量我们对国家的忠诚。简而言之，除了那些使生活富有意义的事物，它衡量一切。此外，它能告诉我们有关美国的一切，却不能告诉我们，为什么我们因为自己是美国人而感到骄傲。[40]

当你聆听肯尼迪的这次演讲或阅读这一段文字的时候，你可能会说，他对当时的自满情绪及物质迷恋进行的道德批判，脱离了他认为贫困、越南战争及民族歧视是不正义的观点。然而，他认为这两者是相互关联的。肯尼迪认为，要扭转这些不正义之事，我们就有必要质疑身边所看到的那种自满的生活方式。他毫不犹豫地加以评判，并且他在激发美国人的国家自豪感的同时，诉诸了一种共同体感。

在此次演讲之后不到三个月，肯尼迪遇刺。我们现在只能猜测，如果他还活着，他所暗示的那种道德共鸣的政治是否已经实现。

在 2008 年的总统竞选中，巴拉克·奥巴马同样触及了美国人对那种具有更高目的的公共生活的渴望，并阐明了一种具有道德和精神希冀的政治。然而，我们需要拭目以待的是：应付经济危机和大萧条的需要，是否会妨碍他将在竞选中表达的道德和公民主旨转变成一种共同善的政治？

一种新型的共同善的政治会是什么样的呢？以下是一些可能性的主题。

1. 公民身份、牺牲与服务

如果一个正义的社会需要一种较强的共同体意识，它就必须找到一种方式，来培育公民关心全局以及为共同善做贡献。它不能对公民带进公共生活的那些态度、倾向及各种“心灵习惯”漠不关心，而必须找到一种方式来反对那些将良善生活观念完全私人化的做法，并培育公民德性。

一直以来，公立学校一直是公民教育的据点。对某几代人来说，军队是另外一个。我这里主要讨论的不是关于公民美德的具体教导，而是那些实际的、通常又是无意的公民教育。当那些来自不同经济阶层、宗教背景和民族共同体的年轻人来到共同的制度之中的时候，就会产生这种公民教育。

当公立学校处于劣势，而且只有一小部分美国人服兵役的时候，一个严重的问题便产生了：像我们这样一个广阔而又迥然不同的民主社会，此时如何能够期望培养出一个正义社会所需要的团结及相互之间的责任感？这个问题至少在某种程度上重新体现于我们当今的政治话语之中。

在 2008 年的总统竞选中，巴拉克·奥巴马注意到，2001 年的“9 · 11”恐怖袭击事件激发了美国人的爱国主义和自豪感，以及一种新的为国效力的意愿。他批评乔治 · W. 布什没有号召美国人进行某种形式的共同牺牲。他说道：“他号召我们去购物，而非服务于国家。

我们有史以来第一次在战争时期对美国富人减税，但没有被号召着去共同牺牲。”[41]

奥巴马提议学生们用100个小时的公共服务来换取大学学费资助，并以此鼓励他们为国效力。当他在美国国内巡回演讲的时候，他这样告诫年轻人：“你投资给美国，美国也投资给你。”事实证明，他的这个建议成为最受欢迎的一个。2009年4月，他签署了一项法律以扩展美国志愿队这一公共服务项目，并给那些在社区当志愿者的学生提供大学费用。然而，尽管奥巴马为国效力的号召引起了共鸣，但更为激进的强制为国服务的提议仍然没有被提上政治议程。

2. 市场的道德局限

我们这个时代一个最让人吃惊的趋势，就是市场的扩张和以市场为导向的推理方式，进入那些传统上由非市场的规范统领的生活领域。例如，我们在前面几章探讨过，当国家雇人服兵役，以及把对囚犯的审讯承包给私人承包商的时候，或者当父母将怀孕和生育孩子承包给发展中国家那些获得报酬的妇女的时候，又或者当人们在公开市场上买卖肾脏的时候所产生的那些道德问题。还有很多别的事例：我们应当给那些就读于不太好的学校，却在标准化考试中取得好成绩的学生提供经济报酬吗？我们应当给那些提高了学生考试成绩的老师发放奖金吗？各州应当雇用那些营利性的监狱工厂来安置它们的囚犯吗？美国应当接受芝加哥大学的一位经济学家的提议，将每个公民身份标价为10万美元出售，以此简化其移民政策吗？[42]

这些问题不仅仅关乎功利和同意，还涉及评价那些重要的社会行为——如服兵役、生育、教导与学习、惩罚罪犯、吸纳新公民等——的正确方式。由于市场化的社会行为可能会腐蚀或破坏那些界定它们的规范，因此我们需要问：我们想要保护哪些非市场的规范不受市场的侵蚀呢？这个问题需要公众讨论各种不同的评价各种善的正确方式。市场是组织生产活动的有用工具，然而，除非我们想让市场改写那些支配社会制度的规范，否则我们就需要公开讨论市场的道德局限。

3. 不平等、团结与公民德性

近几十年，美国的贫富差距急剧扩大，已经达到了20世纪30年代以来从未有过的最高水平。然而，不平等问题并没有作为一个政治事件凸显。即使巴拉克·奥巴马在2008年温和地提议要使个人所得税降到20世纪90年代的水平，共和党的反对者们也称他为企图扩展财富的社会主义者。

当代政治领域中对不平等问题少有关注，但这并不说明政治哲学家们对此问题也缺乏关注。20世纪70年代以来，“如何正当分配收入和财富”这一问题一直是政治哲学领域的争论热点。然而，哲学家们倾向于将这一问题置于功利或同意的框架之内，这使得他们忽视了以下这一点：反对不平等的理由很有可能获得一种政治上的关注，并最接近于道德和公民复兴这一谋划的核心。

有些哲学家从功利的进路主张向富人征税以帮助穷人。他们推测，如果从一个富人那里拿走100美元赠给一个穷人，这只会极其轻微地减少这个富人的快乐，却能极大地增加那个穷人的快乐。约翰·罗尔斯也赞成再分配，但他是基于一种假想的同意。他认为，如果我们在一种平等的原初状态中设想一个假想的社会契约，那么每个人都会同意一种支持某种形式的再分配的原则。

然而，我们还有第三个更为重要的理由，为美国生活中日渐增长的不平等感到担忧：贫富之间的过大差距会破坏民主性的公民身份所需要的团结。其原因如下：随着不平等逐步加深，富人和穷人的生活会进一步分离。富人们将孩子送往私立学校（或者是在富裕郊区的公立学校），而将城市里的公立学校留给那些没有其他选择的家庭的孩子。类似的趋势导致了那些由于其他公共制度和设施的特权而产生的分离。[43] 私人健身俱乐部代替了市政娱乐中心和游泳馆；高档住宅区雇用私人保安，因而较少地依赖于公共警察的保护；人们拥有的第二辆或第三辆车，消除了对公共交通工具的依赖；等等。富人脱离公共场所和公共服务，而将这些留给那些消费不起其他事物的人。

这有两个不良后果，一个是财政上的，另一个是公民方面的。第一，那些不再使用这些公共服务的人不太愿意纳税以维持它们，因此这些公共服务会衰落。第二，诸如学校、公园、操场及社区中心这样的公共机构，不再是来自社会不同阶层的公民邂逅彼此的场所。那些曾经聚集公众并充当公民美德教育的非正式学校这一角色的场所变得越来越少，相互之间的距离也越来越远。公共领域的虚空使得我们很难培养团结和共同体意识，而这些正是民主公民社会所依赖的基础。

因此，除了对功利和同意的影响，不平等还会腐蚀公民美德。那些迷恋市场的保守主义者，以及关心再分配的自由主义者，都忽视了这一损失。

如果公共领域的侵蚀是个问题，那么，我们如何解决这一问题呢？一种共同善的政治会将公民社会基础设施的重建作为其首要目标之一。它将向富人征税来重建公共机构和公共服务，以使得富人和穷人都想要利用它们，而不是为了扩充私人消费的机会而关注再分配。

美国的上一辈人在政府公路项目上进行了大量的投资，这给美国人带来了前所未有的个人流动性和自由，但同时也带来了对私家车的依赖、市郊的扩张、环境的破坏及腐蚀共同体的生活方式。我们这一代人可以投资于那种在结果上平等并有利于公民复兴的基础设施建设，比如富人和穷人都想把孩子送进去的公立学校，可靠到足以吸引高收入上班一族的公共交通系统，公共健康医疗所、操场、公园、娱乐中心、图书馆和博物馆等能够（至少是理想地）将人们吸引至封闭的社区之外，而进入一种共享的民主公民社会的公共场所。

如果我们集中关注不平等的公民性后果及其逆转方式，那些关于收入分配的争论就不会产生政治上的影响力，这也有助于凸显分配正义与共同善之间的关系。

4. 道德参与的一种政治

有些人认为，公众参与讨论有关良善生活的问题，就是一种公民性进取，是一次超越自由主义公共理性之界线的历程。我们通常认为，政治和法律不应当陷入各种道德和宗教的争论，因为这样会导致压迫和不宽容。这是一种合理的担忧。多元社会中的公民关于道德和宗教的问题确实存在分歧。正如我所论证的，即使政府不可能中立于这些分歧，我们是否也有可能基于相互尊重引导政治呢？

在我看来，答案是肯定的。不过我们需要这样一个公民社会，它比我们现在所适应的这个社会更有活力、参与性更强。近几十年，我们开始认为，尊重同胞们的各种道德和宗教信念就意味着忽视它们（至少是为了政治的目的），不打扰它们，可能的话就在公共生活中不触及它们。然而，这种回避的立场会导致一种似是而非的尊重。它经常意味着压制，而非避免道德分歧。但这可能引发人们激烈的反对和怨恨，也可能导致一种贫瘠的公共话语，并从一个新闻圈传到下一个新闻圈，充斥着各种丑闻、耸人听闻的消息以及日常琐事。

一种对道德分歧更加有力的公共参与，能够为相互尊重提供一种更强而非更弱的基础。我们应当更加直接地关注同胞们带入公共社会的各种道德和宗教信念——有时质疑并反对之，有时聆听并学习之，而不是加以避免。我们并不能保证关于棘手道德问题的公共慎议，在任何情形中都会达成共识，或欣赏他人的道德和宗教观点。我们对一种道德和宗教信念的深入了解，总是有可能使得我们更不喜欢它。然而，我们只有等尝试之后才能知道答案。

与回避的政治相比，道德参与的政治不仅仅是一种更加激动人心的理想，也为一个正义社会提供了一种更有希望的基础。

致　谢

这本书其实源于一门课程。近30年来，我一直有幸给哈佛大学的本科生教授政治哲学，其中很多年我都在教一门名为“正义”的课程。该课程让学生们了解了一些关于正义的哲学著作，并参与讨论了一些当代法律上的和政治上的争论，这些争论引发了各种哲学问题。

政治哲学是一门论辩性的科目，《公正》这一课程的部分乐趣就在于：学生们开始反驳——反驳那些哲学家，反驳其他同学，甚至反驳我的观点。因此，我首先要感谢这么多年来参加《公正》这一课程的几千名本科生。我希望，这本书的精神体现出他们对正义问题的积极参与。我也感激帮助我教授这门课的几百名研究生和法学院的学生。他们在每周例会上提出的那些深刻尖锐的问题，不仅使我时刻保持警觉，同时也让我更加深刻地理解了我们带给学生们的那些哲学主题。

无论主题是否一样，写一本书与教一门课都是完全不同的。因此，一开始在写这本书的时候，有很多方面都让我绞尽脑汁。我感谢哈佛法学院的暑期研修班，它在我的写作过程中给了我很大的帮助；感谢纽约卡内基公司的“卡内基学者项目”，它支持了我关于“市场的道德局限”的研究；我尤其感谢瓦坦·格雷戈里安、帕特里夏·罗森菲尔德及希瑟·麦凯给我的友善、耐心和帮助。这本书中关于市场和道德的那部分内容是一个项目的开始，但到现在我还没有完成这个项目。

我受益于法勒－斯特劳斯－吉鲁这个杰出的工作小组。自始至终，乔纳森·加拉西、保罗·伊利、杰夫·塞罗伊、劳雷尔·库克及我的文稿代理人埃丝特·纽伯格，都是让我觉得合作很愉快的人。他们对书的热爱、对做书的热爱，鼓舞了他们所做的一切，并给作者提供了便利。我深深地感谢他们的帮助。

我的两个儿子亚当和阿伦，从他们能拿起汤匙的那时起，就开始在餐桌上进行各种与正义有关的争论了。他们对道德的认真劲儿、聪明劲儿及热情劲儿，一直都具有挑战性并使问题更加丰富，同时也让我觉得关注他们的讨论是一种乐趣。当我们感到疑惑的时候，我们都转向琦库——我们道德和精神上的试金石，我的灵魂伴侣。我将此书献给她，带着我无尽的爱意。

注 释

第一章 做正当之事

1. Michael McCarthy, "After Storm Come the Vultures," *USA Today*, August 20, 2004, p. 6B.
2. Joseph B. Treaster, "With Storm Gone, Floridians Are Hit with Price Gouging," *New York Times*, August 18, 2004, p. A1; McCarthy, "After Storm Come the Vultures."
3. McCarthy, "After Storm Come the Vultures"; Treaster, "With Storm Gone, Floridians Are Hit with Price Gouging"; Crist quoted in Jeff Jacoby, "Bring on the 'Price Gougers'," *Boston Globe*, August 22, 2004, p. F11.
4. McCarthy, "After Storm Come the Vultures"; Allison North Jones, "West Palm Days Inn Settles Storm Gouging Suit," *Tampa Tribune*, October 6, 2004, p. 3.
5. Thomas Sowell, "How 'Price Gouging' Helps Floridians," *Tampa Tribune*, September 15, 2004; also published as "'Price Gouging' in Florida," *Capitalism Magazine*, September 14, 2004, at www.capmag.com/article.asp? ID=3918.
6. 同上。
7. Jacoby, "Bring on the 'Price Gougers.'"
8. Charlie Crist, "Storm Victims Need Protection," *Tampa Tribune*, September 17, 2004, p. 17.
9. 同上。
10. Jacoby, "Bring on the 'Price Gougers.'"
11. Lizette Alvarez and Erik Eckholm, "Purple Heart Is Ruled Out for Traumatic Stress," *New York Times*, January 8, 2009.
12. 同上。
13. Tyler E. Boudreau, "Troubled Minds and Purple Hearts," *New York Times*, January 26, 2009, p. A21.
14. Alvarez and Eckholm, "Purple Heart Is Ruled Out."
15. Boudreau, "Troubled Minds and Purple Hearts."

16. S. Mitra Kalita, "Americans See 18% of Wealth Vanish," *Wall Street Journal*, March 13, 2009, p. A1.
17. Jackie Calmes and Louise Story, "418 Got AIG Bonuses; Outcry Grows in Capital," *New York Times*, March 18, 2009, p. A1.; Bill Saporito, "How AIG Became Too Big to Fail," *Time*, March 30, 2009, p. 16.
18. AIG CEO Edward M. Liddy quoted in Edmund L. Andrews and Peter Baker, "Bonus Money at Troubled AIG Draws Heavy Criticism," *New York Times*, March 16, 2009; see also Liam Pleven, Serena Ng, and Sudeep Reddy, "AIG Faces Growing Wrath Over Payments," *Wall Street Journal*, March 16, 2009.
19. *New York Post*, March 18, 2009, p. 1.
20. Shailagh Murray and Paul Kane, "Senate Will Delay Action on Punitive Tax on Bonuses," *Washington Post*, March 24, 2009, p. A7.
21. Mary Williams Walsh and Carl Hulse, "A.I.G. Bonuses of $50 Million to be Repaid," *New York Times*, March 24, 2009, p. A1.
22. Greg Hitt, "Drive to Tax AIG Bonuses Slows," *Wall Street Journal*, March 25, 2009.
23. 在备受争议的 AIG 的奖金事件中，并不是所有的奖金获得者都要对导致灾难的冒险性投资负责。许多人是在破产之后才加入该金融产品部门的，以助其收拾残局。一名这样做的高级管理人员发表专栏文章，抱怨公众的愤怒没有区分那些对冒险性投资负责的人和那些并没有参与其中的人。见杰克·德桑蒂斯（Jake DeSantis），"Dear A.I.G, I Quit!," *New York Times*, March 24, 2009。与杰克·德桑蒂斯不同，担任 AIG 金融产品总裁 13 年之久的约瑟夫·卡萨诺，在 2008 年 3 月离开公司之前，即他所倡导的不偿还信贷互惠业务拖垮该公司前不久，足足赚了 2.8 亿美元。
24. 参议员夏洛德·布朗在这里引证了 Jonathan Weisman, Naftali Bendavid, and Deborah Solomon, "Congress Looks to a Tax to Recoup Bonus Money," *Wall Street Journal*, March 18, 2009, p. A2。
25. President Barack Obama, remarks by the president, the White House, March 16, 2009, at www.whitehouse.gov/the_press_office/Remarks-by-the-President-to-small-business-owners.
26. Michael Shnayerson, "Wall Street's $16 Billion Bonus," *Vanity Fair*, March 2009.
27. President Barack Obama, remarks by the president on executive compensation, the White House, February 4, 2009, at www.whitehouse.gov/blog_post/new_rules/.
28. 参议员格拉斯利在艾奥瓦州的 WMT 电台节目中做出了这些评论。后来它们被刊登在《纽约时报》网站上的一个名叫"核心会议"（The Caucus）的博客上。See Kate Phillips, "Grassley: A.I.G. Must Take Its Medicine (Not Hemlock)," March 17, 2009,

at www.thecaucus.blogs.nytimes.com/2009/03/17/grassley-aig-should-take-its-medicine-not-hemlock.

29. 同上。See also Kate Phillips, "Senator Wants Some Remorse from C.E.O.'s," *New York Times*, March 18, 2009, p. A15.
30. 艾伦·施瓦茨，贝尔斯登前首席执行官，引自 William D Cohen, "A Tsunami of Excuses," *New York Times*, March 12, 2009。
31. 同上。
32. Shnayerson, "Wall Street's $16 Billion Bonus."
33. David R Francis, "Should CEO Pay Restrictions Spread to All Corporations?," *Christian Science Monitor*, March 9, 2009.
34. 同上。
35. 首席执行官们 2004—2006 年工资收入的数据来自韬睿咨询公司（Towers Perrin）的数据分析。引自 Kenji Hall, "No Outcry About CEO Pay in Japan," *BusinessWeek*, February 10, 2009。
36. 经典的有轨电车一例的构想来自 Philippa Foot, "The Problem of Abortion and the Doctrine of Double Effect," in *Virtues and Vices and Other Essays in Moral Philosophy* (Oxford, UK: Basil Blackwell, 1978), p. 19, and Judith Jarvis Thomson,"The Trolley Problem," *Yale Law Journal* 94 (May 1985): 1395–1415。
37. 以下论证引自 Marcus Luttrell, with Patrick Robinson, *Lone Survivor: The Eyewitness Account of Operation Redwing and the Lost Heroes of SEAL Team 10* (New York: Little, Brown and Company, 2007)。
38. 同上，p. 205。
39. 同上。
40. 同上，pp. 206–207。

第二章　最大幸福原则/功利主义

1. *Queen v. Dudley and Stephens*, 14 Queens Bench Division 273, 9 December 1884. Quotes from newspaper account in "The Story of the Mignonette," *The Illustrated London News*, September 20, 1884. See also A. W. Brian Simpson, *Cannibalism and the Common Law* (Chicago: University of Chicago Press, 1984).
2. Jeremy Bentham, *Introduction to the Principles of Morals and Legislation* (1789), J. H. Burns and H. L. A. Hart, eds. (Oxford University Press, 1996), chap. 1.
3. 同上。
4. Jeremy Bentham, "Tracts on Poor Laws and Pauper Management," 1797, in

John Bowring, ed, *The Works of Jeremy Bentham*, vol. 8 (New York: Russell & Russell, 1962), pp. 369–439.

5. 同上, p. 401。
6. 同上, pp. 401–402。
7. 同上, p. 373。
8. Ursula K. Le Guin, "The Ones Who Walk Away from Omelas," in Richard Bausch, ed., *Norton Anthology of Short Fiction* (New York: W. W. Norton, 2000).
9. Gordon Fairclough, "Philip Morris Notes Cigarettes' Benefits for Nation's Finances," *Wall Street Journal*, July 16, 2001, p. A2. The text of the report, "Public Finance Balance of Smoking in the Czech Republic," November 28, 2000, as prepared for Philip Morris by Arthur D Little International, Inc., is available online at www.mindfully.org/Industry/Philip-Morris-Czech-Studyhtm and at www.tobaccofreekids.org/reports/philipmorris/pmczechstudy. pdf.
10. Ellen Goodman, "Thanks, but No Thanks," *Boston Globe*, July 22, 2001, p. D7.
11. Gordon Fairclough, "Philip Morris Says It's Sorry for Death Report," *Wall Street Journal*, July 26, 2001, p. B1.
12. 该法庭案例为 *Grimshaw v. Ford Motor Co.*, 174 *Cal. Reporter* 348 (Cal.Ct. App.1981)。The cost-benefit analysis was reported in Mark Dowie, "Pinto Madness," *Mother Jones*, September/October 1977. For a similar General Motors case, see Elsa Walsh and Benjamin Weiser, "Court Secrecy Masks Safety Issues," *Washington Post*, October 23, 1988, pp. A1, A22.
13. W. Kip Kiscusi, "Corporate Risk Analysis: A Reckless Act?," *Stanford Law Review* 52 (February 2000): 569.
14. Katharine Q. Seelye and John Tierney, "E.P.A. Drops Age-Based Cost Studies," *New York Times*, May 8, 2003, p. A26; Cindy Skrzycki, "Under Fire, E.P.A. Drops the 'Senior Death Discount,'" *Washington Post*, May 13, 2003, p. E1; Robert Hahn and Scott Wallsten, "Whose Life Is Worth More? (And Why Is It Horrible to Ask?)," *Washington Post*, June 1, 2003.
15. Orley Ashenfelter and Michael Greenstone, "Using Mandated Speed Limits to Measure the Value of a Statistical Life," *Journal of Political Economy* 112, Supplement (February 2004): S227–267.
16. Edward L. Thorndike, *Human Nature and the Social Order* (New York: Macmillan, 1940). Abridged version edited by Geraldine Joncich Clifford, (Boston: MIT Press, 1969), pp. 78–83.
17. 同上, p. 43。

18. 同上。

19. John Stuart Mill, *On Liberty* (1859), Stefan Collini, ed. (Cambridge University Press, 1989), chap. 1.

20. 同上。

21. 同上, chap. 3。

22. 同上。

23. 同上。

24. 该引言出自边沁的一部鲜为人知的著作：*The Rationale of Reward*, 出版于 19 世纪 20 年代。约翰·斯图尔特·密尔将边沁的这一陈述发扬光大。见 Ross Harrison, *Bentham* (London: Routledge, 1983), p. 5。

25. John Stuart Mill, *Utilitarianism* (1861), George Sher, ed. (Hackett Publishing, 1979), chap. 2.

26. 同上。

27. 同上, chap. 4。

28. 同上, chap. 2。

29. 同上。

30. 此处及接下来的段落均引自 Joseph Lelyveld 的杰作："English Thinker (1748–1832) Preserves His Poise," *New York Times*, June 18, 1986。

31. "Extract from Jeremy Bentham's Last Will and Testament," May 30, 1832, on the Web site of the Bentham Project, University College London, at www.ucl.ac.uk/Bentham-Project/info/will.htm.

32. These and other anecdotes are related on the Web site of the Bentham Project, University College London, at www.ucl.ac.uk/Bentham-Project/info/jb.htm.

33. 同上。

第三章　我们拥有自身吗？/自由至上主义

1. Matthew Miller and Duncan Greenberg, "The Forbes 400," *Forbes*, September 17, 2008, at www.forbes.com/2008/09/16/forbes-400-billionaires-lists-400list08_cx_mn_0917richamericans_land.html.

2. Lawrence Michel, Jared Bernstein, and Sylvia Allegretto, *The State of Working America 2006/2007: An Economic Policy Institute Book*, Ithaca, N.Y.: ILR Press, an imprint of Cornell University Press, 2007, using data from Edward N. Wolff (2006), at www.stateof-workingamerica.org/tabfig/05/SWA06_05_Wealth.pdf. See also Arthur B. Kennickell, "Currents and Undercurrents: Changes in the Distribution of Wealth, 1989-2004," Federal Reserve Board, Washington, D.C., January 30, 2006, at

www.federalreserve.gov/pubs/oss/oss2/papers/concentration.2004.5.pdf.
3. Friedrich A. Hayek, *The Constitution of Liberty* (Chicago: University of Chicago Press, 1960).
4. Milton Friedman, *Capitalism and Freedom* (Chicago: University of Chicago Press, 1962), p. 188.
5. 同上, p. 111。
6. 同上, pp. 137–160。
7. Robert Nozick, *Anarchy, State, and Utopia* (New York: Basic Books, 1974), p.ix.
8. 同上, pp. 149–160。
9. 同上, pp. 160–164。
10. 同上, p. 169。
11. 同上, p. 172。
12. 同上, p. 171。
13. Monica Davey, "Kevorkian Speaks After His Release from Prison," *New York Times*, June 4, 2007.
14. Mark Landler, "Eating People Is Wrong! But Is It Homicide? Court to Rule," *New York Times*, December 26, 2003, p. A4.
15. Mark Landler, "German Court Convicts Internet Cannibal of Manslaughter," *New York Times*, January 31, 2004, p. A3; Tony Paterson, "Cannibal of Rotenburg Gets 8 Years for Eating a Willing Victim," *The Independent* (London), January 31, 2004, p. 30.
16. Luke Harding, "German Court Finds Cannibal Guilty of Murder," *The Guardian* (London), May 10, 2006, p. 16.
17. Karen Bale, "Killer Cannibal Becomes Veggie," *Scottish Daily Record*, November 21, 2007, p. 20.

第四章　收钱办事/市场与道德

1. James W. Geary, *We Need Men: The Union Draft in the Civil War* (DeKalb: Northern Illinois University Press, 1991), pp. 3–48; James M. McPherson, *Battle Cry of Freedom: The Civil War Era* (New York: Oxford University Press, 1988), pp. 490–494.
2. McPherson, *Battle Cry*, pp. 600–611.
3. 同上; Geary, *We Need Men*, pp. 103–150。
4. McPherson, *Battle Cry*, p. 601; Geary, *We Need Men*, p. 83.
5. Geary, *We Need Men*, p. 150, and *The Civil War: A Film by Ken Burns*, episode 5, "The Universe of Battle," chapter 8.
6. Jeffrey M. Jones, "Vast Majority of Americans Opposed to Reinstating Military

Draft," Gallup News Service, September 7, 2007, at www.gallup.com/poll/28642/Vast-Majority-Americans-Opposed-Reinstituting-Military-Draft.aspx.

7. Hon. Ron Paul (R-Texas), "3000 American Deaths in Iraq," U.S. House of Representatives, January 5, 2007; at www.ronpaullibrary.org/document.php?id=532.
8. "Army Recruitment in FY 2008: A Look at Age, Race, Income, and Education of New Soldiers," National Priorities Project; data from chart 6: Active-duty Army: Recruits by Neighborhood Income, 2005, 2007, 2008; at www.nationalpriorities.org/military recruiting2008/active_duty_army/recruits_by_neighborhood_income.
9. 同上。传统基金会的一项研究表明，官员们都不成比例地来自富裕的区域，从而质疑这一发现。See Shanea J. Watkins and James Sherk, "Who Serves in the U.S. Military? Demographic Characteristics of Enlisted Troops and Officers," Heritage Center for Data Analysis, August 21, 2008, at www.heritage.org/Research/National Security/cda08-05.cfm.
10. "Military Recruitment 2008: Significant Gap in Army's Quality and Quantity Goals," National Priorities Project; data from Table 1: Educational Attainment, FY 2008, at www.nationalpriorities.org/militaryrecruiting2008/army2008edattainment.
11. David M. Kennedy, "The Wages of a Mercenary Army: Issues of Civil-Military Relations," *Bulletin of the American Academy* (Spring 2006): 12–16. Kennedy cites Andrew Bacevich, *The New American Militarism*: *How Americans Are Seduced by War* (New York: Oxford University Press, 2005), p. 28.
12. Kathy Roth-Douquet and Frank Schaeffer, *AWOL: The Unexcused Absence of America's Upper Classes from Military Service* (New York: HarperCollins, 2006).
13. Arielle Gorin, "Princeton, in the Nation's Service?," *The Daily Princetonian,* January 22, 2007. The Princeton figures are from Charles Moskos, a sociologist who studies the military. Moskos is quoted in Julian E. Barnes and Peter Spiegel, "Expanding the Military, Without a Draft," *Los Angeles Times*, December 24, 2006.
14. 《今日美国》报道，根据美国参议院图书馆的数据，在 535 名国会议员中，至少有 9 名议员有子女在伊拉克战争中服役。Kathy Kiely, "Lawmakers Have Loved Ones in Combat Zone," *USA Today*, January 23, 2007.
15. Charles Rangel, "Why I Want the Draft," *New York Daily News*, November 22, 2006, p. 15.
16. 同上。
17. Kennedy, "The Wages of a Mercenary Army"; see also David M. Kennedy, "The Best Army We Can Buy," *New York Times*, July 25, 2005, p. A19.
18. 同上，p. 13。

19. 同上, p. 16。

20. Jean-Jacques Rousseau, *The Social Contract* (1762), Book III, chap. 15, translated by G.D.H. Cole (London: J. M. Dent and Sons, 1973).

21. Doreen Carvajal, "Foreign Legion Turns to Internet in Drive for Recruits," *Boston Sunday Globe*, November 12, 2006; Molly Moore, "Legendary Force Updates Its Image: Online Recruiting, Anti-Terrorist Activities Routine in Today's French Foreign Legion," *Washington Post*, May 13, 2007, p. A14.

22. Julia Preston, "U.S. Military Will Offer Path to Citizenship," *New York Times*, February 15, 2009, p. 1; Bryan Bender, "Military Considers Recruiting Foreigners," *Boston Globe*, December 26, 2006, p. 1.

23. T. Christian Miller, "Contractors Outnumber Troops in Iraq," *Los Angeles Times*, July 4, 2007.

24. Peter W. Singer, "Can't Win with 'Em, Can't Go to War Without 'Em: Private Military Contractors and Counterinsurgency," Brookings Institution, *Foreign Policy Paper Series*, September 2007, p. 3.

25. 根据美国劳工部的保险理赔记录，截至2008年4月，有1 292名承包商遇难。数字引自 Peter W Singer, "Outsourcing the Fight," *Forbes*, June 5, 2008。承包商的死亡人数并没有被计入美国军队的死亡人数，见 Steve Fainaru, "Soldier of Misfortune: Fighting a Parallel War in Iraq, Private Contractors Are Officially Invisible—Even in Death," *Washington Post*, December 1, 2008, p. C1。

26. Evan Thomas and March Hosenball, "The Man Behind Blackwater," *Newsweek*, October 22, 2007, p. 36.

27. Prince quoted in Mark Hemingway, "Warriors for Hire: Blackwater USA and the Rise of Private Military Contractors," *The Weekly Standard*, December 18, 2006.

28. 黑水国际公司在伊拉克所获的10亿美元这一数据，引自 Steve Fainaru, *Big Boy Rules: America's Mercenaries Fighting in Iraq* (New York: Da Capo, 2008), quoted in Ralph Peters, "Hired Guns," *Washington Post*, December 21, 2008。

29. Ginger Thompson and James Risen, "Five Guards Face U.S. Charges in Iraq Deaths," *New York Times*, December 6, 2008.

30. Singer, "Can't Win with 'Em," p. 7.

31. 这里及下列段落中所出现的与这一案例有关的各种事实引自法庭上的各种观点：In re *Baby M*, 217 New Jersey Superior Court, 313 (1987), and *Matter of Baby M*, Supreme Court of New Jersey, 537 *Atlantic Reporter*, 2d Series, 1227 (1988).

32. In re *Baby M*, 217 New Jersey Superior Court, 313 (1987).

33. 同上, p. 374–375。
34. 同上, p. 376。
35. 同上, p. 372。
36. 同上, p. 388。
37. *Matter of Baby M*, Supreme Court of New Jersey, 537 *Atlantic Reporter*, 2d Series, 1227 (1988).
38. 同上, p. 1248。
39. 同上。
40. 同上, p. 1249。
41. 同上。
42. 同上, pp. 1248–1249。
43. Elizabeth S. Anderson, "Is Women's Labor a Commodity?" *Philosophy and Public Affairs 19* (Winter 1990): 71–92.
44. 同上, p. 77。
45. 同上, pp. 80–81。
46. 同上, p. 82。
47. Susannah Cahalan, "Tug O'Love Baby M All Grown Up," *New York Post*, April 13, 2008.
48. Lorraine Ali and Raina Kelley, "The Curious Lives of Surrogates," *Newsweek*, April 7, 2008; Debora L. Spar, *The Baby Business* (Cambridge, Mass: Harvard Business School Press, 2006), pp. 83–84.
49. In Spar, *The Baby Business.* 斯帕自此成为伯纳德学院的院长。
50. 同上, p. 79。
51. 同上。
52. 同上, p. 80。
53. 同上, p. 81。
54. 同上。
55. Sam Dolnick, "World Outsources Pregnancies to India," Associated Press Online, December 30, 2007.
56. 同上。See also Amelia Gentleman, "India Nurtures Business of Surrogate Motherhood," *New York Times*, March 10, 2008, p. 9.
57. Dolnick, "World Outsources Pregnancies to India."
58. 同上。
59. Gentleman, "India Nurtures Business of Surrogate Motherhood."

60. 该女子及其经济状况被报道于 Dolnick, "World Outsources Pregnancies to India."
61. 同上。

第五章　重要的是动机/伊曼努尔·康德

1. See Christine M. Korsgaard, "Introduction," Immanuel Kant, *Groundwork of the Metaphysics of Morals* (Cambridge: Cambridge University Press, 1997), pp. vii–viii.
2. Immanuel Kant, *Groundwork of the Metaphysic of Morals* (1785), translated by H. J. Paton (New York: Harper Torchbooks, 1964), 442. 由于读者们会使用不同版本的康德的《道德形而上学基础》，因此我所引用的都是标准的页码，都引自柏林皇家普鲁士学院所出版的《道德形而上学基础》，大多数当代的各种版本的《道德形而上学基础》也都是引用此版本的页码。
3. 同上。
4. 同上，p. 394。
5. 同上，p. 390。
6. 康德的观点的这种表达方式要归功于卢卡斯·斯坦奇克（Lucas Stanczyk）。
7. 同上，p. 397。
8. Hubert B. Herring, "Discounts for Honesty," *New York Times*, March 9, 1997.
9. Kant, *Groundwork*, p. 398
10. 同上。
11. 同上。
12. "Misspeller Is a Spelling Bee Hero" (UPI), *New York Times*, June 9, 1983.
13. Kant, *Groundwork*, p. 412.
14. 同上，p. 395。
15. 康德在《道德形而上学基础》一书出版很多年之后，在一篇论文中使用了这一术语。Immanuel Kant, "On the Common Saying: 'This May Be True in Theory, But It Does Not Apply in Practice" (1793), in Hans Reiss, ed., *Kant's Political Writings*, translated by H. B. Nisbet (Cambridge, UK: Cambridge University Press, 1970), p. 73.
16. Kant, *Groundwork*, p. 414.
17. 同上，p. 416。
18. 同上，p. 425. See also p. 419–20。
19. 同上，p. 421。
20. 同上，p. 422。
21. 同上，p. 428。
22. 同上。

23. 同上，p. 429。
24. 同上。
25. 同上，p. 433。
26. 同上，p. 440。
27. 同上，p. 447。
28. 同上，p. 452。
29. 同上。
30. 同上，p. 453。
31. 同上，p. 454。
32. 同上，p. 454。
33. 同上，p. 456。
34. Immanuel Kant, "Duties Toward the Body in Respect of Sexual Impulse" (1784–1785), translated by Louis Infield and published in Immanuel Kant, *Lectures on Ethics* (Cambridge, Mass: Hackettt Publishing, 1981), p. 164. 这段文字出自那些去听康德讲座的学生在讲座上做的笔记。
35. 同上。
36. 同上，p. 165。
37. 同上。
38. 同上，pp. 165–166。
39. 同上，p. 167。
40. Immanuel Kant, "On a Supposed Right to Lie Because of Philanthropic Concerns" (1799), translated by James W. Ellington and published as a supplement to Immanuel Kant, *Grounding for the Metaphysics of Morals* (Cambridge, Mass.: Hackett Publishing, 1993), p. 64.
41. 同上，p. 65。
42. Kant quoted in Alasdair MacIntyre, "Truthfulness and Lies: What Can We Learn from Kant?" in Alasdair MacIntyre, *Ethics and Politics: Selected Essays*, vol. 2 (Cambridge, UK: Cambridge University Press, 2006), p. 123.
43. 同上。
44. House Judiciary Committee, December 8, 1998. Exchange transcribed from CNN coverage. A partial transcript of the exchange can be found at www.cnn.com/ALLPOLITICS/stories/1998/12/08/as.it.happened.
45. Immanuel Kant, "On the Common Saying: 'This May Be True in Theory, but It Does Not Apply in Practice,'"(1793), translated by H. B. Nisbet and published in Hans

Reiss ed., *Kant's Political Writings* (Cambridge: Cambridge University Press, 1970), pp. 73–74.

46. 同上, p. 79。

47. 同上。

第六章　平等的理由/约翰·罗尔斯

1. John Locke, *Second Treatise of Government* (1690), Peter Laslett, ed., *Locke's Two Treatises of Government*, 2d ed. (Cambridge, UK: Cambridge University Press, 1967), sec. 119.
2. John Rawls, *A Theory of Justice* (Cambridge, Mass.: The Belknap Press of Harvard University Press, 1971).
3. 见一部精彩的契约论史——P. S. Atiyah, *The Rise and Fall of Freedom of Contract* (New York: Oxford University Press, 1979; also Charles Fried, *Contract as Promise* (Cambridge, Mass.: Harvard University Press, 1981)。
4. Associated Press, "Bill for Clogged Toilet: $50,000," *Boston Globe*, September 13, 1984, p. 20.
5. David Hume, *Treatise of Human Nature* (1739–1740), Book III, part II, sec. 2 (New York: Oxford University Press, 2nd ed., 1978).
6. 同上, Book III, part III, sec. 5。
7. The story is related in Atiyah, *The Rise and Fall of Freedom of Contract*, pp. 487–488; Atiyah cites E. C. Mossner, *Life of David Hume* (Edinburgh: Kelson, 1954), p. 564.
8. Hume quoted in Atiyah, *Rise and Fall*, p.487.
9. Steve Lee Myers, "'Squeegees' Rank High on Next Police Commissioner's Priority List," *New York Times*, December 4, 1993, pp. 23–24.
10. Rawls, *A Theory of Justice*, sec. 24.
11. 同上，sec. 12。
12. 同上。
13. 同上。
14. 同上。
15. Kurt Vonnegut, Jr., "Harrison Bergeron" (1961), in Vonnegut, *Welcome to the Monkey House* (New York: Dell Publishing, 1998), p. 7.
16. 同上, pp. 10–11。
17. Rawls, *A Theory of Justice*, sec. 17.
18. 同上, sec. 12。

19. 同上，sec. 48。

20. 同上。

21. Rawls, *A Theory of Justice* (2d ed., 1999), sec. 17.

22. 同上，sec. 48。

23. Woody Allen, *Stardust Memories*, United Artists, 1980.

24. Milton and Rose Friedman, *Free to Choose* (New York: Houghton Mifflin Harcourt, 1980), pp. 136–137.

25. Rawls, *A Theory of Justice*, sec. 17.

26. 同上。在 1999 年修订版的《正义论》当中，罗尔斯删掉了“分享他人命运”的相关短语。

第七章　反歧视政策之争

1. 霍普伍德一案的事实记录在 *Cheryl J. Hopwood v. State of Texas*, United States Court of Appeals for the Fifth Circuit, 78 F.3d 932 (1996), and in Richard Bernstein, “Racial Discrimination or Righting Past Wrongs?”, *New York Times*, July 13, 1994, p. B8。该区法庭的意见在脚注中指出：霍普伍德在法学院入学考试中的得分（第 83 个百分位），远远低于那些在 1992 年入学的非少数民族学生的中等成绩。See *Cheryl J. Hopwood v. State of Texas*, United States District Court for the Western District of Texas, 861 F. Supp. 551 (1994), at 43。

2. Michael Sharlot, quoted in Sam Walker, “Texas Hunts for Ways to Foster Diversity,” *Christian Science Monitor*, June 12, 1997, p. 4.

3. Bernstein, “Racial Discrimination or Righting Past Wrongs?”

4. *Regents of University of California v. Bakke*, 438 U.S. 265 (1978).

5. *Grutter v. Bollinger*, 539 U.S. 306 (2003).

6. Ethan Bronner, “Colleges Look for Answers to Racial Gaps in Testing,” *New York Times*, November 8, 1997, pp. A1, A12.

7. 迈克尔·沙洛特是当时得克萨斯州立大学法学院院长，他的话引自 Bernstein, “Racial Discrimination or Righting Past Wrongs?”。

8. *Regents of University of California v. Bakke*, 438 U.S. 265 (1978), appendix to opinion of Justice Powell, pp.321–324.

9. 同上，323。

10. Ronald Dworkin, “Why Bakke Has No Case,” *New York Review of Books*, vol. 24, November 10, 1977.

11. 同上。

12. Lowell quote from "Lowell Tells Jews Limit at Colleges Might Help Them," *New York Times*, June 17, 1922, pp. 3.

13. Dartmouth quotes from William A. Honan, "Dartmouth Reveals Anti-Semitic Past," *New York Times*, November 11, 1997, p. A16.

14. Dworkin, "Why Bakke Has No Case."

15. 对 "小星城" 的定额的一次精彩论证见 Jefferson Morley, "Double Reverse Discrimination," *The New Republic*, July 9, 1984, pp.14–18; see also Frank J. Prial, "Starrett City: 20,000 Tenants, Few Complaints," *New York Times*, December 10, 1984。

16. 这些假想的信引自 Michael J. Sandel, *Liberalism and the Limits of Justice* (Cambridge, UK: Cambridge University Press, 2d ed., 1998)。

第八章　谁应得什么？/亚里士多德

1. Callie Smartt's story was reported in Sue Anne Pressley, "A 'Safety' Blitz," *Washington Post*, November 12, 1996, pp. A1, A8. 我在这里所做的评论引自 Michael J. Sandel, "Honor and Resentment," *The New Republic*, December 23, 1996, p. 27; reprinted in Michael J. Sandel, Public *Philosophy: Essays on Morality in Politics* (Cambridge, Mass: Harvard University Press, 2005), pp. 97–100。

2. Aristotle, *The Politics*, edited and translated by Ernest Barker (New York: Oxford University Press, 1946), Book III, chap. xii [1282b].

3. 同上。

4. A. A. Milne, *Winnie-the-Pooh* (1926; New York: Dutton Children's Books, 1988), pp. 5–6.

5. Aristotle, *The Politics*, Book III, chap. ix [1280b].

6. 同上, [1280a]。

7. 同上, [1280b]。

8. 同上。

9. 同上, [1281a]; Book III, chap. xii [1282b]。

10. 同上, Book I, chap. ii [1253a]。

11. 同上。

12. 同上。

13. Aristotle, *Nicomachean Ethics*, translated by David Ross (New York: Oxford University Press, 1925), Book II, chap. 3 [1104b].

14. 同上, Book II, chap. 1 [1103a]。

15. 同上, [1103a–1103b]。

16. 同上，[1003b]。
17. Judith Martin, “The Pursuit of Politeness,” *The New Republic*, August 6, 1984, p. 29.
18. Aristotle, *Nicomachean Ethics*, Book II, chap. 2 [1104a].
19. 同上，Book II, chap. 9 [1109a]。
20. 同上，Book VI, chap. 6 [1140b]。
21. 同上，Book VI, chap. 7 [1141b]。
22. 同上，Book VI, chap. 5 [1140b]。
23. 同上，Book VI, chap. 7 [1141b]。
24. 这里我受益于 Bernard Williams, *Shame and Necessity* (Berkeley: University of California Press, 1993), pp. 103–129中具有启发性的讨论。
25. Aristotle, *The Politics*, Book I, chap. v [1254a].
26. 同上，[1254b]。
27. 同上，[1254b]。
28. 同上，[1255a]。
29. 同上，Book I, chap. vi [1254b]。
30. 同上，[1255b]。
31. 同上，Book I, chap. iii [1253b]。
32. 关于这一点的具有启发性的讨论，见 Russell Muirhead, *Just Work* (Cambridge, Mass: Harvard University Press, 2004)。
33. *PGA Tour v. Martin*, 532 U.S. 661 (2001).
34. 同上，Justice Scalia dissent, at 700。
35. 同上，Justice Stevens opinion, at 682。
36. 同上，at 687。
37. 同上。
38. 同上，Justice Scalia dissent, at 701。
39. Tom Kite, “Keep the PGA on Foot,” *New York Times*, February 2, 1998.

第九章　我们对彼此有什么义务？/忠诚之难

1. Elazar Barkan, *The Guilt of Nations* (New York: W. W. Norton, 2000) 很好地概述了二战后的赔偿和道歉。关于德国对以色列和犹太人的赔偿，参见pp. 3–29. See also Howard M. Sachar, *A History of Israel* (London: Basil Blackwell, 1976), pp. 464–470.
2. Konrad Adenauer speech to Bundestag quoted in “History of the Claims Conference,” at the official website of the Conference on Jewish Material Claims Against Germany, at www.claimscon.org/?url=history.

3. Johannes Rau quoted in Karin Laub, "Germany Asks Israel's Forgiveness over Holocaust," Associated Press, in *The Independent*, February 16, 2000.
4. Barkan, *The Guilt of Nations*, pp. 46–64. Hiroko Tabuchi, "Historians Find New Proof on Sex Slaves," Associated Press, April 17, 2007.
5. Barkan, *The Guilt of Nations.*
6. Norimitsu Onishi, "Call by U.S. House for Sex Slavery Apology Angers Japan's Leader," *New York Times*, August 1, 2007.
7. Barkan, *The Guilt of Nations*, pp. 245–248; "Australia Apologizes 'Without Qualification,'" Interview with Professor Patty O'Brien, Center for Australian and New Zealand Studies, Georgetown University, on National Public Radio, February 14, 2008.
8. Barkan, *The Guilt of Nations.*
9. Tim Johnston, "Australia Says 'Sorry' to Aborigines for Mistreatment," *New York Times*, February 13, 2008; Misha Schubert and Sarah Smiles, "Australia Says Sorry," *The Age* (Melbourne, Australia), February 13, 2008.
10. Barkan, *The Guilt of Nations*, pp. 30–45.
11. 同上, pp. 216–231。
12. 同上, pp. 283–293; Tamar Lewin, "Calls for Slavery Restitution Getting Louder," *New York Times*, June 4, 2001。
13. On Rep. John Conyers's bill to study reparations, see www.conyers.house.gov/index.cfm?FuseAction=Issues.Home&Issue_id=06007167-19b9-b4b1-125c-df3de5ec97f8.
14. Walter Olson, "So Long, Slavery Reparations," *Los Angeles Times*, October 31, 2008, A19.
15. Survey research by Michael Dawson, reported in Harbour Fraser Hodder, "The Price of Slavery," *Harvard Magazine*, May–June 2003, pp. 12–13; see also Alfred L. Brophy, "The Cultural War over Reparations for Slavery," *DePaul Law Review* 53 (Spring 2004): 1201–1211.
16. Wendy Koch, "Virginia First State to Express 'Regret' over Slavery," *USA Today*, February 26, 2007, p. 5A. On slaveholding population of Virginia and other states, see Christine Vestal, "States Lead Slavery Apology Movement," Stateline. org, April 4, 2008, at www.stateline.org/live/details/story?contentId=298236.
17. Vestal, "States Lead Slavery Apology Movement." See also "Apologies for Slavery," *State Legislatures*, June 2008, p. 6.
18. Darryl Fears, "House Issues an Apology for Slavery," *Washington Post*, July 30, 2008, p. A3; House Resolution 194: "Apologizing for the Enslavement and Racial

Segregation of African-Americans," *Congressional* Record House 154, no. 127 (July 29, 2008): 7224–7227.

19. 对此问题的一个具有洞见的分析，见 David Miller, *National Responsibility and Global Justice* (New York: Oxford University Press, 2008), pp.135–162。
20. Gay Alcorn, "The Business of Saying Sorry," *Sydney Morning Herald*, June 20, 2001, p. 17.
21. Henry Hyde quoted in Kevin Merida, "Did Freedom Alone Pay a Nation's Debt?" *Washington Post*, November 23, 1999.
22. Williams quoted in Lewin, "Calls for Slavery Restitution Getting Louder."
23. Tom Hester, Jr., "New Jersey Weighs Apology for Slavery," *Boston Globe*, January 2, 2008.
24. Darryl Fears, "Slavery Apology: A Sincere Step or Mere Politics?" *Washington Post*, August 2, 2008.
25. John Locke, *Second Treatise of Government* (1690), sec. 95, in John Locke, *Two Treatises of Government*, ed. Perter Laslett (Cambridge: Cambridge University Press, 3rd ed., 1988).
26. Aristotle, *The Politics*, Book VII, 1323a, translated by Ernest Barker (New York: Oxford University Press, 1946).
27. Immanuel Kant, *Critique of Practical Reason* (1788), translated by Lewis White Beck (Indianapolis: Library of Liberal Arts, 1956), pp. 66–67.
28. John Rawls, *A Theory of Justice* (Cambridge, Mass.: Harvard University Press, 1971), sec. 33, p. 211.
29. 同上, sec. 84, p. 560。
30. 同上, sec. 85, p. 561。
31. 同上, sec. 84, p. 560。
32. 对这一点的阐释，见 Michael J Sandel, *Democracy's Discontent* (Cambridge, Mass: Harvard University Press, 1996), pp. 280–284; also James Holt, "The New Deal and the American Anti-Statist Tradition," in John Braeman, Robert H. Bremner, and David Brody, eds., *The New Deal: The National Level* (Columbus: Ohio State University Press, 1975), pp. 27–49。
33. Franklin D Roosevelt, "Message to Congress on the State of the Union," January 11, 1944, in *Public Papers and Addresses*, vol 13, pp. 40–42.
34. Robert Nozick, *Anarchy, State, and Utopia* (New York: Basic Books, 1974), p. 33.
35. Barry Goldwater, *The Conscience of a Conservative* (1960; Washington, D.C.: Regnery,

Gateway edition, 1990), pp. 52–53, 66–68.

36. Alasdair MacIntyre, *After Virtue* (Notre Dame, Ind.: University of Notre Dame Press, 1981), p. 201.

37. 同上。

38. 同上，p. 204。

39. 同上，p. 204–205。

40. 同上，p. 205。

41. 同上。

42. 同上。

43. John Rawls, *A Theory of Justice*, pp. 108–117.

44. 同上，p. 114。

45. "Airlift to Israel Is Reported Taking Thousands of Jews from Ethiopia," *New York Times*, December 11, 1984; Hunter R. Clark, "Israel an Airlift to the Promised Land," *Time*, January 14, 1985.

46. Peres quoted in Anastasia Toufexis, "Israel Stormy Skies for a Refugee Airlift," *Time*, January 21, 1985.

47. Stephen Spector, *Operation Solomon: The Daring Rescue of the Ethiopian Jews* (New York: Oxford University Press, 2005). See also the website of the Israel Association for Ethiopian Jews: www.iaej.org.il/pages/history.htm.

48. Jean-Jacques Rousseau, "Discourse on Political Economy" (1755), translated by Donald A. Cress (Cambridge, Mass: Hackett Publishing), p. 173.

49. 同上，p. 174。

50. John Burnett, "A New Way to Patrol the Texas Border: Virtually," *All Things Considered*, National Public Radio, February 23, 2009. See www.npr.org/templates/story/story.php?storyId=101050132.

51. Michael Walzer, *Spheres of Justice* (New York: Basic Books, 1983), p. 62.

52. 关于一种深思熟虑的支持开放边境的论证，见 Joseph H. Carens, "Aliens and Citizens: The Case for Open Borders," *The Review of Politics* 49 (Spring 1987).

53. 同上，pp. 37–38。

54. Byron Dorgan, "Spend Money on US Goods," *USA Today*, February 2, 2009, p. 14A.

55. Douglas A. Irwin, "If We Buy American, No One Else Will," *New York Times*, February 1, 2009; Anthony Faiola, "'Buy American' Rider Sparks Trade Debate," *Washington Post*, January 29, 2009.

56. Michael Mandel, "Can Obama Keep New Jobs at Home?" *BusinessWeek*,

November 25, 2008.
57. Lee quoted in Douglas Southall Freeman, *R. E. Lee* (New York: Charles Scribner's Sons, 1934), pp. 443, 421. See also Morton Grodzins, *The Loyal and the Disloyal* (Chicago: University of Chicago Press, 1965), pp. 142–143.
58. 本段及下一段引自 Sandel, *Democracy's Discontent*, pp. 15–16.
59. Dick Lehr, "Bulger Brothers Find Their Worlds Colliding," *Boston Globe*, December 4, 2002, p. B1; Eileen McNamara, "Disloyalty to the Dead," *Boston Globe*, December 4, 2002; www.fbi.gov/wanted/topten/fugitives/bulger.htm.
60. Scot Lehigh, "Bulger Chose the Code of the Street," *Boston Globe*, December 4, 2002, p. A19.
61. Nicolas Zamiska, "In South Boston, Belief and Sympathy," *Boston Globe*, June 20, 2003, p. A22.
62. Lehigh, "Bulger Chose the Code of the Street."
63. Shelley Murphy, "No US Charges Against Bulger," *Boston Globe*, April 4, 2007, p. A1.
64. David Johnston and Janny Scott, "Prisoner of Rage: The Tortured Genius of Theodore Kaczynski," *New York Times*, May 26, 1996.
65. 同上。
66. David Johnston, "Judge Sentences Confessed Bomber to Four Life Terms," *New York Times*, May 5, 1998.
67. William Glaberson, "In Book, Unabomber Pleads His Case," *New York Times*, March 1, 1999.
68. William Glaberson, "The Death Penalty as a Personal Thing," *New York Times*, October 18, 2004.
69. Matthew Purdy, "Crime, Punishment and the Brothers K," *New York Times*, August 5, 2001.
70. Johnston and Scott, "Prisoner of Rage."

第十章　正义与共同善

1. Theodore H. White, *The Making of the President 1960* (New York: Atheneum Publishers, 1961), pp. 295–298.
2. 约翰·肯尼迪于1960年9月12日在得克萨斯州休斯敦发表的《致休斯敦市区部长协会》的演讲，见 www.jfk.library.org/Historical+Resources/Archives/Reference+Desk/Speeches/JFK/JFK+Pre-Pres/1960/Address+of+Senator+John+F.+Kennedy+to+the+Greater+Houston+Ministerial+Association.htm。

3. White, *The Making of the President 1960*, p. 298.

4. Barack Obama, "Call to Renewal Keynote Address," Washington, D.C., June 28, 2006, at www.barackobama.com/2006/06/28/call_to_renewal_keynote_address.php.

5. 同上。

6. 同上。

7. 同上。

8. 同上。

9. 对这一主题的阐释，见 Michael J. Sandel, *Democracy's Discontent: America in Search of a Public Philosophy* (Cambridge, Mass.: Harvard University Press, 1996), pp. 278–285。

10. John Rawls, *A Theory of Justice* (Cambridge, Mass.: Harvard University Press, 1971).

11. Alasdair MacIntyre, *After Virtue* (Notre Dame, Ind.: University of Notre Dame Press, 1981); Michael J. Sandel, *Liberalism and the Limits of Justice* (Cambridge, UK: Cambridge University Press, 1982); Michael Walzer, *Spheres of Justice* (New York: Basic Books, 1983); Charles Taylor, "The Nature and Scope of Distributive Justice," in Charles Taylor, *Philosophy and the Human Sciences, Philosophical Papers*, vol. 2 (Cambridge, UK: Cambridge University Press), p. 289.

12. John Rawls, *Political Liberalism* (New York: Columbia University Press, 1993), p. 31.

13. 同上, pp. 29–31。

14. 同上, pp. 58。

15. 同上, pp. xx, xxviii。

16. 同上, pp. 215。

17. 同上, pp. 254。

18. 同上, pp. 236。

19. 这一短语源于 Richard John Neuhaus, *The Naked Public Square* (Grand Rapids, Mich.: William B. Eerdmans, 1984)。

20. See Michael J. Sandel, *Public Philosophy: Essays on Morality in Politics* (Cambridge, Mass.: Harvard University Press, 2005), pp. 2–3.

21. Obama, "Call to Renewal Keynote Address."

22. 我在一本书里讨论了胚胎的道德状态问题，见 Michael J. Sandel, *The Case Against Perfection* (Cambridge, Mass.: Harvard University Press, 2007), pp. 102–128。

23. 康涅狄格州和艾奥瓦州分别于 2008 年和 2009 年经州最高法院的裁决，使同性婚姻合法化。

24. See Tamara Metz, "Why We Should Disestablish Marriage," in Mary Lyndon Shanley, *Just Marriage* (New York: Oxford University Press, 2004), pp. 99–108.

25. Michael Kinsley, "Abolish Marriage," *Washington Post*, July 3, 2003, p. A23.
26. 同上。
27. 同上。
28. *Hillary Goodridge vs. Department of Public Health*, Supreme Judicial Court of Massachusetts, 440 Mass. 309 (2003).
29. 同上，p. 312。该法庭意见中的那句"我们的责任是界定所有人的自由，而不是强制执行我们自己的道德规范"，引自 *Lawrence v. Texas*, 539 U.S. 558 (2003)，美国最高法院的该决定，推翻了得克萨斯州的一项禁止同性婚姻的法律；劳伦斯的观点，反过来又从 *Planned Parenthood v. Casey*, 505 U.S. 833 (1992) 引用了这句话，这是美国最高法院在处理堕胎权时的裁决。
30. 同上。
31. 同上，p. 329。
32. 同上，p. 320。
33. 同上，p. 313。
34. 同上，p. 342。
35. 同上，p. 321。
36. 同上，p. 322。
37. 同上，p. 331。
38. 同上，p. 333。
39. Robert F. Kennedy, "Remarks at the University of Kansas," March 18, 1968, at www.jfklibrary.org/Historical+Resources/Archives/Reference+Desk/Speeches/RFK/RFKSpeech68Mar18UKansas.htm.
40. 同上。
41. Barack Obama, "A New Era of Service," University of Colorado, Colorado Springs, July 2, 2008, in *Rocky Mountain News*, July 2, 2008.
42. Gary Becker, "Sell the Right to Immigrate," The Becker-Posner Blog, February 21, 2005, at www.becker-posner-blog.com/archives/2005/02/sell_the_right.html.
43. See Robert B. Reich, *The Work of Nations* (New York: Alfred A Knopf, 1991), pp. 249–315.

全新修订版译后记

转眼间,《公正》中文版已经十岁了，我跟它结缘的那一刻却仿佛只是昨日。

2009年秋，我作为清华大学哲学系的博士研究生，受国家留学基金管理委员会的资助，赴哈佛大学哲学系交流访问。当时，恰逢《公正》刚刚出版，它占据了哈佛广场的COOP书店和哈佛书店（Harvard Book Store）最显眼的位置，哈佛校园里也满是有关这本书的各种讨论会。我跟桑德尔教授第一次见面的时候，他赠送了一本给我。由于我的博士论文就是以他的政治哲学思想为主题的，所以我迫不及待地仔细读完之后约他详谈。

还记得那是2009年9月的一个下午，阳光正好。在他的办公室，我们讨论了justice、virtue（德性）、common good（共同善）等关键词在他这本书里的含义。我还表达了自己的一些看法，比如认为他更是一位共和主义者而不是共同体主义者——他非常开心，深表赞同。几天之后，在与他的第二次讨论结束的时候，他主动问我："你愿不愿意把《公正》翻译成中文？如果你愿意，我就向出版社推荐你。"我诚惶诚恐，心里当然是一百个愿意。毕竟，我在写作博士论文的过程中对他的整个政治哲学思想已有一定的把握，我们也就这本书的内容进行了多次讨论，自信不会出现误读或不理解等专业上的问题。只不过，当时的我毕竟只是一个博士研究生，虽然之前参与翻译了他的《公共哲学》，可从来没有独力承担一整部译著，况且是这么重要的一本书。在我如实表明自己的顾虑后，他非常肯定地说："我相信你。我们已经谈了这么多，我认为你的专业水平和英语能力足以确保你能翻译好这本书！"时至今日，我依然记得他那鼓励的眼神，在洒进办公室的阳光映射下显得格外坚定。这瞬间给了我勇气，于是，带着一丝初生牛犊不怕虎的大胆，我接下了这一重任。

翻译过程比我预期的顺利，也得到了桑德尔本人和几位外国朋友的帮助，所以我很快交付完稿。这本书出版之后，不仅在国内政治哲学界产生了重要的影响，更有很多教育界的朋友告诉我，桑德尔教授的上课方式和引导学生讨论的模式让他们很受启发。可以说，桑德尔有关正义问题的思辨和他的教学方法，让专业研究者、教师和学生，甚至是哲学爱好者，都获益匪浅。因此，虽然这本书出版已有十年之久，但它的热度并不曾衰减，这也是该书再修订出版的根本动力。

借此机会，我想就几点情况做些说明。

一是有关书名。按照我自己的译法，这本书的中文主书名应该是《正义》，但当时桑德尔这门课的视频在网络上已经广为流传，考虑到读者对此的熟悉度以及与课程的配套性，出版社最终采用了当时已经为人接受的译法《公正——该如何做是好？》，并很快为读者熟知。当然，从政治哲学专业的角度来看，将 justice 译为"公正"在意思上终究稍有出入。将副书名译为"该如何做是好？"跟原文所强调的"什么才是正当的？"（What's The Right Thing To Do?）在着重点上也稍有偏差。因此，借本次修订再版的机会，出版社对副书名做了调整，但主书名没有变动，仍然维持“公正”的译法。

二是有关一些词语的译法。比如“communitarianism”一词，学界除了译作“共同体主义”，也译为“社群主义”。两种译法都是通行译法，但这本书意在突出共同体及其多样性，避免“社群”一词可能具有的狭义，所以统一译为“共同体主义”。还有“Affirmative Action”，国内也有“平权法案”的译法，这本书统一采用通行的另一种译法“反歧视行动”。两种译法各有偏颇，但在这本书的语境中，“反歧视行动”似乎更为贴切，所以我采用了这种译法。

当然，可能还有其他一些词语或语句的翻译存在偏差，恳请读者批评指正，帮助我将这本书进一步完善。

借由这本书的翻译工作，我无论是在思辨能力还是教学能力上，都有了很大的提升，这也给我后来的学术研究工作做了很好的铺垫。对此，我满怀感激。感谢桑德尔教授的充分信任和大力举荐！没有他当年的鼓励和推动，我就不可能有这样的机会。感谢中信出版社的编辑们十年来为这本书付出的努力与艰辛，他们面对的困难比我的要复杂和艰难得多。特别感谢策划编辑韩笑老师，她的热心、耐心和精益求精的态度，让我深受感动。感谢各位师友在过去十年间的诸多推介、鼓励和支持，尤其是他们的批评指正，帮助我在修订版中完善了多处译法。

最后，由衷地感谢当年那个勇敢的自己。

2021 岁末